道路运输应急保障机制理论与实务

董　仁　徐志辉　何　民／著

人民交通出版社股份有限公司
China Communications Press Co.,Ltd.

内 容 提 要

在归纳突发事件规律、特点及应急保障需求，借鉴应急管理经验教训的基础上，针对行业特点提出了道路运输应急保障机制的内涵与架构、主要工作内容、处置原则以及依托体系；对道路运输应急管理保障各项工作进行了系统化、全过程、分阶段的阐述和流程化呈现；对关键环节及重点内容进行了精细化分析和系统性整合，并以工作流程及其表单的形式加以统筹和规范；对应急管理的重点、难点问题以及应急保障体系的完善和机制的优化与整体衔接提出具体的建议、方法和措施。最后以公路旅客运输为例，对应急保障机制进行了示范性优化和运用性演示，可以为道路运输应急保障工作的科学化实施、规范化开展、流程化运行、标准化操作提供理论指导、技术支持和实践借鉴。

本书可供交通运输主管部门、道路运输管理机构、道路运输企业和相关研究人员参考。

图书在版编目(CIP)数据

道路运输应急保障机制理论与实务 / 董仁，徐志辉，何民著. —北京 : 人民交通出版社股份有限公司，2017.10

ISBN 978-7-114-13965-9

Ⅰ. ①道… Ⅱ. ①董… ②徐… ③何… Ⅲ. ①道路运输－交通运输管理－保障体系－研究 Ⅳ. ①U491

中国版本图书馆 CIP 数据核字(2017)第 131874 号

Daolu Yunshu Yingji Baozhang Jizhi Lilun yu Shiwu

书　　名：道路运输应急保障机制理论与实务
著 作 者：董　仁　徐志辉　何　民
责任编辑：司昌静
出版发行：人民交通出版社股份有限公司
地　　址：(100011)北京市朝阳区安定门外外馆斜街 3 号
网　　址：http://www.ccpress.com.cn
销售电话：(010)59757973
总 经 销：人民交通出版社股份有限公司发行部
经　　销：各地新华书店
印　　刷：北京鑫正大印刷有限公司
开　　本：787×980　1/16
印　　张：15.5
字　　数：291 千
版　　次：2017 年 10 月　第 1 版
印　　次：2017 年 10 月　第 1 次印刷
书　　号：ISBN 978-7-114-13965-9
定　　价：49.00 元
(有印刷、装订质量问题的图书由本公司负责调换)

前　言

我国是世界上自然灾害最为严重的国家之一，自然灾害种类繁多、发生频繁、损失严重。近年来，受国际国内总体经济形势、利益调整改革、多极化与多元化发展等诸多因素影响，我国公共安全面临的各种可以预见和难以预见、不确定和不稳定以及不可控的风险隐患明显增多。各种突发事件不仅会对人民群众生命健康和财产安全构成严重威胁，还会严重扰乱社会运行秩序、影响社会安定以及经济健康发展。严峻的突发事件应急管理形势、国家发展壮大的现实需求以及人民群众对美好生活的预期等，对社会公共治理以及应急管理服务和保障能力水平提出了较高要求。交通运输作为基础性、先导性产业，在国民经济和社会发展中具有重要地位和作用，其本身就是应急管理的关键内容、重点领域，并且道路运输因其涉及面广、影响因素众多、风险隐患复杂，尤其需要重点关注。同时，道路运输具有机动灵活、可达性好、适用性强等难以替代的优势，在国家应急保障体系中地位重要、作用特殊，是应急管理活动顺利开展、有序进行的重要支撑。不断提升道路运输应急管理水平和应急保障能力，对促进经济社会持续健康及和谐稳定发展、有效降低突发事件造成的损失和影响、提升政府公信力和威信度等具有十分重要的作用和意义。

近年来，我国在应急管理方面积累了大量卓有实效的经验和做法。随着实践发展和相关研究的逐步推进和不断深入，以应急预案和应急管理体制、法制、机制为核心的应急管理体系得以不断完善。尤其是在应急管理体制、法制和应急预案发展建设方面进展迅速、成效明显。但相对而言仍有许多应急保障机制工作要做。特别是针对行业特点的应急管理机制内涵作用、体系构成、内容原则等尚缺乏明确具体、实践性和可操作性较强的指导性意见，给道路运输应急管理及保障实践工作带来不利影响，在一定程度上制约了道路运输应急管理和服务保障水平的提升。道路运输应急保障机制的研究构建和发展完善应成为提高应急管理能力、促进行业和社会平稳健康发展，提升应急运输服务保障水平、推动突发事件处置应对能力持续提高的重要突破口和有效着力点。

基于“全程管理、前置应对，保障重点、整体优化，力求实效、系统完善”的思路和理念，本书在咨询访谈明确需求、实践调研找准问题、总结借鉴把握方向、全面梳理清晰思路、紧扣核心科学设计的基础上，首先围绕突发事件规律特点及应急保障需求、总结借鉴应急管理经验教训，明确了道路运输应急保障机制的内涵作用、体系构成、内容原则以及基础体系。其次，综合运用应急管理阶段模型、流程优化方法理论等，从道路运输应急管理全过程和应急保障全体系出发，对道路运输应急管理保障各项工作进行了系统化、分段式的清晰划分和流程化呈现；对相关工作的关键环节及重点内容进行了精细分析和综合处理，并以内容表单和工作流程图的形式进行了统一和规范；对应急管理重点难点问题的解决、应急保障体系的总体完善和机制的整体优化衔接提出具体建议和方法措施。最后，以覆盖面广、涉及内容多、发生频率高、处置难度大的公路旅客运输应急保障为例，对相关机制进行了示范性优化和运用性演示。在各项机制的研究构建过程中，理论与实用并行、需求与发展并重，注重形成准备充分、应对高效、共同参与、协同处置的应急保障良好局面，力求为道路运输应急保障工作的科学化实施、规范化开展、流程化运行、标准化操作提供有益的理论指导、技术支持和实践借鉴。

本书作者董仁（昆明理工大学）、徐志辉（中国人民解放军陆军 32169 部队）、何民（昆明理工大学）感谢云南省交通运输厅、云南省道路运输管理局相关处室，以及苏永忠、赵学聪、周中颖、胡刚、黄雁秋、熊伟等专家和领导在本书研究和撰写过程中给予的指导与帮助。感谢昆明理工大学交通工程学院的何保红、税文兵、杨军、何明卫等几位老师参与分析研判与预测预警机制、风险管理与调查评估机制部分的研究；感谢李琳（湖北省宜昌交运集团股份有限公司）、韩汶（山东省交通科学研究院）参与研究和撰写工作。感谢人民交通出版社股份有限公司相关编辑为本书付梓给予的大力支持和提出的宝贵意见。本书参考文献中可能疏漏了一些文献的著录，在此一并向文献资料的作者致谢。

应急管理是一门跨学科、跨领域，综合性高、复合性强的学科，道路运输应急保障机制及相关工作又具有很强的政策性和实践性。由于作者水平有限，实践经验不足，加之成稿时间仓促，书中难免存有不足、疏漏或错误，恳请读者批评指正，意见或建议请发至邮箱 kmustdr@ 163. com。

董　仁　徐志辉　何　民

2017 年 5 月 20 日

目　录

1 绪论

1.1 背景及意义

我国是一个自然灾害多发国家，地震、洪涝、台风、泥石流等时有发生，且远高于世界平均强度。相关统计数据表明：我国是遭受地震灾害影响最为严重的国家之一，20 世纪以来，我国共发生 6 级以上地震近 800 次，遍布除贵州、浙江和香港特别行政区以外的省、自治区、直辖市，死于地震的人数占同期全球地震死亡人数的一半还多。我国还是台风重灾国家，平均每年有 7.2 个台风登陆。总体上，我国有 70% 以上的大城市、50% 以上的人口、75% 以上的工农业产值，分布在洪水、地震、台风等灾害严重的沿海及东部地区，灾害发生频率高、种类多、损失严重。各类自然和地质灾害造成公路、桥梁、隧道损毁阻断，极端恶劣天气造成旅客滞留、货物受阻的情况时有发生。除自然灾害外，我国面临的事故灾难、公共卫生事件、社会安全事件等突发事件形势也不容乐观。尤其是近年来，随着经济全球化以及世界多极化的快速发展，各种影响国家安全、公共安全、社会秩序的不确定、不稳定因素日益增多，加之我国正处于社会转型以及经济结构性调整的关键时期，积聚的各种社会矛盾、利益冲突等逐渐凸显，应急管理形势十分严峻。习近平总书记曾深刻指出："当前，我国面临对外维护国家主权、安全、发展利益，对内维护政治安全和社会稳定的双重压力，各种可以预见和难以预见的风险因素明显增多"。

各类突发事件的发生不仅会严重扰乱人们的生活和工作，极大地损害人民群众生命财产和健康安全，还会造成难以估量的社会伤害，严重影响经济发展、社会安定以及和谐社会的构建。中华人民共和国民政部网站公布的数据显示：2012 年，仅各类自然灾害就造成全国 2.9 亿人次受灾，1338 人死亡，直接经济损失 4185.5 亿元；2013 年，各类自然灾害造成全国近 3.9 亿人次受灾，1851 人死亡，直接经济损失 5808.4 亿元；2014 年，各类自然灾害造成全国近 2.4 亿人次受灾，1583 人死亡，直接经济损失 3373.8 亿元；2015 年，各类自然灾害造成全国近 1.9 亿人次受灾，819 人死亡，直接经济损失 2704.1 亿元。突发事件造成的经济损失虽然巨大但还可以弥补，对人们造成的心灵创伤和阴影却影响深远、难以修复。特别是随着物质生活的不断发展和丰富，影响人们思想观念的渠道明显增多，使得人们思想活动的独立性、选择性、多变性和差异性明显增强，对突发事件造成伤害的忍受度和心理承载力不断下降，对公共安全和社会服务水平的要求越来越高，对应急管理水平和服务保障能力提出了更高要求。

突发事件应急保障体系已成为维持国家管理正常运行的重要支撑体系之一。经过长时间的积累，发达国家基本上建立了比较成熟的应急管理及保障体系。尤其是进入20世纪90年代以后，一些发达国家把应急保障体系建设作为维护社会稳定、保障经济发展、提高人民生活质量的重要工作内容，应急保障能力和水平显著提升。近年来，我国在应急管理方面积累了大量卓有成效的经验和做法。随着相关研究和实践工作的不断深入，以应急预案和应急管理体制、法制、机制（以下简称“一案三制”）为核心的应急管理体系得以不断完善。应急管理体制、法制和应急预案的相关研究和建设进展迅速，它们的基本内涵、工作内容和建设原则都已基本明确。虽然应急管理机构、相关研究人员对应急机制建设十分重视，但仍有许多工作要做，尤其是针对行业特征的应急保障机制的具体内涵、工作内容、基本原则等尚缺乏明确具体、实践性和可操作性较强的指导性意见，给应急管理实际工作带来一定难度。当前，应急保障机制的研究和建设已经成为应急管理工作的重点和难点。

应急机制包括应急管理机关行使应急行政权力处置突发事件的各种程序、步骤，是应急管理体制的重要载体，是应急管理法制和应急预案的具体化，也是提高应急预案质量的根本途径。通过构建科学的应急机制，应急管理各个阶段和环节的工作能够被有机地统一起来，从而更加有效地应对突发事件。从国内外经验来看，应急机制是否健全完善，能否在应对和处置各类突发事件中做到统一指挥、功能齐全、反应灵敏、快速高效，是衡量政府综合管理水平的一个重要标志。

推进应急机制建设，是深化我国以“一案三制”为核心的应急管理体系建设的着力点和切入点。当前，针对应急管理体系的相关运行环节，开展与政府应急管理体制相协调相配套的应急机制建设，制定科学化、标准化、规范化的应急保障工作流程，已成为深化我国应急管理体系建设工作的重要内容和基本途径。

交通运输应急保障体系作为国家应急体系的重要组成部分，是各种应急管理活动顺利开展的重要支撑。在各种应急状态下，由于道路运输在覆盖范围、机动灵活性、可达性等方面有着不可替代的优势，通常承担了相当大比例的运输任务，道路运输系统可靠、高效运行，对应急管理工作的成效有着举足轻重的影响甚至起到决定性作用。确保突发事件情形下道路运输系统有效运转成为应急管理工作中最突出的环节之一。当前对道路运输应急保障机制的具体内涵、工作内容、基本原则等尚缺乏明确具体、实践性和可操作性强的指导性意见，因此，研究道路运输应急保障机制具有十分重要的理论价值和实际意义。

此外，道路运输行业作为综合交通运输体系的重要组成部分，是经济社会发展的重要支柱。相关统计数据显示：2015年，全社会完成客运量194.32亿人次、旅客周转量30047.01亿人公里，完成货运量410.00亿吨、货物周转量173689.76亿吨公里。其中，营业性客运车辆完成公路客运量161.91亿人次、旅客周转量10742.66亿人公里，在综合运输体系中所占比例分别为83.32%和35.75%；营业性货运车辆完成货运量315.00亿吨、货物周转量57955.72亿吨公里，在综合运输体系中所占比例分别为76.83%和33.37%。可见，道路运输体系在综合交通运输体系中占据重要地位，道路运输行业的平稳健康发展对维护社会整体稳定具有重要作用，经济社会的健康发展也对道路运输服务水平和能力提出了较高要求。道路运输行业是一个涉及面广、影响因素众多的复杂系统，属于突发事件的多发领域。因此，如何建立健全道路运输应急保障机制，增强应急保障能力、提高运输服务水平，是关系经济社会发展全局和人民群众生命财产安全的大事，是道路运输行业全面落实科学发展观，坚持以人为本、执政为民，全面履行政府职能的重要内容。针对我国道路运输应急保障机制展开深入研究，构建一套科学化、制度化，并且实践性和可操作性较强的道路运输应急保障机制，非常必要，也十分迫切。交通运输部在《关于加强道路运输应急保障工作的若干意见》中明确指出：加强道路运输应急保障工作体制和运行机制建设，提高道路运输应急保障能力和应急处置效率，对于加强政府社会管理、提升公共服务水平、维护企业合法权益、保持国民经济健康发展、维护社会和谐稳定具有重大意义。

《中华人民共和国道路交通安全法》规定："道路"是指公路、城市道路和虽在单位管辖范围但允许社会机动车通行的地方，包括广场、公共停车场等用于公众通行的场所。根据该规定，与突发事件应急保障紧密相关的主要是公路和城市道路，由于二者在事件类型、影响及处置等方面存在显著不同，本书所指"道路运输"主要是公路运输。

1.2 目标与内容

本书的研究目标是，深刻认识、充分把握突发事件和应急管理基本规律与本质特征，针对道路运输应急保障工作实际和需要，结合实践经验，围绕突发事件应急处置，构建和完善科学合理、快速响应、高效运转、保障有力的道路运输应急保障机制；通过设计科学化、制度化和规范化的道路运输应急保障程序和相关表单，提高道路运输应急保障工作科学化水平、工作效率以及处置的可操作性。具体目标如下。

(1)对道路运输应急保障工作系统性、综合性的清晰划分及流程化呈现。通过应急保障实践经验总结分析、应急管理理论研究借鉴等方法，掌握突发事件的基本规律，细化道路运输应急保障基本要素，从应急保障工作实际出发、基于应急处置需求，对道路运输应急保障工作的关键节点、主要内容、业务流程以及基本工作方法等进行清晰、全面的分析和呈现。

(2)制定完善的道路运输应急保障工作标准化、规范化运作流程。结合应急管理工作的规律总结，对道路运输应急保障工作的内容进行精细化分析和整理，制作应急保障工作表单和工作流程，指导道路运输应急保障工作规范、统一、科学的开展。

(3)形成群防群治、高效联动的道路运输应急保障工作局面。通过机制构建，调动各方力量、整合有效资源，形成跨区域、跨领域、跨部门协调联动和积极互动的应急处置工作局面，最大限度减少突发事件造成的损失。

(4)促使道路运输应急保障工作日常化、超前化。围绕“预防和应急并重、常态和非常态相结合”的应急管理工作方针，结合标准化、流程化设计，一方面将应急保障工作与日常业务工作相结合，另一方面使应急保障工作规范化、流程化，达到道路运输应急保障工作超前预防、有条不紊、高效开展的目的。

为达成以上目标，本书主要针对以下七个方面的内容展开研究。

(1)国内外相关研究经验总结与借鉴。通过对美国、日本、俄罗斯、澳大利亚等国家应急管理体系和运行保障机制进行总结及对比分析，借鉴发达国家较为成熟的应急保障经验和做法，为我国道路运输应急保障机制的构建提供借鉴、启发思路。

(2)突发事件基本认识和一般规律的研究。以《国家突发公共事件总体应急预案》《交通运输突发事件应急管理规定》等法规政策为指导，对可能引发道路运输应急保障需求的突发事件进行分析，明确突发事件的形态、分类分级等基本知识，并研究总结其特点规律。

(3)突发事件对道路运输的影响及应急保障需求分析。道路运输应急保障的根本任务在于以道路运输的方式及时、高效完成应对突发事件所需人员和物资的运输。但突发事件的发生可能对开展道路运输的基本条件产生影响和制约，通过研究分析突发事件可能对道路运输造成的影响以及产生的应急保障需求，明确道路运输应急保障的关键要素和主要工作。

(4)应急保障机制相关理论研究。应急机制与应急预案、应急管理体制和法制是应急管理体系不可分割的核心要素，它们之间相互作用、互为补充。通过分析研究应急机制的内涵、在“一案三制”中的地位作用和相互关系，查找当前道路运输应急保障机制的问题症结,明确道路运输应急保障机制建设的基本原则、方向和关键问题。

(5)道路运输应急保障机制构建、保障措施研究。在明确保障需求及机制建设方向的基础上,从道路运输应急保障工作的全过程、全要素、全方位出发,研究构建道路运输应急保障准备机制、风险排查整改机制、信息报送机制、分析研判及决策处置机制、预测预警机制、情况通报机制、应急联动机制、社会动员机制、征用补偿机制、处置评估机制十大机制,主要对各工作机制的内容、程序、关键环节以及相应保障方法措施等进行科学梳理。

(6)道路运输应急保障工作流程与工作表单设计。为实现道路运输应急保障工作标准化、规范化、统一化、高效化运作的目标,对各环节的工作内容、要点等进行精细化分析和科学化整理,并以流程图和表单的形式予以呈现,增强应急保障工作的可操作性和实用性。

(7)公路旅客运输应急保障实例分析。在全面深入分析并以流程图和工作表单形式对道路运输应急保障工作机制的内容、程序、方法、要求等进行清晰呈现的基础上,选取覆盖面广、涉及内容多、发生频率高、保障难度大的公路旅客运输应急保障进行实例分析,紧紧围绕运力、运输线路、运输场站以及运输组织管理四个道路运输应急保障工作的关键要素和主要工作内容进行试验研究。在对相关保障机制、运作流程、工作表单进行检验和验证的同时,进一步对道路运输应急保障工作的运作方法、操作流程、关键环节、主要工作等进行明确示范和清晰展现。

1.3 方法及思路

在国家、交通运输部和相关职能部门制定的应急法规、应急体制和应急预案的指导下,采用文献资料法、对比研究法,研究总结国内外相关研究成果,尤其是分析研究我国道路运输应急保障工作的经验和教训,进一步明确道路运输应急保障机制构建的方向和思路。从而在深入研究突发事件规律特点以及应急保障机制内涵、要求的基础上,根据应急管理阶段模型理论,围绕不同阶段突发事件处置对道路运输应急保障体系的影响及需求特征,以突发事件应急处置需要及道路运输应急保障根本目标为出发点,从总体业务流程和实际需要出发研究明确各项工作机制的程序、方法、内容及要求等。同时,运用流程优化理论和方法对各项工作进行流程优化设计和表单式呈现,实现道路运输应急保障工作标准化实施、规范化操作、高效化运作的目标,提高道路运输应急保障工作的可操作性和实效性。最后以公路旅客运输应急保障工作的实施为例进行试验研究,在对研究成果进行检验和验证的同时进一步明确道路运输应急保障工作的方法、内容。本书研究的技术路线如图1-1所示。

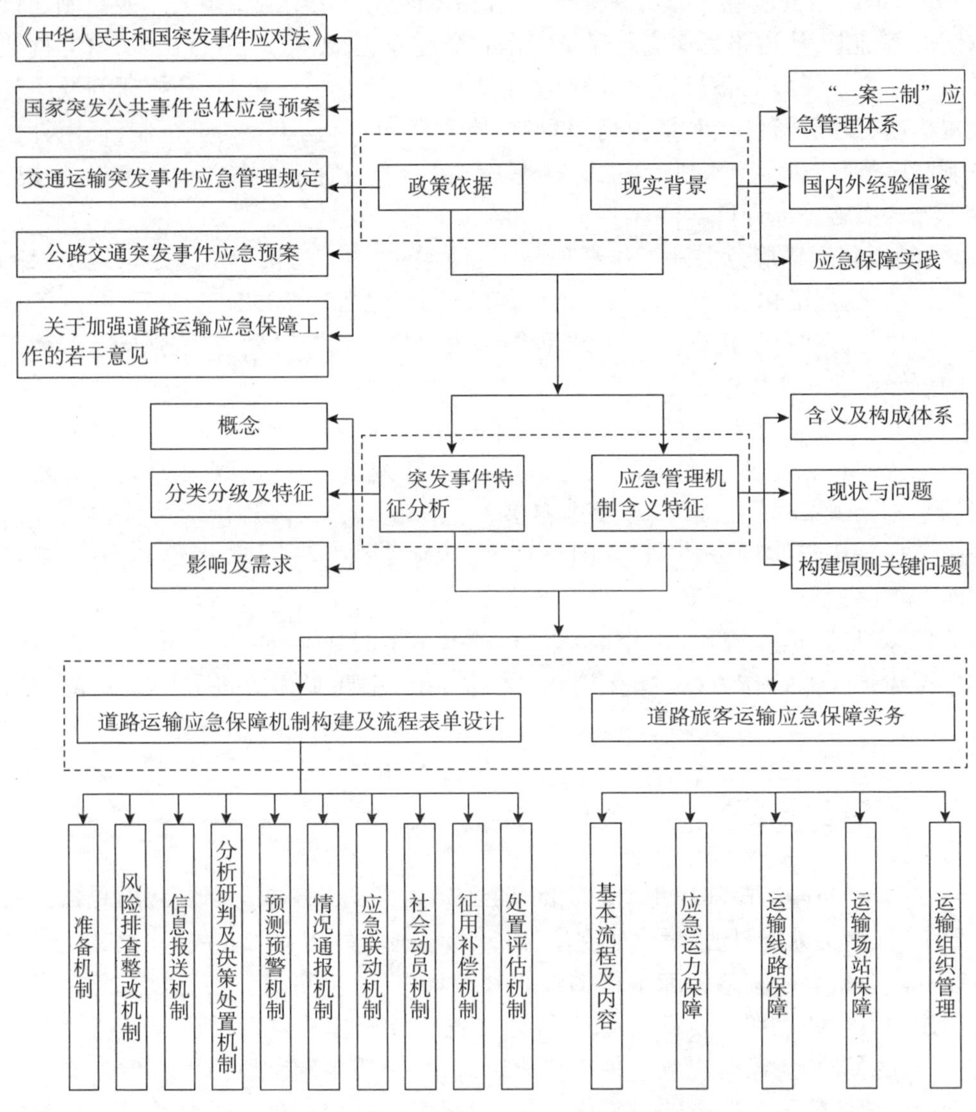

图1-1　道路运输应急保障机制研究技术路线

2 突发事件对道路运输的影响

突发事件处置所需的物资器材、救援人员以及受灾人员的输送转移等都需要道路运输系统的有力支撑，但突发事件的发生不可避免地在一定程度上会影响道路运输系统本身的正常运转。本部分主要对突发事件的概念、分类及特征等基本理论进行总结研究，在此基础上从道路运输系统运转的基本条件和要素入手，分析突发事件可能造成的影响，以进一步明确道路运输应急管理的目标任务和运输服务保障工作要点，为构建科学合理的道路运输应急保障机制奠定基础。

2.1 突发事件的概念及分类

《中华人民共和国突发事件应对法》以及国务院各部委和各省的突发公共事件总体应急预案等都对突发事件进行了明确的定义和分类。

突发公共事件是指突然发生，造成或者可能造成重大人员伤亡、财产损失、生态环境破坏和严重社会危害，危及公共安全的紧急事件。根据突发公共事件的发生过程、性质和机理，突发公共事件主要分为以下四类。

(1)自然灾害，主要包括水旱灾害、气象灾害、地震灾害、地质灾害、海洋灾害、生物灾害和森林草原火灾等。

(2)事故灾难，主要包括工矿商贸等企业的各类安全事故、交通运输事故、公共设施和设备事故、环境污染和生态破坏事件等。

(3)公共卫生事件，主要包括传染病疫情、群体性不明原因疾病、食品安全和职业危害、动物疫情，以及其他严重影响公众健康和生命安全的事件。

(4)社会安全事件，主要包括恐怖袭击事件、经济安全事件和涉外突发事件等。

各类突发公共事件按照其性质、严重程度、可控性和影响范围等因素，一般分为四级：Ⅰ级(特别重大)、Ⅱ级(重大)、Ⅲ级(较大)和Ⅳ级(一般)。

交通运输部《交通运输突发事件应急管理规定》《道路交通突发事件应急预案》等对道路交通突发事件的定义和分类作了界定。

道路交通突发事件是指可能造成道路以及重要客运枢纽出现中断、阻塞、重大人员伤亡、大量人员需要疏散、重大财产损失、生态环境破坏和严重社会危害，以及由于社会经济异常波动造成重要物资、旅客运输紧张,需要交通运输部门提供应急运输保障的紧急事件。主要分为以下四类。

(1)自然灾害。主要包括水旱灾害、气象灾害、地震灾害、地质灾害、海洋灾害、生物灾害和森林草原火灾等。

(2)道路运输生产事故。主要包括交通事故、道路工程建设事故、危险货物运输事故。

(3)公共卫生事件。主要包括传染病疫情、群体性不明原因疾病、食品安全和职业危害、动物疫情,以及其他严重影响公众健康和生命安全的事件。

(4)社会安全事件。主要包括恐怖袭击事件、经济安全事件和涉外突发事件。

各类道路交通突发事件按照其性质、严重程度、可控性和影响范围等因素,一般分为四级:Ⅰ级(特别重大)、Ⅱ级(重大)、Ⅲ级(较大)和Ⅳ级(一般)。

其中:Ⅰ级对应的是涉及跨省级行政区划,或超出事发地省级交通运输主管部门处置能力的特别重大公路交通突发事件;Ⅱ级对应的是涉及跨市级行政区划,或超出事发地市级交通运输主管部门处置能力的重大公路交通突发事件;Ⅲ级对应的是涉及跨县级行政区划,或超出事发地县级交通运输主管部门处置能力的较大公路交通突发事件;Ⅳ级对应的是发生在县级行政区划内,且并不超出县级交通运输主管部门处置能力的一般公路交通突发事件。

2.2 突发事件的特征

突发事件涉及的类型众多、影响因素各异,每种突发事件都具有一些特性。但整体来看,无论哪个领域、哪种类型的突发事件一般都具有如下基本特征。

1. 突发性

根据事物发展变化规律,任何事件的形成通常都有一个由量变到质变的过程。从这个角度来说,突发事件的发生也具有一定的可预知性,但突发事件的爆发具有其特殊性。尽管部分突发事件的爆发具有前兆,但对于突发事件是否发生,于什么时间、地点,以什么样的方式爆发,以及爆发的程度等情况,人们往往始料未及、难以准确把握,某些突发事件甚至是人们受到较大损害后才认识到的。从发展速度来说,突发事件从预兆到真正结束,周期非常短暂,而事件的蔓延速度和影响程度同样难以预料。因此,不管是对于政府还是民众来说,在短时间内都很难判断,并且做出正确的决定,无法按照日常工作程序和办法来处理,从而容易在心理上造成恐慌。同时,事发的突然性以及事件对通信系统的破坏等会造成事件发生时刻相关信息的高度缺失,使得信息不充分、不明确,在一定程度上给应急处置机构及时、高效、针对性地采取应对措施增加了难度。

2. 处置的紧迫性

由于突发事件发展迅速,往往在瞬间出现时已经造成了一定的后果,必须在短时间内做出反应,采取应对措施,防止事态升级和损失扩大。突发事件会在较短的时间内迅速成为社会关注的焦点和热点,并产生巨大的震撼力和影响力。因此,需要应急管理人员在巨大的时间和心理压力之下,迅速调动可以掌握的一切人力、物力和财力对突发事件进行有效的应对,控制事态发展,消除不利的后果与影响。即使是在有关信息很不充分、资料也非常有限的条件下应对突发事件时,也要求快速和果断决策。对突发事件的反应越快,决策越准确,突发事件所造成的损失就会越小,否则随着突发事件的发展、演变以及难以预料的不良影响,它所造成的损失可能会越来越大。

3. 不确定性

突发事件从始至终都处于不断变化的过程之中,事态的变化、发展趋势以及事件影响的深度和广度难以预料,很难根据以往经验做出准确判断。尤其是在信息社会和经济全球化背景下,各种因素交织、互动、信息传播迅速,前所未有的新型突发事件不断出现,更加剧了突发事件的不确定性。突发事件一旦得不到有效控制,还有可能产生"涟漪效应",引发次生或衍生灾害,甚至导致事件升级造成更为严重的后果和伤害。

4. 危害性

突发事件会使众多或不特定的社会公众的健康、生命和财产等遭受损失,干扰、破坏社会正常的运行秩序,甚至使政府的合法性面临挑战。其影响对象是社会公众群体,往往带有很强的社会性。这种损害性不仅体现在人员的伤亡、组织的消失、财产的损失和环境的破坏上,还体现在突发事件对社会心理和个人心理所造成的破坏性冲击上,进而渗透到社会生活的各个层面,而且相对造成的财产等损失对心理的影响可能更加深远、更加难以恢复。此外,突发事件的处置需要调动和整合全社会的人力、物力、信息等公共资源和力量,这不仅影响正常的社会秩序还消耗大量资源和精力。

5. 扩散性与连带性

突发事件的扩散性与连带性主要体现在两个方面:一是突发事件往往会打破地域限制,向更广范围的地理空间扩张;二是突发事件会引发次生灾害,形成一个灾害链条。甚至在扩散过程中突发事件还会与次生事件或潜在事件相互影响、相互作用,增加扩散速度和扩散影响面,使得应对突发事件工作更加复杂、困难。孤立事件处理不当可能引发一系列新的突发事件,形成大范围更为严重的紧急状态,导致突发事件难于抑制和平息。因此,在处置突发事件时应准确分析事件扩散的方向和动力、找准突发事件成因和影响因素,及时、有效地控制事态发展和变化。

6. 周期性

随着相关研究的不断深入，人们对突发事件的规律特点、处置的关键环节和重要内容以及应急管理工作的阶段划分等都有了深入的认识，加之科学技术水平的迅速发展，使得我们对突发事件的控制能力和应对的有效性也在不断提高。

根据突发事件的生命周期理论，突发事件一般都会经历潜伏期、爆发期、影响期和结束期四个阶段。潜伏期一般持续时间较长，在此期间突发事件处于质变前量的积累过程，待量积累到一定程度，便处于一触即发的状态，一旦具备触发因素就会立即爆发。爆发期是质变后能量宣泄的过程，此阶段一般持续时间较短但较为猛烈，同时产生巨大的破坏力，给社会带来不同程度的危害。影响期是在突发事件爆发后，造成的危害还在持续产生作用，破坏力还在延续的阶段。很多情况下，影响期与爆发期之间没有明显的界线，两者往往是交叉重叠的。突发事件得到控制之后即进入结束期。这一时期从不同的角度出发会有不同的标准，从管理的角度出发，一般以社会恢复正常运行状态为结束标志；从过程的角度出发，一般以危害和影响完全消除为结束标志。基于此认识，研究人员提出了应急管理阶段模型，将应急管理从整体上划分为预防与应急准备、监测与预警、应急处置与救援、恢复重建四个主要环节，为构建科学的应急保障机制和高效开展相关工作奠定了良好基础。

2.3 突发事件对道路运输的影响及应急保障需求分析

运力、线路、运输场站及运输组织管理是开展道路运输的基本要素和先决条件，四者中任何一个环节出现问题都可能对正常的道路运输造成影响，从而产生应急保障需求。尽管突发事件种类繁多、造成的影响和破坏各不相同，但任何一种突发事件对道路运输的影响均主要作用于四要素中的一点或多点上。具体而言，主要体现在以下几个方面。一是运力供需矛盾激增。一方面突发事件的发生可能对事发区域的车辆、油料等造成损坏或影响运力的正常使用，造成运力供应量减少；另一方面应急处置所需物资的运送、救援人员前运以及受灾人员的疏散等会在短期或一段时间内产生较大的运输需求，使得原本相对合理的运力供需平衡状态被打破，运力征调也会一定程度上造成事件影响扩大。此外，由于突发事件的不良影响可能使受影响群众产生恐惧心理，出于躲避灾难等目的会产生交通运输需求，同时由于此类运输多为自发组织，较为混乱，还会在一定程度上影响道路运输整体效率。二是突发事件尤其是自然灾害可能会对道路运输基础设施造成破坏，使道路、运输场站等损毁，致使运输设施服务效率下降甚至造成交通中断。如 2008 年的特大雪灾，造成 13 个省区公路多次中断，21 条国道近 4 万千米路段通行受阻，许多高速公路全线封闭,公路网运行趋于瘫痪,给道路运输能力造成严重影响。即便道路、运输场站等设施未受破坏,激增的交通量也会显著加大其负荷、降低运输效率。三是加大道路运输组织管理难度。突发事件发生后,运输需求在短时间内会发生较大变化,如何调整道路交通网络、征集所需运输工具及时适应运输需求对道路运输组织管理提出了较高要求。此外,诸如传染病等公共卫生事件的发生还会在一定程度上改变正常的运营管理模式、增加相应的应急处置环节;恐怖袭击等事件对运输场站尤其是客运站的破坏则涉及场站调整、各种运输方式的衔接引导等一系列问题,给道路运输组织管理造成较大影响。

尽管突发事件对道路运输系统的影响较为复杂、运输保障工作千头万绪,但从道路运输保障工作的主要内容和关键环节来看,应急处置中只要确保运力、线路、运输场站及运输组织管理四要素完整可靠、有效衔接,即可确保道路运输应急保障工作有条不紊。

不同突发事件对道路运输的影响及应急保障需求分析如表 2-1 所示。

突发事件对道路运输的影响及应急保障需求分析 表 2-1

突发事件类型	风险类别	突发事件定性描述	应急保障需求
自然灾害	1. 洪水灾害	洪水造成主要道路中断、桥梁损坏	线路调整
	2. 气象灾害	特大暴雨、大雪、冻雨等极端天气事件影响本区域道路通行、降低通行效率	运力调派
	3. 地震灾害	地震造成本区域道路中断、交通设施损毁	线路选择、运力调派、运营组织、场站调整
	4. 地质灾害	因山体崩塌、滑坡,泥石流,地面塌陷、裂缝等灾害造成主要公路中断	线路调整
	5. 森林火灾	森林火灾威胁居民地,造成道路中断	线路调整、运力调派
事故灾难	1. 交通事故	人员伤亡,道路拥堵、中断	线路调整、运力调派
	2. 其他影响交通运输的事故灾难	如化工厂事故等造成的大面积环境污染,危险品运输事故导致道路中断等	线路调整、运力调派
公共卫生事件	1. 重大传染疾病事件	重大传染病疫情及群体性不明原因疾病波及多个县(市、区),或出现难以追踪传染源的病例,并有继续扩散的趋势	运营组织
	2. 重大职业或食物急性中毒	大量人员突发急性中毒,伤员、医务人员急需转运,特需物资运输保障	运力调派
	3. 重要动物疫情事件	高致病性禽流感连片发生疫情;人畜共患病感染到人,并继续大面积扩散蔓延	运营组织

续上表

突发事件类型	风险类别	突发事件定性描述	应急保障需求
社会安全事件	1. 突发聚众事件	影响较大的“停运”、游行示威、上访请愿、聚众闹事、罢工(市、课)等,造成交通运输中断	运力调派、线路调整、运营组织
	2. 突发经济事件	生产、生活物资供运不足,城市交通停运	运力调派、后勤供给
	3. 恐怖袭击事件	恐怖袭击事件造成运输场站损毁,交通工具或重要桥梁、道路受威胁或毁坏,交通中断	运力调派、场站调整、线路调整、运营组织

3　国外应急管理经验借鉴及启示

突发事件虽然是小概率事件,但其巨大的破坏性和难以预料的影响引起世界各国的广泛重视,不同国家均不同程度地构建了一定的应急管理体系。尤其一些发达国家在突发事件应急管理方面积累了丰富经验,通过不断积累和改进构建了较为完善的应急管理体系。虽然国情、体制、面临的突发事件风险等各有不同,但应急管理的目标是一致的,研究梳理其应急管理体系特点、借鉴好的经验做法,对推进我国应急管理建设能力水平快速发展、增强应急保障服务质量效能具有重要意义。

3.1　美国应急管理

美国在突发事件应急管理方面走在世界前列,尤其是历经 2001 年"9・11"恐怖袭击、2005 年"卡崔娜"飓风等突发事件之后,其应急管理组织机构不断完备、职责定位更加明确,同时通过基础信息系统和预警系统等的建设完善,不断强化突发事件的预防准备工作以及快速响应和协调联动的应急处置能力。

3.1.1　应急管理体制

与行政管理体制相对应,美国建立了联邦、州、县、市、社区 5 个层次的应急管理组织机构及其辅助性机构,构成了一个比较完善的应急管理组织体系。

在联邦政府层面,有联邦国土安全部、国家安全委员会、联邦调查局、中央情报局及一些辅助性机构。国土安全部是美国最高的应急管理机构,"9・11"事件后由联邦政府22 个机构合并组建,负责突发事件应急管理,但侧重于协调处置恐怖袭击事件。原负责紧急事务的联邦应急管理署(FEMA)也于 2003 年并入国土安全部。综合应急管理部门的设立,从体制上统一了应急管理工作,为事前预防提供组织保障,为事后处置提供统一协调高效支援。联邦应急管理署是国土安全部最大的部门之一,虽隶属国土安全部但仍可直接向总统报告,其主要侧重于常规突发事件的应急管理,主要职责是:通过应急准备、突发事件预防、应急响应和恢复重建等全过程应急管理,领导和支持国家应对各种灾难,保护各种设施,减少人员伤亡和财产损失。联邦应急管理署下设交通运输、通信、市政工程、消防、信息与规划、公共安全、资源救助、卫生医疗、城市搜救、危险物品、食品、能源 12 个领域的救急支持委员会,每个委员会都指定一个部委牵头、几个部委协助。

在地方政府层面,各个州、县、市建有应急管理指挥中心或应急管理办公室等应急管理机构,负责辖区内突发事件的处置。州应急管理机构,主要负责处理州一级突发事件,包括制定州一级应急管理和减灾规划、监督和指导下级应急机构开展工作、组织动员国民警卫队开展应急行动、重大灾害及时向联邦政府提出援助申请等。县、市应急管理机构主要负责处理辖区范围内危机事件,主要工作是:制定完善县、市一级的应急管理和减灾规划,监督和指导所属应急机构开展工作,遇重大灾害及时向州政府、联邦政府提出援助申请。

在非政府组织层面,制定了相关法律和方案指导民众和社会组织参与突发事件应急管理及处置。美国的城市由很多社区性质的小城镇组成。在这些小城镇中设有大量志愿者性质的社区应急服务机构。这些机构通常具备固定的办公场所、车辆、通信器材及各种应急设备,与消防、公安、卫生等部门保持密切联系,协同开展工作。平时主要负责社区范围内应急宣传与培训,发生突发事件时,则进行先期处置,并配合专业部门开展救援工作。

在具体操作层面,美国的应急管理组织还包括911紧急救助服务系统在内的应急通信指挥中心、独立的消防和紧急救助机构,以及医疗救治中心等各类操作机构。这些机构与应急管理组织一同构成了严密的危机应对体系,使得发生突发事件时无论是纵向还是横向上都有明确的机构发挥作用,可以各司其职、迅速响应又相互协作、密切配合。

3.1.2 应急管理法制

经过长期发展,美国已经形成了比较完善的应急管理法律体系。从效力等级来看,最上位的是宪法,其次是综合性法律(如《紧急状态法》),然后是单行法。此外,还有直接规范危机处理的行政命令、应急预案和计划等,其数量相当多、内容十分详尽,坚实的法制基础为开展各项应急管理工作提供了有力的法律支持和明确的授权。总体上,美国的应急管理法制体系从上到下主要由法案、行政命令、总统令以及地方法规等构成。

国家层面的法规主要有:1950年美国国会通过的《灾害救助和紧急援助法》,这是美国第一个与应对突发事件有关的法律,该法规定了重大自然灾害发生时的救助原则、联邦政府对州政府和地方政府的协调方式等;1968年,针对洪水等自然灾害频发的实际情况制定的《全国洪水保险法》,创立了洪水保险计划,将保险引入救灾领域;1988年,美国国会通过的《斯坦福灾难救济与紧急援助法》,明确了紧急事态宣布程序、各级政府间的救援程序、公共部门救助责任等,并强调了减灾和准备职责的重要性;“9·11”事件后,针对恐怖袭击等突发事件应对的问题,美国国会通过了《国土安全法》。此外,还有《公共卫生安全与生物恐怖主义应急准备法》《综合环境应急、赔偿和责任法案》等均属于应急处置方面的基本法。行政命令及总统令包括 12148 号、12656 号、12580 号及国土安全第 5 号总统令、国土安全第 8 号总统令等。其中,2011 年 3 月 30 日,美国总统第 8 号令“国家应急准备”(Presidential Policy Directive / PPD—8 : National Preparedness)的签发实施,标志着美国进入将应急准备作为应急管理全过程工作的创新发展阶段。此外,美国各州、市和地方的立法机关就突发事件处理还有不同的紧急状态立法,州长或市长有权根据法律和危机事态宣布该州或该市进入紧急状态。权责明确、覆盖全面的法制体系为应急管理规范性文件、标准、应急预案管理及处置协作等工作提供了坚实的法制基础。

3.1.3 应急管理机制

美国的应急管理是从下而上进行的综合应急管理模式,以统一管理、属地为主、分级响应、标准运行的方式促使应急管理各机构之间相互协作、密切配合、快速反应。其主要工作机制包括:基于危机类别和等级设定进行风险提示的预警机制;基于应急信息系统层次结构模型和网络的信息共享机制;通过明确分工,制订应急计划,建立统一指挥中心形成的应急决策与处置机制;以签订协议方式形成的联合企业、社区、社会组织、专业技术人员等的社会动员机制;一般灾情发布机构及针对重大灾害设立新闻发言人,向社会通报事件进展的信息发布机制;以灾民自救、政府帮扶、市场组织、社会团体、国际组织等多方参与的恢复重建机制以及聘请专业机构针对应急管理全过程进行的调查评估机制等。

统一管理是指针对各类突发事件的应急准备、应急资源储备及调度指挥、协调处置、恢复重建等工作一律由各级政府的应急管理部门统一负责。事件发生后,应急管理部门直接按照权力范围启动初始应急资源和应急小组,进行先期处置,根据事态的发展和处置需要,及时向上级或平级系统请求支援或扩大应急响应范围。

属地为主是指地方政府是应急处置的指挥主体。无论事件的规模有多大,涉及范围有多广,应急响应的指挥任务都由事发地政府来承担,联邦与上一级政府的任务是援助和协调。

分级响应是指根据突发事件的严重程度和公众的关注程度等因素确定应急响应的规模和强度。在同一级政府的应急响应中,也可以采用不同的响应级别。同时,在属地为主处置的原则基础上,只有始发地政府机构提出要求后,上级政府才能扩大应急响应规模和强度,在更大范围内给予支持和配合。美国的突发事件应急响应体系大致分为三级。第一级为地方政府的应急反应机构,包括应急管理机构、警察、消防、医疗卫生、环境保护、公共设施等部门,这些部门通常是各种突发事件的第一反应者,其责任是提供最初的应对,及时保护生命和财产,直到州和联邦政府的应急资源可被利用。第二级，当地方政府的应急能力和资源不足时，州一级政府向地方政府提供支持。第三级，当州一级政府应急能力和资源不足时，由联邦政府提供支持。动用联邦政府的应急资源时，需要总统依法做出进入大灾难或突发事件状态的宣告。

标准运行是指在应急管理的全过程、各环节均建有标准化的规范体系，通过对物资、调度、信息共享、通信联络、文件样式乃至救援人员标志服饰等各个要素的标准统一和模块化设置，高效整合各相关方和资源调度配置，形成衔接紧密、规范通用、运转高效的应急管理体系。美国通过建立一整套完善的技术标准规范，保证了应急管理工作的标准化和流程化运作，从而实现高效处置。以 2005 年“卡崔娜”灾害为节点，在此之前，主要侧重于应急处置和指挥系统的标准化构建。在此之后，根据应对飓风的经验教训，先后实施的《国家重要基础设施保护计划》(NIPP)，明确了战略保护的重要基础设施和关键资源；《国家应急准备指南》(NPG)，提出了应急准备的愿景、预案情景、通用任务列表和目标能力列表等；2009 年公布的《应急准备指南 101》(CPG101)则对地方应急预案的修订作了明确说明。这标志着美国将应急管理核心逐步从事后应对转变为事前准备。上述制度规范从功能需求到过程管理为应急工作提供了基础标准，覆盖了关键设施保护、指挥机构设置、准备能力建设、应急工作指南等一整套相互衔接、配合使用的技术性、专业性、指导性规范。

与此同时，美国还通过构建完备的应急信息系统和指挥中心为管理体系和机制的高效运转提供了有力保障。

应急信息系统情况。美国联邦应急管理署通过实施“e-FEMA”战略，建立了应急信息系统层次结构模型，在确保各类应急信息得以及时更新的同时，促进和加强了不同部门之间的信息资源共享，为应急决策处置提供有力支撑。该系统主要包括以下 3 个子系统：①联邦应急管理信息系统。这是一个决策支持系统，综合考虑应急管理的所有阶段，主要用以管理应急处置过程中的计划、协调、响应、培训和演习等事务。②网络应急管理系统(Web EOC)。该系统主要用于城市事故管理、应急指挥调度、资源调度及文档管理。③灾害损失评估系统(HAZUS)。该系统主要用于预测地震、洪水和飓风等可能造成的损失以及应采取的应急措施，以减少灾难发生时的人员伤亡和财产损失。

应急指挥中心情况。美国各级政府的应急管理部门都建有相应的应急指挥中心，以便发生灾难时实行集中指挥协调。指挥中心一般配有语音通信系统、网络信息系统、指挥调度系统、移动指挥装备、综合信息显示系统、视频会议系统、地理信息系统、安全管理系统等。指挥中心作为重要的应急基础设施，由政府一级的应急管理部门负责维护，除在紧急事件发生时作为应急指挥设施外，平时还作为演习和训练的场所。通常情况下,警方 911 中心是地方应急事件的领导和指挥处置机构。此外,红十字会以及其他非政府组织(Non-governmental Organization,NGO)在灾难发生时也会迅速行动,在第一时间赶到现场救助,组织捐款捐物、动员志愿者等,并与应急管理机构紧密配合、共享信息。

3.1.4 应急管理预案

美国政府明确规定应急预案编制和管理是资源配置、责任追究和应急准备工作的重点和核心,是各级政府的共同责任。1979 年成立的联邦应急管理署(FEMA),主要职责就是建设全面的、以风险管理为基础的应急管理预案体系,加强应急准备,事故发生后提供及时响应和协调支持。其制定了内容超过 300 页、涉及 27 个联邦部门和机构在不同灾害情况下应急处置的计划书。以对交通运输救急支持委员会的规定为例,FEMA 明确其由美国运输部负责,同时指定农业部、国防部和国土安全部进行协助。在重大灾害和紧急事态下,运输部成立交通运输协调中心,使用灾害运输管理系统,获取运输装备,跟踪救灾物资的动向,具体职能是:①处理和协调联邦机构、灾区内部以及来自军方的交通运输援助要求;②管理运营国家和地区的交通运输系统以提供运输服务,公告灾区的运输设施状况;③评估交通设施的破坏状况,分析灾害对交通运输体系的影响;④监测运输系统的通行能力和堵塞状况,在必要时进行交通管制;⑤帮助开展替代性的交通服务,如用公共交通来暂时缓解灾害导致的运能不足;⑥协调清理和修复交通设施;⑦协调运输部内部的管理活动,如航空、航海管制和搜救活动;⑧利用运输部系统内其他部门的救灾人员和物资。

美国的应急预案内容具体、职责清晰,具有很强的指导性和可操作性,并且平均每 2 ~3 年根据自身定位和应急形势不断调整更新,体现了很强的适应性。总体而言,美国的预案体系可分为 5 个层级。第一层级是基本战略规划,主要是制定预案总方针、规划调整应急管理方向,包括《全国准备目标》《国土安全国家战略》《打击恐怖主义国家战略》《安全虚拟空间国家战略》《重要基础设施和关键资产保护国家战略》等。第二层级是全国准备框架,作为预案和相关管理工作的指导性文件,明确应急管理各个领域的工作内容,包括《全国预防框架》《全国保护框架》《全国减除框架》《全国响应框架》《全国恢复框架》5 个文件。第三层级是联邦跨部门行动预案,是指导联邦政府层面应急管理各阶段跨部门工作的具体方案。第四层级是联邦部门行动预案,主要根据部门职责及规定的程序、要求等制定本部门的行动预案。第五层级是地方行动预案,包括州政府、地方政府(含县政府、印第安部落政府)、私营企业、非营利组织等都要制定符合自己实际的行动预案。对于所有的预案,《全国准备系统》要求要上下左右相互衔接,形成一个整体。

3.2 日本应急管理

日本是自然灾害多发的国家,尤其是地震、台风等发生频繁。在长期的应急处置和研究过程中,日本建立了一套高效、完善的应急保障体系,尤其是在应急教育和社会宣传、应急信息处理、通信联络等方面走在世界前列。

3.2.1 应急管理体制

日本的应急管理体制由中央政府、都道府县(省级)政府、市町村政府3级构成,其中市町村为应急处置主体,防灾局负责综合协调,消防、国土交通等部门分类管理、密切配合。

在中央政府层面,建立了以首相为最高指挥官,内阁官房负责总体协调、联络,中央防灾委员会、安全保障会议、内阁会议等机构制定危机对策,警察厅、消防厅、防卫厅、海上保安厅等28个省厅或部门根据处置需要予以配合的严密高效组织体系。其主要职责是制定全国防灾基本规划、相关政策和指导方针等。在都道府县层面,设有防灾局(下设危机管理课),负责制订地方防灾计划以及综合协调辖区防灾工作。市町村层面的应急管理机构,主要负责实施中央和地方政府的防灾计划。当发生突发事件时,根据响应程度成立由政府一把手为总指挥的"灾害对策本部",组织指挥所属力量进行处置。都道府县、市町村应急处置主要为实现"零伤亡"而实施综合计划,包括应急宣传、信息收集处理、制定应急对策、促进提高防灾减灾能力等。除地震外,上一级政府通常根据下一级政府的申请予以援助或扩大响应层级,否则主要向下一级政府提供工作指导、技术、资金等支持,不直接参与管理。

此外,日本还建有覆盖居民、企业的"自助、互助"体制。在应急救援方面日本提倡"自助""互助""公助"相结合的原则,即灾害发生后首先是居民"自助",然后是邻里、社区"互助",最后是政府"公助"。"自助"指企业或公民自行采取措施,平时储备应急用品,应急时实施自救行动等。在日本基层社区中近60%的家庭加入居民自主防灾组织。自主防灾组织平时自主开展防灾训练、知识普及、巡逻等活动,发生灾害时进行初期消防、引导居民避难、救助伤员、分发食物和饮用水等活动。"互助"指社区居民和企业互相帮助,共同开展防灾活动。一方面,政府引导社区居民、企业自备应急应对预案。特别是针对企业建筑物,政府要求其必须有完善的防灾应急对策;如果是经营铁路、供电、煤气、高速、炼油等危险品的企业,必须强化自然灾害的防灾减灾对策。另一方面,在灾害发生时,各企业不仅要保障员工、客户的安全,也要向当地居民提供服务,并努力维持正常的经济活动。此外,企业还要通过提供诸如专业技术、信息发布、物资筹措、避难场所等专业特长,协助政府开展其他防灾减灾工作。

3.2.2 应急管理法制

日本的应急管理是贯彻“立法先行”的典范,相关的法律法规极为完善,尤其是针对地震等自然灾害防范的法律体系可谓细致全面。早在1947年日本就出台了《灾害救助法》,在此基础上1961年又出台了称之为日本防灾应急体系根本大法的《灾害对策基本法》。除此之外还有《灾害救助法》《建筑基准法》《大规模地震对策特别措施法》《地震保险法》等。1995年阪神大地震发生后,日本又陆续制定了《受灾者生活再建支持法》《受灾市街地复兴特别措置法》等法令。特别是针对阪神大地震中建筑物倒塌所致遇难者比例高达80%以上的情况,制定了《建筑改修耐震促进法》,对建筑物进行抗震加固改造提供税收和金融方面的政策支持。随后又对《建筑基准法》进行修改,提高建筑物抗震设计级别。此外,日本特别重视校舍抗震。其防震的一个基本原则就是“学校是第一避难所”,要求以“学生的生命维系着国家将来”为最高准则,着力加强校舍抗震性。阪神大地震后,专门实施了“校舍补强规划”,对全国各中小学校进行全面抗震检查,对不符合抗震要求(抗震等级7级以上)的学校全面进行补强施工。通过一系列法律规定的实施,赋予国家在防灾处置上强大的公共权力,明确了防灾体制及国库负担制度,规定细化了公共事业单位、一般居民等防范参与制度,为应急处置的强制性、规范性、全面性处置奠定了坚实基础。

3.2.3 应急管理机制

日本政府通过设置《大规模灾害时消防及自卫队相互协助的协议》等一系列法律法规,建立了跨区域协作,消防、警察和自卫队应急救援等机制,强化了中央和地方、部门与部门之间统一指挥、分工合作的力度。其跨区域防救灾机制主要以签订相互援助协议的形式进行,阪神大地震前,只有18个都道府县、586个市町村签订了72小时相互援助协议。该机制在阪神大地震中发挥了显著的效果。地震后有47个道府县、2000多个市町村签订了72小时相互援助协议,使联合防灾救灾形式不断深入基层组织。在消防、警察和自卫队合作机制构建方面,制定了互相提供灾害情报、开展日常协作演习等具体内容,指定灾区附近的警察厅和消防厅设置专门的联络人员,专职协调灾区附近机构及灾害现场工作,同时还对自卫队承担警察部队和消防队的空运任务、警察确保道路畅通以及如警察不在现场时自卫队或消防队员可代替警察行使权利等具体权责进行了细化和明确。此外,日本还通过广泛深入的应急教育宣传机制、完善发达的预测预警机制及应急通信系统和细致实用的高科技应用等措施形成了群防群治、高效高质的应急处置体系。

在应急教育和社会宣传方面，日本政府高度重视防灾减灾全民教育工作，一方面将培养危机意识、普及应急知识作为学校教育的一个重要任务，从娃娃抓起，全面培养自救、互救能力；另一方面，结合不同人群特点建立各种志愿者组织，进行有针对性的应急知识帮教、宣传。此外，通过每年9月1日的"防灾日"、8月30日至9月5日的"防灾训练周"、1月15日至21日的"防灾及防灾志愿活动周"、1月17日的"防灾志愿活动日"以及每年两次的"全国火灾预防运动""水防月""危险品安全周""雪崩防灾周"等一系列活动，结合应急教育培训、"体验型防灾学习设施"（包括地震体验、急救救护训练、灭火训练等设施及人员逃生演示等）、发放应急应对资料以及通过广播、杂志、互联网进行媒体宣传等方式不断地向公众宣传防灾避灾知识，增强公众的危机意识，提高自护能力，减少灾害带来的生命财产损失。

在预测预警机制和应急通信系统建设方面，依托大专院校、科研院所建立危机管理研究所，对监测预警技术系统、危机管理、灾害数据研究、防灾救助等多方面课题进行研究，并将研究成果及时运用于应急管理工作之中。通过指定减灾工作部门利用先进设备对天气、地质、海洋、交通等变化情况进行实时跟踪、监测和记录，分析重大灾害可能发生的时间、地点、频率，研究制订预防计划，根据实际需要组织专家及有关人员对灾难形势进行分析，及时向政府提供防灾减灾建议，做到提前预知、准备充分。此外，科学家在水下2000米的海槽上安装检测仪器，利用全球定位系统密切监视海底地壳板块活动，可及时发现地震、海啸等灾害，结合研究建立的全民危机警报系统，当突发事件发生时，有关方面可以不通过各级地方政府就直接利用"全民危机警报系统"向国民及时发出警报信息。同时依托都道府县紧急防灾对策指挥中心及覆盖全国、功能完善、技术先进的通信系统应急管理部门可实现灾情监控、应急指挥以及将所属的市町村和警察局、自卫队、水电煤气、道路等管理部门连接在一起，以保证信息共享和救灾行动协调实施，并且在灾情发生5分钟内即可通过各种形式，将灾害信息通知有关居民，同时发布避难劝告、避难指示等紧急信息。其应急通信系统主要有：以政府各职能部门为主，由固定的声讯影像通信线路、卫星通信线路和移动通信线路组成的"中央防灾无线网"；以全国消防机构为主的"消防防灾无线网"；以自治体防灾机构及当地居民为主的都道县府和市町村"防灾行政无线网"；在应急过程中实现互联互通的防灾无线网；以及各种专业通信网（水防通信网、紧急联络通信网、警用通信网、防卫用通信网、海上保安用通信网和气象用通信网等）。各种通信网络除用计算机网络连接外，同时运用有线专用线连接以作备用，即使以上线路都发生问题，还可利用卫星监控的GPS定位系统来指挥救灾、发布信息，力争做到万无一失。

高科技技术及产品在应急管理中的广泛运用则极大地提升了应急救援的质量效能。比较典型的例子如下：①人身安全的系统。这一系统的功能通过可以上网并带有全球定位功能的手机来实现,中央和地方救灾总部通过网络向手机发送确认是否安全的电子邮件,手机主人根据提问用手机邮件回复后,在救灾总部的信息终端上就会显示每个受访者的位置和基本的状况。②无线射频识别标签的运用。一方面,灾害发生后可在避难的道路路面上贴上无线射频识别标签,避难者通过便携装置可以查找安全避难场所的具体位置;另一方面,如果有人被埋在废墟堆里不能动或呼救,内置无线射频识别标签的手机会告知搜救人员被埋者所处的具体位置以及身份等信息。③利用网络技术实现"紧急地震迅速预报",即把家庭和办公室的家电产品、房门等和互联网连接起来,由计算机自动控制,当地震计捕捉到震源纵波以后,可在3~5秒内发布紧急预报,系统接到紧急地震预报以后,能即刻发出警报并自动切断火源。

在交通应急保障体系建设方面,非常注重"平灾"结合,从交通设施建设到应急演练等很多方面都体现着强烈的"防患于未然"意识。尤其是针对地震后会造成大量交通基础设施瘫痪、通信中断、交通需求激增引发严重交通问题,加剧救援工作难度的状况,日本灾害应急部门将交通应急保障建设作为重要的实施对象。会采取完善交通基础设施建设及落实抗震级别规定,全面加强灾前基础设施稳定性评估、信息资源采集、平时应急演练等预防准备措施,并对交通部门在应急管理中的资源合理配置、灾时交通信息发布、道路情况、车辆调度等职能做出明确规定。

3.2.4 应急管理预案

通过强有力的立法保障,日本建立了多位一体、功能全面、详尽实用的应急预案体系。早在1961年颁布实施的《灾害基本对策法》就明确要求日本从中央到地方都必须制订相应层次的防灾计划作为应急管理的具体指导纲领。同时,对制订防灾计划的目标、要求、原则、演练培训、修订完善等做了详细规定,确保其具有很强的可操作性和实用性。如综合性的《防灾基本计划》,就规定了灾前预防措施以及灾时、灾后应采取的具体措施,包括对相关工作的责任人、处置权限等内容也进行了具体明确。在综合性预案之下,还根据突发事件阶段划分制订了灾害预防、灾害应急对策和灾害修复计划,并细分为风灾、水灾、地震灾害等多个类别。各级政府因地制宜、因时制宜制订的防灾计划是应对各种突发事件的重要法宝,一旦灾害"不期而至",即可有备无患地加以应对。

此外,通过广泛深入的教育宣传培训,提高全民防灾减灾意识和自救互救能力,使每个人心中都有一个"应急处置预案",在灾害发生时知道做什么、怎么办,形成有条不紊、通力协作的应急应对局面。日本各都道府县基本都编有《危机管理和应对手册》或《应急教育指导资料》等资料,指导中小学和居民开展灾害预防和应对教育。同时建有应急教育培训中心,全面提高民众防灾救生基础知识和技能,并针对应急形势适时发放各类应急应对资料,如洪水防灾地图、海啸防灾地图、泥石流灾害防灾地图等明示避难场所设施以及逃生技能等。

3.3 俄罗斯应急管理

俄罗斯是应急管理工作起步较早的国家之一。特别是20世纪80年代以来,历经多次伤亡重大、影响深远的特别重大突发公共事件,吸取和积累了丰富的应急管理处置经验和教训,并在处置过程中逐步完善了应急体制、机制和法律体系,形成了较为完备的突发公共事件应对体系,尤其是在应急管理立法和联合应急建设方面特点鲜明、成效明显。

3.3.1 应急管理体制

俄罗斯的应急管理体制主要由俄联邦、联邦主体(州、直辖市、共和国、边疆区等)、城市、基层村镇四级政府紧急状态机构以及俄联邦和联邦主体之间的区域中心五级应急管理机构组成。

"联邦安全会议"是俄罗斯专职的国家安全战略机构和应急管理决策中枢,由总统担任主席、总理担任副主席,会议秘书由总统直接任命并直接向总统负责。"联邦安全会议"常设宪法安全、国际安全、信息安全、经济安全、生态安全、社会安全、国防工业安全、独联体安全、边防政策、居民保健、动员与动员准备和科学共12个跨部门委员会,这12个委员会差不多囊括了国家安全的所有方面。根据相关规定,俄罗斯总统在应急管理体系中除拥有决策、军队及物资等资源调配权外,还掌握着广泛的行政与立法权,其权力比美国总统更为广泛。强大的领导力量、覆盖全面的机构设置以及处置权利的全面赋予,极大地巩固和强化了"联邦安全会议"这一中枢决策机构,这是俄罗斯应急管理体系的一大特色。

"民防、紧急状态和消除自然灾害后果部"(简称"紧急状态部")是俄罗斯处置突发事件的核心执行机构,直接对总统负责。其主要职能是在防护大规模战争攻击的同时,加强水灾、火灾、地震等自然灾害以及灾难性工业事故等人为灾害的紧急救援工作;全面负责自然灾害等造成社会经济影响的调查统计、现场救援、恢复重建及国际救援等工作。紧急状态部内设11个职能司和11个局,11个司分别是:业务管理司、紧急状态预警司、国土政策司、公民防护司、后勤装备司、基础设施发展司、组织机动司、干部政策司、国际活动司、行政法规司、财务经济司;11个局分别是:军队和民防部队及民防力量局、消防与专业消防部队管理局、国家消防监督局、水上目标乘客搜救局、航空及航空救援技术局、监察局、保护信息与保障搜救工作安全局、小范围法庭国家监察局、与社会信息联系局、紧急状态部法律局、区域救助局。此外还有内务部、国防部、内卫部队、森林灭火委员会、抗洪救灾委员会、海洋河流盆地水下救灾委员会和营救执照管理委员会等协调机构。

紧急状态部下辖联邦紧急状态行动指挥中心,并在莫斯科、圣彼得堡、顿河罗斯托夫、萨马拉、叶卡塔琳娜堡、诺瓦西比斯克、契塔和卡巴洛夫斯克分设8个区域紧急状态行动指挥中心,同时拥有国家消防队、民防部队、搜救队、水下设施事故救援队的数支专业应急救援队伍。区域指挥中心直接管理下属的联邦主体紧急状态局,各级地方政府按行政区划逐级分设应急与减灾部(EMERCOM)。

强大的中枢决策及协调指挥系统、各层级健全的组织结构以及全面的专业救援力量体系构建,形成了以总统为总指挥、以联邦安全会议为决策中心、以紧急状态部为主体、应急管理支援和保障体系全面协调、各部门和地方全面配合的既有分工又相互协作的综合性应急管理体系。

3.3.2 应急管理法制

俄罗斯非常重视应急管理法制建设,以宪法和紧急状态法为基础,制定了比较完备的应急法律体系。其在联邦层面就有150多部与应急管理相关的法律或规章,各级政府还制定颁布了1500多个区域性应急管理条例。此外,还包括大量的总统令、政府令,为应急管理依法行事、有据可依奠定了坚实基础。

《联邦紧急状态法》和《关于保护居民和领土免遭自然和人为灾害法》是俄罗斯国家应急法制基础的核心。《联邦紧急状态法》属于宪法性法律,历经多次修订完善,对紧急状态范围、预防和应急措施等内容做了具体明确的说明,并且明确规定如果地区性法律、规章等与《联邦紧急状态法》相抵触的时候,总统有权中止地区性法律、规章,这为紧急状态下行政权力和立法权力的超常使用提供了法律依据。《关于保护居民和领土免遭自然和人为灾害法》则对在俄生活的各国公民,包括无国籍人员提供旨在免受自然和人为灾害影响的法律保护做了规定。

根据各领域特点及应急处置的特殊需要,俄罗斯还制定颁布了具体明确的法律规章。1995年7月通过的《事故救援机构和救援人员地位法》,规定救援人员的救援权利和责任,同时规定,在发生紧急情况时,联邦政府可协调国家各机构与地方自治机关、企业、组织及其他法人之间的工作,为应急处置的协调高效运转提供有力的支撑。1997年颁布实施的《工业危险生产安全法》,对控制工业领域的各种危机作了详细的规定。1999年制定的《公民公共卫生和流行病医疗保护法案》,为保障公民公共卫生安全、控制流行病的发生和扩散做了规定。此外,还有《自然及人为紧急情况决策及预防体系》《交通干线、工业及地方管线分布安全专业技术规程》等。这些法案覆盖面广、权责清晰,为应急管理政策的出台和实施,以及各个行政机关之间的工作协调提供了依据。

此外,在俄罗斯各个行政级别中设立的立法部门,还针对应急管理中的细节性问题、出现的新情况等,自行制定颁布了很多针对性法案。加之近年来俄罗斯颁布的《反恐法》和《关于反恐措施》等法案,使得应急管理法律体系更加全面和完善。

3.3.3 应急管理机制

经过不断发展和建设,俄罗斯建立了较为完善的应急管理机制,从预警机制、信息收集机制、应急响应机制、社会动员机制、信息发布机制到心理机制、恢复重建机制等覆盖了应急处置的全过程,而且相互之间权责分明又充分协作,专业化和科学化水平较高。其高效的应急管理机制主要以"联合应急"建设、强大的信息收集报告体系、专业全面的应急力量以及广泛深入的应急教育为支撑。

在"联合应急"建设方面,成立了"俄罗斯联邦预防和消除紧急情况的统一国家体系(USEPE)"的应急组织体系,该体系囊括了俄罗斯联邦所有的89个联邦主体(21个自治共和国、6个边疆区、49个州、1个自治州、2个联邦直辖市、10个民族自治专区)。USEPE按照不同的级别共有5个层级。每一层级承担的基本职能按照应急处置阶段划分主要有以下三种:①在日常准备阶段,主要负责制定一般性紧急事件的处理预案、对危险设施等风险源进行监测监控以及应急教育培训等事务;②在预警阶段,主要负责应急物资、人员等的动员响应及应急协调联动,如应急救援所需药品、帐篷以及装备等的征集调用等;③在应急处置阶段,主要负责执行各项应急救援任务,如人员疏散、搜寻和营救以及提供医疗服务等紧急事务功能。近年来,随着各层级应急与减灾部(EMERCOM)功能结构的不断完善,使之成为应急响应的首要主体,USEPE功能有所弱化,但USEPE应急体系在应急联动、应急处置的协同互助等方面依然发挥重要作用。

在信息收集报告体系建设方面,由紧急状态部下设危机控制中心,专门负责整理、分析每天来自各地区、各部门的应急相关信息,提出处理建议,及时分送至有关部门和地方政府机构,并视情况上报总统。危机控制中心建立了强大高效的信息中心,主要包括信息自动收集分析系统、指挥系统和全天候值班系统,可自动接收来自联邦、各地区的信息,一旦发生突发事件,2分钟内就可将有关情况传至所有应急处置相关部门。当发生重大事件时,应急处置相关部门负责人到达信息中心,进行统一协调和指挥,信息中心变身为应急处置指挥控制中心。在信息收集方面,指定各业务部门负责所管辖领域每天的相关数据、信息收集上报工作。在基层,俄罗斯境内每个村、居民点都建立了信息员制度,当发生突发事件时由信息员将灾害情况及时通过网络报告紧急状态部门。俄罗斯还十分重视信息的国际交流,已与美国签订协议,两国可共享国际灾害方面的卫星图像等信息。此外,紧急状态部正逐步将涉及交通事故、医疗救护和刑事案件的报警电话,全部统一到消防报警电话,以进一步加强应急管理的综合性和统一性。

在应急队伍建设方面，俄罗斯紧急状态部可直接调用联邦层面的消防队、民防部队、搜救队、水下设施事故救援队和船只事故救援队等多支专业力量。而且各专业救援力量救援设备精良，包括直升机、运输机、特种汽车、纤维光学设备、液压气压装置以及特制潜水服和呼吸装置等装备应有尽有。为提高专业人员的能力素质，俄罗斯紧急状态部下设紧急状态部民防学院、国家消防学院、圣彼得堡国立消防大学、伊万诺夫国立消防大学等 8 所教育机构进行应急管理以及救援专业人员培养。此外，还建立了定期轮训体系、专业救援人员进修和考核体系等，确保应急队伍始终保持高质量、高水平。

在应急宣传教育方面，小学就开设了安全和逃生课程，在普通中学和大学里开设"生命安全基础"专业课程，包括基本的消防技能、医疗自救技能、基本的专业技术培训、登山技能、战术和特殊训练等，内容丰富实用且还定期进行常规应急项目的演练。此外，紧急状态部还通过举行公共活动、讲座，分发应急风险资料、自救互救小册子等方式不断提升民众的应急防范意识和自救互救能力。

3.3.4 应急管理预案

俄罗斯应急预案的编制和实施工作主要由俄罗斯紧急情况部负责。由于俄罗斯应急管理体系包括民防，因此应急预案除突发事件应急管理外还包括民防的工作内容。俄罗斯的应急预案体系主要由联邦主体（州、直辖市、共和国、边疆区等）、市政实体和组织单位三个层次的《民防与人民保护计划》、"企业、机构、组织在和平时期民防和响应突发事件的行动计划"以及跨区域或跨部门的协作计划构成。

各级政府、应急管理机构以及相关部门的《民防与人民保护计划》内容主要包括：对可能发生的突发事件、战争的评估及其详细的解决方案，民防队伍的行动程序及行为细则，重大紧急状况的应急决策机制、执行处置的合理办法以及各部门的互动顺序，从日常状态转入战争状态的范围、组织、程序、方法及截止日期，所有跟民防及应急处置有关的组织与管理的工作职责、内容等。该计划还包括详细的区域经济、地理信息、应急物资储备和救援力量分布等数据以及不同应急状态的应急资源和力量需求计算模型等，并以图表等形式附注标记，具有很强的可操作性。此外，还明确规定此计划要根据每年 1 月 1 日的现状及应急处置实际状况进行调整、更新。

跨区域或跨部门的协作计划主要是针对在《民防与人民保护计划》中未予以明确的一些特殊情况下的联动方式、相互职责、协同方案等进行补充和明确。

"企业、机构、组织在和平时期民防和响应突发事件的行动计划"的主要内容包括紧急情况下的行动程序、疏散程序，应对突发事件心理准备的一些方法、措施，应急处置中各机构部门之间的协作内容、协调方式以及演练计划，下一年度突发事件预防准备活动实施计划、方案等。

3.4 国外应急管理经验及启示

美国、日本、俄罗斯的应急管理体系分别代表了三种比较成熟和典型的应急管理模式，相关研究人员一般将其称为美国模式、日本模式和俄罗斯模式。从三个国家的应急管理体系结构及模式特点可以看出，美国模式的总体特征是"行政首长领导，中央协调，地方负责"；日本模式的总体特征是"行政首脑指挥，综合机构协调联络，中央会议制定对策，地方政府具体实施"；俄罗斯模式的总体特征是"国家首脑为核心，联席会议为平台，相应部门为主力"。三种模式虽然各具特色，但还是有很多共同的特征，而且历经多年发展和较多突发事件的实证和检验，相对而言比较成熟和完善，对我国应急管理体系建设和完善具有重要的借鉴意义。

3.4.1 美日俄应急管理的共同特征和优势借鉴

1. 强有力、高规格的应急管理机构设置

美日俄三国把应急管理作为政府管理职能的一个重要内容，由政府行政首长担任相应层级应急管理机构的最高领导，全面领导应急管理工作，美国总统、俄罗斯总统、日本首相分别为各自国家应急管理和处置的最高指挥官。在实际运行中，日常管理委托给下属的应急管理机构，重大紧急事件则由行政首长担任最高指挥官和最终决策者，对重大事项进行决策，对关键性资源进行指挥调动和处理。这种体制确保了应急决策的效率和强有力的执行力，在重要资源的快速调配、信息沟通协调等方面具有重要作用。此外，在政府机构体系中一般设有直接对行政首长负责的专门应急管理机构或人员，全面负责突发事件的准备、预防、响应、救援处置、重建以及协调处置等工作。相应的机构配有充足的编制、行政经费和专项预算，确保了其工作的连续性、专业性。

2. 建立健全的应急管理法律和制度体系，实施标准化应急管理

美日俄建立了细致完善、涉及各个层次的应急管理法律和制度，在法律和法规中对应急管理机构的组织与权限、职责与任务、程序及要求等都做了明确规定，同时还制定了详尽细致、可操作性强的指南和手册，为应急管理提供了全方位的指导和有力的制度保障。美国、日本、俄罗斯都将应急法律体系摆在基础性地位，注重应急管理法律体系的系统性，通过完善法律体系提高突发事件应急管理的能力。其主要特点可归纳为以下几点。第一，政府基于法治原则，均在宪法中对突发事件应急管理做了许多总体性规定。第二，相关法律对应急管理过程的各个环节和层面都有比较详细、科学的规范,从预防、预警、响应到恢复,从应急预案、应急体制到应急机制等有具体的实施细则。另外,各级地方政府也因地制宜,制定了许多本辖区范围内的应急法规标准。第三,应急法律体系已走向专业化和专门化,针对各种具体的紧急情况政府出台许多单行法,并设置应急管理的专门机构作为领导核心,执法程序制度化、规范化、标准化。可以说,当突发事件发生时,政府、公民和相关社会组织应该怎么做,法规制度有基本甚至是详尽细致的规定,保障了应急管理的科学性、可行性和高效性。

3. 强调全过程的应急管理和突出预防的重要性

这三个国家的应急管理不仅仅是突发事件之后的救援恢复工作,而是强调全过程的应急管理。应急管理工作涵盖了预防、准备、预警、响应、应急处置以及恢复重建、舒缓等全过程。预防准备在于提高政府和个人应对紧急事件的能力,如开展演练和培训。预警行动在于发现潜在的威胁时,能够制止紧急事件的发生并发出警示。舒缓行动是从更广阔的视野审视紧急事件,目的在于使紧急事件对人和财产造成的损失最小化。在应急管理过程中还要考虑紧急事件的长期和间接影响,如注重恢复公民的信心和保持社会稳定等。同时,应急管理越来越注重预防,突出“未雨绸缪,防患未然”的应急管理理念,不断强化和突出监测预警能力建设、应急教育培训等工作,尤其是针对薄弱环节采取针对性的预防措施,强化源头管理,以减少发生灾难的可能性、降低灾难可能带来的损失。

4. 重视应急管理研究、专业救援力量建设以及全民教育

这三个国家十分重视突发事件应急管理的研究工作,建立了比较严密的研究体系。尤其是随着应急的难度越来越大、技术要求越来越高,日本、美国、俄罗斯等国都更加重视应急理论和技术的研究,在应急人才培养、建设方面形成了比较成熟的体系。日本是较早研究突发事件应急管理的国家,在阪神大地震前,突发事件应急管理研究还处于一种以研究机构独立方式进行的碎片化研究状态。目前,日本在应急管理方面的研究不仅实现了系统化而且研究的领域和能力不断拓展,已经不限于研究国内城市。对其他国家在应急管理理论、技术等方面的研究也比较充分和深入,总体呈现研究力量强大、资金充裕、前瞻性强、涉及面广的特点。在救援力量建设方面,普遍设有专业救援分队、配备专业设备,并不断完善技术装备、增强技术培训、强化模拟演练,不断建设完善高效精干、技术精良的应急工作队伍。

此外,应急管理体系完善的国家还建有完善的社会教育培训体系,注重培育全社会防范和应对突发公共事件的能力。在开展教育宣传活动、增强全社会的防灾减灾意识、提高民众对突发事件的应对和参与能力以及自救和互救能力等方面具有丰富经验。

5. 强化应急资源保障及科技体系建设

应急能力的提升必须以强有力的应急资源和及时高效的应急信息为保证。美日俄普遍建立了快速、有效、常备的应急物资保障机制，如建立应急物资（通用物资和专用物资）目录，便于应急过程中的使用、储备、征用和调运；整合应急物资的标准；强化应急物资生产能力储备，必要时协调配置生产原料、动力等资源，紧急组织扩大生产；对大型机械工程设备、交通工具等应急物资建立预备应急物资联系跟踪制度和基础数据库，确保一旦发生应急需要可以就地就近高效征用调用，为应急事件的高效处置提供了有力保障。

在应急科技体系建设方面，着重突出应急管理信息系统、通信系统以及智能处置系统等的建设，以提高处置效能。美国、日本、俄罗斯都建立了比较完善的信息监测、收集、传送以及应急通信指挥系统，并且朝着智能化、自动化的方面发展。比如，在突发公共事件交通应急及运输保障方面，许多国家建立了以智能交通系统（ITS）为基础的公路交通应急系统。相关子系统及功能主要包括：信息的收集、综合分析、预测、发布和事务指派等；基于地理信息系统（GIS）的基础数据库，一线联动单位可及时向联动指挥中心查询各类信息；建立针对各类突发公共事件的预案，通过对突发公共事件的评估，形成决策方案；通过有线、卫星、移动通信、互联网等各类通信手段接收各地的语音、传真等报警和上报数据，分类进行接警；根据接警情况、数据库内的内容及上报的统计数据，进行挖掘分析和处理，并将结果通过基础信息交换平台向相关单位发布等。通过该系统可以实现对突发公共事件的统一接警、迅速定位、快速反应、业务联动、集中指挥与管理。

3.4.2 对我国应急管理发展完善的启示

1. 进一步强化应急管理组织体系，加强应急力量整合

我国虽然已经组建了各级应急管理机构，但不同领域的突发事件管理与处置主要由各自的分管部门承担，缺乏统一规划和整体部署，管理层级设置不明确，组织结构相对分散、功能衔接也不够顺畅，不利于有效地指挥和调动资源，在处理日益复杂的突发事件时显得力量分散且不足。而且由于缺乏常设机构和专职人员这一关键环节，往往在突发事件爆发时才由政府牵头成立临时性的处理机构，应急工作临时性、救急性特点较为突出，容易造成重处置轻预防准备的问题。此外，在实际工作中，对基层组织、民众、企业等应急力量缺乏足够重视和有力领导，组织体系没有深入基层、覆盖面较窄。

借鉴他国经验，我国的应急管理组织体系还应在领导力量建设、组织结构优化等方面进一步深化和完善。首先，应建立全面综合、常设专职的应急管理机构。将处置各种类型的突发事件统一纳入该应急管理体系内，使分散的机构联合为一个整体，并将应急管理工作常态化。其次，加强领导力量和核心指挥机构建设，明确政府首长担任相应层级应急管理机构的最高领导，以提高应急决策、资源调度、信息整合等的效率。最后,现代应急管理不单单是政府的应急,同时还包括民间组织、国际组织、志愿者组织等的广泛支持。因此,要大力培育应急管理的民间力量,并注重加强政府组织、非政府组织以及国际资源的通力合作。

2. 进一步加强法规制度体系和预案建设,为突发事件应对提供有力保障

纵览美日俄应急管理建设发展历程,"法律保障、预案先行"的特点十分突出,并且覆盖全面、权责分明、完善细致,这也是推动其应急管理能力水平快速发展的重要原因,主要体现在以下三个方面:一是细致、具体的任务区分和职责明确推动了应急管理各项工作的有效落实,为应急处置提供了坚实的基础保障;二是细致全面、与时俱进的预案体系,确保了应急响应、资源调动、力量协调等能够高质高效,极大提升了应急处置效能;三是覆盖应急管理全过程的制度规定,尤其是完善的授权、问责、考核和反馈机制,对发挥应急管理人员主观能动性,促进应急管理能力水平不断提高具有积极的意义。

随着应急管理经验、水平的不断提升,我国应急管理法规制度和预案体系也不断发展和完善,但总体上还存在一些不足,突出表现在内容覆盖不够全面、相关规定表述较为笼统、权责不够清晰等方面,甚至对应急处置所需的基础性物资储备、准备工作等都没有具体的明确,又缺乏统一的领导,使得相关工作无法落实,不利于应急管理的进行、难以保障突发事件的有效应对。例如,我国现有的应急法规制度包括相关预案中对应急物资的筹备、应急场所的建设、应急资金的来源、应急人员的培训以及应急演练的效果和规模等都没有具体的规定,或者没有明确具体的责任人和落实者,可行性和可操作性不强。同时,由于权责不明以及缺乏有力的奖惩机制,机构部门之间互相推诿的情况比较突出,导致很多制度形同虚设、工作协调困难重重,应急管理能力水平很难得以发展。因此,要更加突出和重视法规制度体系和预案建设的基础性、保障性作用,促进应急管理工作有效落实,推动应急管理能力水平快速提升。

3. 加大科技投入,积极构建高效的信息管理系统

应急管理和处置涉及很多关系的协调和相互配合,如政府机构与公众、军队等救援力量之间的关系,政府机构之间的关系等。信息是应急处置时连接各种关系最重要的纽带,是应急处置各方协调动作的桥梁,高效的应急信息管理必须"确保将最准确的信息以最快的时间传递给最需要的决策者和参与者",同时还要将权威信息传递给公众以稳定社会情绪。美国、日本、俄罗斯三国都将应急信息管理系统建设放在重要位置,不断提升应急管理的智能化、科技化水平。与这三个国家相比,我国尚未建立应急信息收集、处理、发送的专门机构,也没有建立起覆盖全国的突发事件信息通信网络,这显然不能满足当前我国应急管理形势发展的要求。因此,必须依托高新科技和先进的管理技术,加强应急通信和信息管理系统建设,着力构建全方位、多层次、广覆盖的应急信息通信网络和独立的信息管理中心，及时监测、收集、传递和发布突发事件相关数据和信息，确保应急事态发生的第一时间能及时获取相关信息并据此做出准确的判断，有关各方能够快速响应密切协同，从而迅速、有针对性地开展应急处置工作。同时，要建立健全突发事件信息发布机制，尤其是新闻舆论宣传、引导工作，“确保权威信息的通畅，使主流声音牢固占领宣传阵地”，提高突发事件整体应对力和掌控力，避免引发不必要的混乱。

4. 加强应急机制研究和建设，推进应急管理工作规范化、科学化和标准化发展

突发事件虽然错综复杂、难以预料但仍有一定规律可循。在深入认识突发事件基本规律的基础上，研究掌握应急管理工作机制内涵、外延，明确应急管理的关键环节、核心要点以及基于体制机制法制的组织运作程序和规律，实现应急管理工作的标准化运行，这对提升应急管理效能具有重要意义。美日俄三国高度重视应急管理机制研究和建设工作，通过应急机制的发展和完善推动应急管理工作科学化、规范化、标准化水平不断提升。当前，我国高度重视应急管理机制建设工作，并将建立健全各种突发事件应急机制作为提高应对公共危机能力的重要途径。但对机制的研究和认识还不够深入，应急管理工作的连续性、衔接性还不够紧密。因此，要从应急管理机制的具体构成入手，基于我国应急管理体制、法制和预案体系建设实际以及应急处置工作需要从实质内涵和外在形式上进行研究分析，将应急管理各阶段、各环节的工作进行明确细化和有机统一，有针对性地制定符合国情和处置需要的应急管理机制，提升应急管理工作的规范化、科学化、标准化水平，推动应急管理工作不断深入发展。

5. 加强专业化力量建设，广泛开展全民应急教育培训

应急管理是一项跨层次、跨部门和综合性很强的工作，同时也是一项专业化要求很高的工作，必须依靠专业力量与社会各方的整体协作以及社会资源的有效调动才能形成合力、高效应对。美日俄普遍建立了专业队伍与全民教育相结合的应急力量体系。目前，我国也建立了包括工程、医疗、交通、核生化、应急通信、海上搜救等多个领域的国家级专业应急救援队伍，并且还有强大的军队、武警、公安等中国特色应急管理的骨干和突击力量。但总体上，专业救援力量还比较薄弱，军队、武警、公安等应急骨干和突击力量又缺乏足够的培训和专业设备配置，尤其是还未形成全民防范的良好事态。因此，要进一步加大专业救援力量体系建设力度，提高军队等救援力量应急设备配备水平及相关人员配置，同时大力加强社会宣传教育和应急培训演练力度，形成体系合理、能力互补、全民防范、共同应对的应急管理态势。

4 道路运输应急保障机制构建原则与关键问题

近年来,我国在应急管理方面积累了大量卓有实效的经验和做法。随着相关研究和实践工作的逐步推进和不断深入,以"一案三制"为核心的应急管理体系得以不断完备和完善。应急管理机制对提高应急处置防范能力、最大限度地减少突发事件造成的人员伤亡、财产损失和社会危害具有重要的指导意义,因此受到高度重视。但针对道路交通运输行业特征的应急管理机制的具体内涵、工作内容、基本原则等尚缺乏明确具体、实践性和可操作性较强的指导性意见,给应急管理实际工作带来一定困难,道路交通运输行业应急管理机制的完善和创新亟待研究和完善。对应急管理机制内涵的深刻认识,是确立应急机制构建原则的基础,对道路运输应急机制的系统架构和机制具体内容的创新与完善,具有重要的指导意义。本章主要基于"一案三制"的应急管理体系建设宏观背景,对应急机制的基本含义、特点、构成体系等进行分析,在深入理解把握应急机制在"一案三制"中的重要地位及与其他要素之间关系的基础上,结合我国道路运输应急保障体系现状与存在的问题进行研究,进一步明确道路运输应急保障机制构建的原则与关键问题。

4.1 应急机制概述

4.1.1 基本含义

机制,也称"运行机制""工作机制""运作机制"。"机制"一词最早来源于希腊文,按照《辞海》的解释,"机制"原指机器的构造和运作原理,借指事物的内在工作方式,包括有关组成部分的相互关系以及各种变化的相互联系。后来生物学和医学通过类比借用此词,并在研究一种生物的功能(如光合作用或肌肉收缩)时分析它的机制,是指生物机体结构组成部分的相互关系,以及其间发生的各种变化过程的物理、化学性质和相互关系。《现代汉语词典》认为,机制是指有机体的构造、功能和相互关系,泛指一个工作系统的组织或部分之间相互作用的过程和方式,如市场机制、竞争机制、用人机制等。辩证唯物主义的观点则认为:"事物是普遍联系和相互作用的,事物之间的相互作用分为内因和外因两类。'机制'主要是自发性的内在作用,属于事物内因。""机制"一词现已广泛应用于自然现象和社会现象的研究描述之中,指其内部组织和运行变化的规律。从本质上看,机制指一种看不见的抽象的运作过程,是实现系统目标的各要素在制度环境中相互作用和影响的有机活动过程,通常所看到的往往只是其作用的结果。在某种程度上,机制就像一只"看不见的手",它用其无形的力量对系统实现目标过程中各个环节进行协调,对各种要素进行有机组合和支配,随时对系统施加着强大的影响,是整个系统目标过程得以运行的潜在动力。简言之,机制是各种程序、关系构成的动作模式,是各种制度化、程序化了的方法与措施。机制具有功能性的特征,侧重的是系统实际运作的功效发挥、行为性能或绩效表现,衡量标准主要是灵活性、效率性、协调性等。

实践中,机制的运行规则都是人为设定的,具有强烈的社会性。其通常具有如下几个典型特点。

(1)固化性。机制是经过实践检验证明行之有效并且较为固定的方法,对实践工作具有一定的规律性总结和指导意义,不因组织负责人的变动而变动。

(2)规范性。机制要求所有相关人员遵守。例如,监督机制不仅指人必须遵守的制度,还包括各种监督的手段和方法,且只有二者结合起来才能发挥作用。

(3)累积性。机制是在各种有效方式、方法的基础上总结和提炼得出的经验性成果。它一定是经过实践检验有效的方式方法,并进行一定的加工,使之系统化、理论化,才能有效地指导和推动实践工作的开展。

(4)综合性。机制一般是依靠多种方式、方法来起作用的。例如,在建立起各种工作机制的同时,还应配合相应的激励机制、动力机制和监督机制以保证工作的落实、推动、纠错、评价等,从而使机制稳步发展、保持长久的活力。

(5)发展性。机制是实践中各种有效经验与方法的总结与提炼,针对实践经验的必然局限性,机制必须内含自我纠错、自我完善、自我发展的内化功能,即随着实践的发展(如科技进步与管理水平的提高)而不断更新、再造和完善。

根据上述有关机制的定义和特点,可把应急管理机制(或简称为"应急机制")界定为:在突发事件预防与应急准备、监测与预警、应急处置与救援、事后恢复与重建等全过程中,各种制度化、程序化、规范化的应急管理方法与措施。

换言之,应急管理机制是政府为了更好地防范和应对自然灾害、事故灾难、公共卫生和社会安全等各类突发事件而建立的一套行之有效的工作方法和工作模式。

具体而言,应急管理机制是人们在总结、积累应急管理实践经验的基础上形成的制度化成果,是在长期应急实践中使用的各种有效方法、手段和措施的总结和提炼,能展现出突发事件管理中组织之间及其内部相互作用关系及作用过程,经过实践检验证明有效,并在实践中不断健全和完善,是适用于各种具体突发事件的管理而又凌驾于具体突发事件管理之上的普遍方法,一般要依靠多种方式、方法的集成而起作用。

4.1.2 应急机制建设的必要性

我国应急管理体系的发展和建设是紧紧围绕着“一案三制”展开的。因此，应急管理机制的研究和建设也离不开“一案三制”这个大背景。只有明确应急管理机制与应急管理体制、应急预案和应急管理法制之间的相互关系，才能深刻认识应急管理机制的定位、作用以及发展建设的方向。

1. 应急机制建设的背景

自2003年“非典”爆发之后，我国对突发事件应急管理的重视和发展提升到了一个新的高度，应急管理组织体系不断健全、应急预案体系不断完善、应急管理法制体系不断完备，应急救援能力、应急服务保障水平不断提升，尤其是历经2008年南方特大雨雪冰冻灾害、“5·12”汶川地震，以及近年来多起地震、泥石流、山体滑坡和爆恐事件等影响重大的突发事件洗礼，积累了一些应急管理经验，应急管理能力水平得到显著提升，为应急管理机制的深化和完善奠定了良好基础。

1）应急管理体制

体制的概念有狭义和广义之分，而且不同领域的研究人员对其内涵有不同的界定。根据目前主流观点以及相关经验和习惯，应急管理体制主要指的是行政应急管理体制，通常指国家机关、企事业单位、社会团体、公众等各应急管理相关方在处置突发事件过程中在机构设置、领导隶属关系和管理权限划分等方面的体系、制度、方法、形式等的总称。可以说，应急管理体制是一个由政府机构与社会组织、同级横向机构和上下级纵向机构相结合的复杂系统，包括应急管理的领导指挥机构、专项应急指挥机构、日常办事机构以及民间组织等不同层次。

从我国应急管理体制的建设发展情况来看，传统的应急管理体制主要是一种建立在政治动员基础上的平战转换和部门分割型体制，临时性、模糊性等特点较为显著。特别是由于“责、权、利”界定不清，加之长期缺乏综合性协调机构，多头管理、协调不畅、效率低下等问题突出。不同地区和部门在信息、物资、人力等方面不能共享，各种资源难以有效整合，对突发事件缺乏及时、有效的应对。直至“非典”后期，《国务院关于全面加强应急管理工作的意见》才提出要“健全分类管理、分级负责、条块结合、属地为主的应急管理体制，落实党委领导下的行政领导责任制，加强应急管理机构和应急救援队伍建设”。之后，《中华人民共和国突发事件应对法》又以法规的形式进行了明确，指出“国家建立统一领导、综合协调、分类管理、分级负责、属地管理为主的应急管理体制”，推动了应急管理体制的快速发展。在国家层面，国务院办公厅设置了国务院应急管理办公室（国务院总值班室），承担国务院应急管理的日常工作和国务院总值班工作，履行值守应急、信息汇总和综合协调职能，发挥运转枢纽作用。在各级政府层面，所有的省级政府和市级政府、县级政府基本都成立或明确了应急管理领导机构，很多还设立或明确了应急管理办事机构。此外，根据突发事件的四大分类及部门职能，规定了每类突发事件的牵头部门。例如，自然灾害主要由民政部、水利部、国土资源部、中国地震局等牵头管理，事故灾难主要由国家安监总局、交通运输部、住房和城乡建设部等牵头管理，突发公共卫生事件主要由卫生部、农业部牵头管理，社会安全事件则主要由公安部、中国人民银行、国务院新闻办公室等牵头负责，最后由国务院办公厅总协调。在此基础上，各部门也分别设立专门的应急管理机构。同时，针对不同类型、不同领域的突发事件，我国还建立了相应的行业性应急管理体制，并且地震救援、海上搜救、交通应急等专业救援力量也进一步完善。总的来说，从不同职能划分来看，我国的应急管理行政体制是：领导机构是国务院和地方各级人民政府，办事机构是国务院办公厅和地方政府各级办公厅，工作机构为国务院相关部门以及地方政府的相关部门。

总体来看，目前我国的应急管理体制是以法治为基础的平战结合保障型体制，具有常态化、规范化和制度化等特征，能够克服传统政治动员式应急管理体制初期反应慢、响应成本高、不善于从事件中学习总结经验等问题，对提高突发事件应急管理能力水平和质量效益具有重要促进作用，但也存在管理层级不够清晰、组织结构相对松散、功能衔接不够顺畅、对基层民间组织知识覆盖不足等问题。

2）应急管理法制

应急管理法制主要指应急管理法律、法规和规章制度，即在突发事件引起的公共紧急情况下处理国家权力之间、国家权力与公民权利之间、公民权利之间各种社会关系的法律规范和原则的总和，其核心和主干是宪法中的紧急条款和统一的突发事件应对法或紧急状态法。

应急管理法律法规是一个国家在非常规状态下实行法治的基础，是一个国家应急管理的依据，也是一个国家法律体系和法律学科体系的重要组成部分。在紧急状态下，为防止重大突发事件的巨大冲击导致整个国家生活与社会秩序的全面失控，需要运用行政紧急权力和实施系统配套的紧急法律规范来调整紧急情况下的各种社会关系，以有效控制和消除突发事件造成的危害，恢复正常的生产、生活秩序和法律秩序，维护社会公共利益和公民合法权益。因此，政府的权力和措施往往会突破平常法制框架，超越平时法治要求。应急管理法律体系的内容主要是对紧急状态下特殊行政程序进行规范、对实施应急管理所需的权责或特权进行明确、对紧急状态下行政越权和滥用权力进行监督并对救济援助等做出具体规定，从而促使应急管理逐步实现常态化、规范化和制度化。与此同时，通过对实践的总结，促进法律、法规和规章的不断完善也是应急管理法制体系建设的重要方面。

在突发事件应对的过程中，各级政府、部门充分认识到法制建设的重要性，由问题导向推动应急管理法制体系建设不断完善。在《中华人民共和国突发事件应对法》颁布实施以前,我国已制定与突发事件相关的法律35件、行政法规37件、部门规章55件、有关法规性文件111件。针对"非典"处置中发现的问题及应对需要,《突发公共卫生事件应急条例》于2003年5月12日正式颁布,该条例从开始起草到国务院常务会议审议通过一共只用了20天时间,是新中国成立以来出台速度最快的一部法规。

2003年,国务院法制办开始起草《突发事件应对法》(时称《紧急状态法》)。2007年8月30日全国人大常委会第二十九次会议表决通过《中华人民共和国突发事件应对法》,并于2007年11月1日起正式施行。这是新中国第一部应对各类突发事件的综合性法律,它的制定和实施标志着我国规范各类突发事件应对的基本法律制度已确立,为有效实施应急管理提供了更加完备的法律依据和法制保障。此外,《军队参加抢险救灾条例》《消防法》《防震减灾法》等应对自然灾害、事故灾难、突发公共卫生事件和社会安全事件的单行法律和行政法规体系也不断丰富完善。

与此同时,一些地方政府、管理部门也根据突发事件应对需要和各自特点主动出击,出台了相关的地方性或部门性应急管理法规和规章。总的来看,我国目前已基本建立了以《中华人民共和国宪法》为依据、以《中华人民共和国突发事件应对法》为核心、以相关单项法律法规为配套的应急管理法律体系,推动了应急管理工作的法制化治理水平不断提升,但还存在内容覆盖不够全面、相关规定表述较为笼统、权责不够清晰、奖惩问责不够深化等问题。

3)应急预案

应急预案即预先制定的紧急行动方案,指根据国家法律、法规以及各级政府、部门制定的规章制度,综合本级职能、本单位的历史经验、实践积累和当地特殊的地域、政治、民族、民俗等实际情况,针对各种突发事件而事先制订的一套能迅速、有效、有序解决突发事件的行动计划或方案,从而使政府应急管理工作能够程序化、制度化操作,并做到有法可依、有据可查、有章可循。应急预案要求在有效识别和评估潜在的重大危险、突发事件类型、发生的可能性、发生过程、事故后果及影响的严重程度的基础上,对应急管理机构与职责、人员、技术、装备、设施(备)、物资、救援行动及指挥与协调方案等预先做出具体安排,用以明确事前、事发、事中、事后各个进程中,谁来做、怎样做、何时做以及相应的资源配置和应对策略等。简言之,应急预案是针对可能发生的突发事件,为迅速、有效、有序地开展应急行动,政府组织管理、指挥、协调应急资源和应急行动的整体计划和程序规范。应急预案的主要功能是以确定性应对不确定性,针对最坏的情况做最全面、最充分的准备,化不确定性的突发事件为确定性的常规事件,转应急管理为常规管理。一般说来一个完善的预案体系应包括预案制定管理、预案评估管理、基于预案的辅助决策技术等,同时预案的制定应该具有针对性、可行性、及时性和全面性等特点。

根据责任主体的不同,我国的应急预案体系主要包括国家总体应急预案、专项应急预案、部门应急预案、地方应急预案、企事业单位应急预案以及针对大型聚会或大型活动的预案等六个层次。其中,2006 年 1 月 8 日国务院发布的《国家突发公共事件总体应急预案》是国家应急管理的行动纲要,也是全国应急预案体系的总纲,为各地区、各部门的预案提供了行动准则和基本思路。为进一步规范应急预案建设、提高应急预案效能,2013 年国务院还发布了《突发事件应急预案管理办法》,对应急预案的建设、发展、完善等提出了具体明确的要求和规范细则。

据国务院应急办 2012 年专门组织的一个全国应急预案大调研结果显示,截至 2012 年 11 月,全国总共编制了 550 余万件应急预案,其中国家层面包括一个总体预案、28 个专项预案以及 156 个部门预案,所有的省一级政府、绝大部分市级政府以及县级政府都已经编制了总体应急预案,同时还因地制宜编制了大量专项及部门应急预案,基本上涵盖了自然灾害、事故灾难、公共卫生事件和社会安全事件等各个领域。并且,街道社区、乡镇及有条件的行政村和各类企事业单位都已积极开展应急预案编制工作,全国“横向到边、纵向到底”的应急预案体系基本形成,但当前还存在着预案更新不及时、各级预案之间缺乏衔接、不够细致全面、缺乏演练磨合等问题。

2. 完善应急机制对深化应急管理体系建设的重要意义

“一案三制”是基于四个维度的不同分支,共同构成了应急管理体系不可分割的核心要素,并作为应急管理体系的子系统共同作用于应急管理的各个层面。应急预案、应急管理体制、应急管理机制和应急管理法制虽然有其各自不同的内涵属性、功能特征、建设目标和工作原理等,但从总体结构、功能属性等方面来看,四者之间相互作用、互为补充,共同构成一个复杂的人机系统。总的来看,预案是前提、体制是基础、机制是关键、法制是保障。

应急管理体制属于宏观层次的战略决策,相当于人机系统中的“硬件”,具有先决性和基础性。体制以权力为核心,以组织结构为主要内容,解决的是应急管理的组织结构、权限划分和隶属关系问题,体现结构性特征。应急机制属于中观层次的战术决策,以运作为核心,以工作流程为主要内容,主要解决的是应急管理的动力和活力等问题,体现功能性特征。机制相当于人机系统中的“软件”,通过软件的作用,机制能让体制按照既定的工作流程正常运转起来,从而发挥积极功效。应急法制属于规范层次,以程序为核心,以法律保障和制度规范为主要内容,主要解决应急管理的依据和规范等问题,体现规范性特征。法制类似于人机系统中的各种强制性规范、程序以及对人和机器的使用、管理、运行的各项规定和指南(如对机器的安全、卫生、操作,对机器操作程序、人员综合素质、教育培训、奖惩等方面的指导性及约束性规定),好的法规制度在于确保战略执行到位。应急预案属于微观层次的实际执行,它以操作为主体,以演练为主要内容,解决的是如何化应急管理为常规管理的问题,确保其效能的关键在于要通过模拟演练和实践操作来提高应急管理的实战水平。预案具有使能性,相当于人机系统中通过模拟实验得出的紧急应对方案(如对各种外部入侵响应的行动方案等),主要是通过日常的模拟演练来不断加强系统应对真实场景的性能。

从表现形态看,应急管理体制、法制和应急预案是具体的、有形的、显在的,体现为一系列组织机构、团体以及所制定的法律、政策、规则、章程、规定等,具有清晰可见、真实完整、具体准确等典型特征。应急管理机制是应急管理各种要素相互作用构成的有机互动关系,是模糊不清、抽象无形的,体现为通过系统内部组成要素按照一定方式的相互作用实现其特定功能和结果的诸多运行过程,具有模糊性、隐含性、难于感知等典型特征。应急管理体制和机制对应急管理法制(包括法律法规和具体的制度规范)以及应急预案具有制约作用,同时,应急管理法制和应急预案建设又对应急管理体制和机制的巩固与发展起着积极的促进作用。

应急管理体制是以"一案三制"为核心的应急管理体系不可分割的重要组成部分,包括应急管理机关行使应急行政权力处置突发事件的各种程序、步骤,是应急管理体制的重要载体,是应急管理法制和应急预案的具体化,也是提高应急预案质量的根本途径。通过应急管理机制,政府应急管理的各个阶段和环节能够被有机地统一起来,可以共同应对突发事件。从国内外经验来着,应急管理机制是否健全完善,能否在应对和处置各类突发事件中做到统一指挥、功能齐全、反应灵敏、快速高效,已成为衡量政府综合管理水平的一个重要标志。

随着我国应急预案、应急管理体制和法制建设的逐步推进和不断深化,应急管理机制建设已经成为应急管理体系建设的工作重点,是推进和深化以"一案三制"为核心的应急管理体系建设的重要着力点和切入点。为此,借鉴国际上发达国家和地区先进的应急管理机制建设经验,规范应急管理工作流程,完善应急管理工作制度,针对我国应急管理体系的相关运行环节,开展与应急管理体制和与我国具体情况相协调、相配套的运行机制建设,制定科学化、标准化、规范化的应急管理工作流程,对推动我国应急管理工作走向规范化、系统化、科学化、标准化的轨道具有重要意义。

4.1.3 应急机制的构成

通过对应急机制含义特征、在"一案三制"中的定位作用及其相互关系的分析研究可以看出,应急机制的内容构成较为复杂、内涵外延比较丰富,从不同的角度分析可有不同的解读。从实质内涵来看,应急管理机制是一组以相关法律、法规和部门规章为基础的应急管理工作业务流程。从外在形式来看,应急管理机制体现了政府在应对各级各类突发事件过程中的各项具体职能。从工作重心来看,应急管理机制侧重在突发事件防范、处置和善后的整个过程中,它要求各地区、各部门如何更好地组织和协调各方面的资源和能力,以更有效地共同防范与处置各级各类突发事件。从功能目标来看,应急管理机制以建立科学可行的应急管理工作流程为目标,通过完善应急管理制度,逐步推动应急管理工作走上规范化、系统化和科学化的轨道。总的来看,应急管理机制以应急管理全过程为主线,涵盖事前、事发、事中和事后各个时间段,包括预防与应急准备、监测与预警、应急处置与救援、事后恢复与重建等多个环节。

根据《中华人民共和国突发事件应对法》和国家总体应急预案的相关规定,从工作业务流程的角度,应急管理机制的基本框架和核心内容主要包括 4 项一级机制、18 项二级机制、55 项三级机制。除此之外,还包括其他辅助流程的优化设计等内容。一级机制即应急管理最基本的一级流程,对应应急管理的四个阶段,将整个应急管理划分为预防与应急准备、监测与预警、应急处置与救援和事后恢复重建四个主要环节。18 项二级机制相当于应急管理的二级流程,反映了应急管理各个阶段重要环节之间的互相关系。其中,预防与应急准备阶段主要包括风险防范、预案准备、队伍建设、宣传动员、应对保障五个重要环节。监测与预警阶段主要包括事件监测、信息评估、事件预警三个重要环节。应急处置与救援阶段主要包括先期处置、快速评估、决策指挥、社会动员、信息发布五个重要环节。事后恢复重建阶段主要包括善后恢复、救助补偿、调查评估、规划重建四个重要环节。每项二级机制又包括若干三级机制(在此不一一列出)。55 项三级机制相当于应急管理的三级流程,反映了各管理环节中业务活动之间的相互关系和流转过程。道路运输应急管理工作是国家应急管理体系的一个专业分支,其机制内容与总体结构框架基本相同,在此不再赘述。

4.2 我国道路运输应急保障体系现状与存在问题

4.2.1 发展历程

道路运输应急管理体系作为国家总体应急管理系统的重要支撑和组成部分,其发展建设依托和伴随着国家总体应急管理体系的发展而不断深入和完善。

总体来看,我国的应急管理主要分为三个阶段:第一个阶段为 2003 年以前,应急管理基本处于一种被动应对的状态,主要采取分部门、分灾种的单一应急模式,没有单独的应急管理组织机构。在应急状态下,根据突发事件的类别由对应的部门垂直管理,政府根据事态处理需要临时建立协调指挥机构,其他机构部门根据需要及上级指挥提供必要的协助,各机构、部门之间对于突发事件只是独立发挥各自的作用。第二阶段为2003—2008年,2003年"非典"爆发成为我国应急管理治理变革的重要转折点,推动了我国现代应急管理体系从"无"到"有"的历史发展。具体而言,2003年"非典"开启了我国应急管理的元年,政府机构、社会各界应急管理意识不断加强,应急管理体系建设在深刻教训中探索起步。2004年以自上而下的应急预案编制为重点,推动应急管理工作整体发展,相继制定颁发了《国务院有关部门和单位制定和修订突发公共事件应急预案框架指南》和《省(市、区)人民政府突发公共事件总体应急预案框架指南》,明确以突发事件的事发地为主,按照统一领导、分级响应、权责明确、分工协调的原则,各级行政部门制定完善相关的应急预案。2005年以在应急预案("一案")建设的基础上,全面推进了应急管理体制、机制、法制("三制")的建设,"一案三制"的应急管理体系基本建立,应急管理思路、方向逐渐明确。2006年以预案规范完善为抓手,主要突出应急管理能力建设,将应急管理由表层向深入推进,制定颁布的《国家突发公共事件总体应急预案》以及2007年8月全国人大常委会审议通过的《中华人民共和国突发事件应对法》,从法律高度要求从中央到地方政府部门必须针对各种可能发生的突发事件制定总体预案、专项预案和各个部门应急预案,在提高各级应急管理能力的同时推动应急管理体系向注重预防和实施方向发展。2007年以制定下发《国务院办公厅关于加强基层应急管理工作的意见》为标志,全面启动应急管理"进基层"工作,推动应急管理建设向各级政府和全社会延伸,进一步把应急管理工作向纵深推进,着力夯实全社会应急管理基础。2008年"5·12"汶川地震、南方特大雨雪冰冻灾害等多起重大突发事件的发生,是对应急管理体系建设的全面、综合的检验,各级政府和部门在突发事件应对过程中积累了丰富经验,进一步提高了应急管理意识能力,也将应急管理机制建设推向历史新起点。第三阶段为2009年至今,对应急管理深层次问题的发掘研究及建设工作不断全面深入,从基础设施到体制建设、运行机制以及法律法规对应的应急管理和服务保障体系不断完善,推动应急管理工作不断向法制化、科学化、常态化、规范化方向发展。

与此相应,我国道路运输应急保障体系建设也在不断发展完善,尤其在突发事件应急运输保障任务过程中积累了大量经验。2003年抗击"非典"期间,为保障医药用品和生活必需品供应,全国各地交通运输管理部门精心组织运力、密切筹划安全运输工作,全力保障市场供给,并在总结"非典"期间交通运输应急保障经验的基础上,原交通部于2004年联合卫生部制定颁发了《突发公共卫生事件交通应急规定》,为规范突发公共卫生事件道路运输保障行为、提高道路应急运输保障能力奠定了基础。2004年在全国治理超限超载期间,煤电油运全面紧张,中央和地方交通运输主管部门根据实际情况相继出台并完善了治超期间应急运输预案,为缓解日常生活用品和主要工业原材料供应提供了坚实保障。2005 年卫生部发布了高致病性禽流感预警,部分交通厅、局相继制定了《防控高致病性禽流感交通应急处理预案》,体现了交通管理部门的社会责任感。2008 年在应对南方特大雨雪冰冻灾害、汶川地震、玉树地震、西藏“3·14”事件以及新疆“7·5”事件等突发事件中,道路运输应急保障体系发挥了重要作用。尤其是在汶川地震的抗震救灾工作中,道路运输系统承担了绝大部分抢险人员和救灾物资的运送任务以及部分工程机械的抢运工作,为抗震救灾提供了强有力的运输保障。近年来,交通运输管理部门多次较好地完成了抗洪抢险救灾、抗震救灾、平息动乱、夏收秋收、“黄金周”及暑运等公路运输保障任务,应急保障能力和水平不断提升。更为关键的是,在此过程中通过经验总结、实践检验,各种制度化、规范化的工作方法得以建立并不断完善。例如,2005 年,制定了《公路交通突发公共事件应急预案》,历经 2008 年抗击雨雪冰冻灾害和汶川特大地震抗震救灾实践检验,及时总结经验,对预案进行了修订完善,并于 2009 年发布《公路交通突发事件应急预案》。这是全国公路交通领域最高层次的交通突发事件总体应急预案,是全国公路交通突发事件应急预案体系的总纲,也是应对特别重大公路交通突发事件的规范性文件。与此同时,各省市的交通主管部门也陆续制定颁发交通及其运输保障应急预案或应急保障行动方案,以指导突发事件下公路应急运输工作,极大地推动了道路运输应急保障体系发展完善。之后,交通运输部又下发了《关于加强道路运输应急保障工作的若干意见》《关于道路运输应急保障车队建设的指导意见》,对道路运输应急保障建设目标、重点工作、环节以及相关机制和制度完善等工作提出了具体明确的指导意见。尤其是 2011 年 9 月交通运输部颁布并于 2012 年 1 月 1 日起施行的《交通运输突发事件应急管理规定》,对道路运输应急保障工作的顺利开展及制度化、规范化发展具有重要指导意义。2012 年交通运输部还广泛开展了“交通运输应急管理机制创新年活动”,推动道路运输应急保障体系不断走向深入。可以说,道路运输系统在保障应急运输、高效应对突发事件等方面提供了强有力支撑,做出了重大贡献。通过不断发展建设,道路运输应急管理体系不断完善,应急管理能力、应急运输服务保障水平得到快速提升。

4.2.2　存在的主要问题

从发展历程来看,我国道路运输应急管理体系在组织构成、预案建设、制度保障、机制研究等方面均有了较大发展,尤其对机制建设在应急保障中的重要作用认识深刻,也进行了一定的研究和发展,但总体上仍然比较滞后,还存在各种深层次的问题,尤其体现在缺乏总体性规划和整体设计、业务流程机制不足、基础支撑体系不完善以及科学化规范化制度化不强等方面。

1. 道路运输应急保障体系缺乏总体规划和设计

总体上看,虽然交通运输部对道路运输应急管理工作高度重视,制定下发了"一案三制"等各方面的制度规范,但对于相互之间如何有效衔接仍然缺乏总体性设计。尤其在各省市道路运输应急保障体系建设实践中,大部分都是在某类突发事件发生后紧急制定的应对方案,或是针对特定事件的应急预案。如山东省的道路粮食运输应急预案、防汛抢险救灾运输应急预案北京市的交通行业雪天道路交通保障工作方案、交通行业防汛工作实施方案深圳市制定的交通行业"黄金周"运力保障方案等。这些方案在特定突发事件的应对过程中起到了一定的效果,但由于缺乏总体性规划,只是针对具体事件的应对方案,使得道路运输保障工作缺乏系统性和整体性,制约了应急运输保障能力的全面发挥,不能适应应急运输保障工作长期发展的要求。从机制建设方面来看,主要突出了信息报送、运力储备等在应急保障实践中的突出问题,但对预防准备、预测预警、应急补偿等影响应急保障质量效能的深层次内容却研究不足,甚至对应急管理机制建设的具体内涵、工作原则和建设目标等总体性纲领,只有原则性和综合性的规定,尚缺乏具体明确的指导性意见。在具体某一项机制的研究制定过程中也缺乏总体性考虑,往往与体制、预案、其他相关单项机制等不协调、不匹配,影响质量效果的发挥。

2. 道路运输应急管理运行机制缺乏整合性

道路运输应急管理运行机制主要基于相关部门职能设计,而非以应急保障需求出发、以业务流程为主干。

我国目前实行"分类别分部门"的应急管理模式,即一种或几种相关突发事件由主管部门为主负责预防和处置工作,其他相关政府部门参与配合。各职能部门主要针对职责范围内的突发事件建立各自的应急管理指挥体系、应急救援体系和应急队伍,并形成相应的预报体制、协调体制和救援救助体制等。这种模式本质上属于基于职能部门的传统体制,导致各部门之间在应急管理中的分工、协作关系不够明确,经常出现部门分割、职能交叉、管理脱节、低水平重复建设等现象,增加了管理成本,不利于资源整合和快速反应能力的提高,甚至导致职能交叉的工作无人落实、部门相互推诿等。尤其是道路运输系统本身就是一个影响因素众多、专业业务部门较多的复杂系统,如果基于各部门自身职能各自为政制定相关机制,会极大地降低处置效率。与传统的基于职能的政府组织相比,道路运输应急保障体系是一个典型的以业务流程为主干的扁平化系统。以业务流程为主干对运行机制进行研究设计,以完整的整合性流程代替碎片式、分离式难于管理的"割裂性职能实体",可显著发挥系统性效能,提升整体应急保障效率。

3. 道路运输应急基础设施缺乏、基础支撑体系不完善

这一问题主要体现在两个方面。一是应急管理软硬件投入较少。道路运输网络基础设施不完善，可靠性不高，紧急道路抢修工程机械与设备缺乏，道路快速恢复与修建的能力不强，在道路基础设施受损严重的情况下，救援物资与人员很难快速进入受灾地区。道路运输应急物资，如应急通信设备、应急照明设备、物资装载机械等，储备不足。集结地缺乏规划统筹，临时性较强、缺乏配套设施，难以满足相关需求。车辆维修、油料物资补给、人员生活后勤保障、附属设施(防滑链)等缺乏落实。尤为突出的是应急保障技术水平低、高技术装备配备率低、投入少，缺乏足够的技术支持。二是法规制度有待进一步完善。相关应急法规和政策滞后，应急保障工作法制化、规范化不足，如应急预算、应急准备金制度的落实缺乏力度，导致应急管理工作缺乏资金保障。尤其是在大规模和较长时间应急状态下，应急运输组织工作将耗费巨大的人力、物力、财力，会造成管理部门正常工作经费紧张。当前应急补偿资金为事后支付，当应急组织和参与者无力垫付应急状态下所发生的费用时，难以有效实施应急保障。应急运输过程中的人员伤亡、财产损失更是没有明确的补偿措施，保险公司也不愿承担。此外，道路应急运输环境与日常状态有很大区别，但法规制度对应急状态下的情况考虑不充分、不细致、不全面，对应急状态下运输安全制度缺乏特别规定，导致应急运输工作与法律法规冲突较多，应急运输组织者将承担很大的安全责任风险。例如，应急状态下的道路运输运行环境往往不符合相关法规要求，但由于应急运输的紧迫性，不可能因为道路运行条件不符合规定要求就不运输，不可能因为超过规定驾驶时间就停车休息。

4. 道路运输应急机构及队伍建设不足

首先，道路运输机构与其他部门衔接不充分，各级运输指挥管理机构间信息沟通不准确、不及时，预见性不强，一旦发生重大事件难以有效发挥应有的救援能力，而且应急处置机构多为临时性质，工作效率较低。其次，对应急队伍建设重视程度也不够，队伍不专业，缺少必要的培训和演练，在应急运输组织方面也缺乏利益保障和约束力。例如，应急运力主要还是依赖临时动员以及松散的应急储备运力调用，应急运力的使用、管理无明确责任主体，在管理使用过程中存在一定混乱。并且由于缺乏相关法规及资金支持，应急状态下应急储备运力以及发动的零散运力能否及时到位、能到位多少主要依靠运力储备单位和个人的社会责任意识，为应急处置工作增加了极大的不确定性。

5. 应急管理机制设计不合理

部分应急管理机制设计不尽科学，操作性和适应性较差，导致应急管理工作难以标准化规范化制度化开展。

从一些发达国家的情况来看，其应急管理基本已经进入到标准化运作阶段，标准化的应急管理机制以完善的应急预案和应急管理法律体系为依托，具有很强的制度化、规范化、程序化特征。但目前，我国应急管理流程机制的科学化、规范化与制度化还不足,预案内容过于笼统和原则,对实际应急管理工作的指导作用比较有限,甚至出现"预案无用论"的情况。实践中还比较习惯于传统的领导者个人临时决策模式,过度依靠个人经验和能力,导致应急管理机制在设计和运行等方面都在一定程度上流于形式,权威性不够,标准化、规范化、制度化不足,对应急管理实际工作所发挥的作用比较有限。而且,紧急状态下各种情况瞬息万变,不确定因素错综复杂,管理者和实际操作者必须根据不断变化的外部环境进行灵活应对,因此,科学的应急管理机制设计,必须实现稳定性和适应性之间的动态平衡以保证可操作性,做到以不变应万变。但目前的机制设计尚缺乏相关考虑,易走向过于笼统或过于死板的极端。

4.3 应急保障机制构建原则与关键问题

4.3.1 构建原则

根据应急管理机制的内涵特点以及当前工作中存在的主要问题,为进一步规范完善道路运输应急保障机制,提高道路运输应急保障工作的科学性、规范性、高效性,为突发事件的应对处置提供有力支撑,道路运输应急保障机制的构建应遵循以下原则。

1."以人为本"的原则

构建道路运输应急保障机制必须体现"以人为本"的原则,时刻把挽救人的生命、满足人的需求、解决人的问题放在第一位。

2. 平战结合的原则

道路运输应急保障工作与交通战备工作紧密相关,道路运输应急保障机制的构建应有利于将道路运输应急保障体系与国防交通应急运输体系相结合,实现体系统一、资源共享、管理联动。依照"平时运营、急时应急、战时应战"的原则,在发生突发公共事件时,能够针对事件特点、结合保障要求迅速启动,并保证道路应急运输工作有序开展;遇有战争或平时军事行动,需要实施人员或物资运输保障时,能够按照《民用运力国防动员条例》等有关规定要求及时征集民用运力。高效组织开展运输保障工作。

3. 综合协调的原则

突发事件应急状态下,机制的构建必须有助于冲破条块分割、部门分割的行政体制束缚,能够打破地域的界限、建立与多部门协调的能力,调动社会一切可用的人力、物力、财力,确保公众的生命、健康与财产安全,把突发事件造成的损失降到最低。

4. 预防为主的原则

在突发事件爆发前，有效地监控危险源、对风险进行动态的预测预警，最大限度地遏制突发事件的发生，这是应对突发事件的最理想状态。因此，道路运输应急保障机制的构建必须体现"预防为主"的原则，全面做好减缓、应对各种突发事件的准备工作。一方面必须强化对道路运输系统内部危险源的监控管理，提高道路运输从业人员、管理人员的应急管理意识和能力水平，最大限度地减少道路运输系统内部突发事件的发生，并严防引发其他衍生事件。另一方面，道路运输系统作为突发事件处置应对的重要支撑体系，对突发事件的应对效率、质量效果等有重要影响，所以应积极作为，提前筹划，做好应急运输的各项准备工作，确保一有需求能够高效运作、保障有力。

5. 尊重科学、立足现实的原则

道路运输应急保障机制的构建既需要科学的管理理念，又需要科学的管理方法，还需要先进的科学技术手段支撑。因此，机制的构建要遵循突发事件发展变化规律，从高效应对有效处置的目标出发，不断提升应急保障工作的科学化水平。在尊重科学的同时还要实事求是、紧贴现实、立足实践。

6. 依靠法制的原则

一方面，道路运输应急保障机制的构建必须符合相关法律法规、规章制度的要求，以有效调节突发事件应对过程中的各种矛盾，如公共秩序与个人自由、部门利益与总体利益之间的矛盾等，避免推诿扯皮、产生不必要的纠纷。另一方面，确保机制有效运作的各项基础工作能否得以落实、应对突发事件时制定的相关工作能否有效执行等也依赖法制制度的坚强保障。

7. 社会参与的原则

突发事件的应对机制必须有利于发挥群智、群力、群策的作用，做到群防、群控，这是应对突发事件的现实需要，也是公共治理精神的重要体现。在道路运输应急保障工作中也需要动员运力、油料、后勤、道路保障等社会资源的积极配合。

8. 滚动完善的原则

突发事件的破坏和影响不可能在事前完全预知和预防，对应急保障机制的最终检验总是被动的。因此应急保障机制的设计应符合不断完善、保持滚动发展的原则。

此外，突发事件对社会公众的生命健康与财产安全构成了极大的威胁，使国家基础设施的运行、社会功能的正常运转、社会公众的心理受到极大的扰动。如果应对不力，将会贻误战机、加重损失，并降低政府的公信力。重大突发事件还可能对地区乃至国际政治、经济产生巨大的影响。因此，应该站在维护国家安全、公共安全、环境安全和社会稳定的高度上认识突发事件应急保障机制的建立与完善问题，持续不断地改进和完善突发事件应急保障机制，推动和谐社会与和谐世界的建设。

4.3.2 关键问题

机制的研究构建主要就是结合现实环境和条件，从应急管理需求角度出发，用可行易行的、综合国内外应急管理经验的标准工作流程来替代时间有限、信息有限、管理者个人经验有限等条件下的应急决策，通过全程规范应急管理工作流程，实现应急管理事前各项事务的制度化、规范化、科学化授权，逐步实现“统一指挥、反应灵敏、协调有序、运转高效”的应急机制发展建设总体目标，从而在突发事件发生时能够有效应对、高效处置，最大限度地减少突发事件造成的损失。

通过对应急机制内涵、构成、“一案三制”的定位及相互关系等的研究论述可知，应急机制不是一个独立的整体，应急机制的构建涉及诸多环节、诸多内容，与预案建设、体制构成、法制体系等密切相关，科学完善的应急机制需要预案、体制、法制体系以及必要的物资、信息等资源的有力支撑。但从我国“一案三制”的基本情况以及道路运输应急保障体系现状来看，基础还不够坚实、法规制度预案体系还不够深入完整、体制建设也还存在一些不完善不充分的地方，给道路运输应急保障机制的构建增加了一定的难度。

结合机制内涵构成以及当前我国道路运输应急保障体系现状特点，综合考虑国内外经验教训，在道路运输应急保障机制的构建中应着重注意解决以下问题。

(1)从道路运输应急保障工作的本质目标出发，明确当前影响和制约道路运输应急保障工作的突出问题以及基于应急处置需要的核心内容，梳理完善其所要实现的基本功能、主要流程、关键环节，为业务性应急保障机制的构建奠定良好基础。

(2)以应急需求为导向、以功能实现为目标，进一步完善道路运输应急保障组织机构，使每项具体工作都有明确的落实者，同时相互之间能够密切配合、协调运作。其次要进一步完善、明确相关规章制度，保障道路运输应急保障相关工作能够有效落实。

(3)采用整体规划、具体分析、显性呈现等方法，对应急信息收集传递、运力储备与征集调用、应急联动等道路运输应急保障工作的关键内容进行全面研究、深入刻画，并通过图表、流程等形式进行清晰呈现。一方面增强应急保障机制的实用性、可操作性；另一方面实现标准化运作、规范化处置的目标要求。

(4)从突发事件应急管理全过程出发，坚持预防与处置并重、常态与非常态结合，引入科学技术手段、科学管理方法，提高应急管理科学水平和应急保障效率。

(5)理论与实际相结合，突出实用性、可操作性，在对道路运输应急保障核心内涵整体把握以及对现实工作中重难点问题具体分析的基础上，将其主要工作和关键环节进行表格化设计、流程式呈现，提高道路运输应急保障机制的可操作性、实用性，为现实工作提供良好指导。

5　道路运输应急保障机制基础体系

道路运输应急保障机制是应对突发事件过程中各构成要素相互关系及作用过程的集中和体现，其作用的良好发挥需要各构成要件充实完备、坚强有力作为条件和基础。同理，机制的优化和完善也只有在必要的基础和条件上才能凸显作用和意义。具体而言，影响道路运输应急保障机制的关键要素主要包括应急保障组织机构、应急力量、法规制度、应急预案、应急期间的后勤保障以及资金、场所、相关物资等应急资源。

5.1　组织机构及应急力量

5.1.1　组织机构

1. 应急组织机构的构成和特点

应急组织机构是应急管理体制的核心，主要指为开展应急预防与准备、应急响应、应急处置、恢复重建等应急活动而建立起来的有效组织构架。其职能主要包括制定应急管理政策及相关制度规定、提供应急服务、协调处置相关应急事务等。一般而言，应急组织机构主要由以政府及其部门为主体的应急管理机构、以自愿者和社会团体为主的社会公共组织以及提供相关信息和辅助决策咨询机构等构成。通常而言，应急组织机构主要特指以政府及其部门为主体的应急管理机构。

道路运输系统作为一个动态、开放、复杂的大系统，极易受到系统外部或内部各种事件的干扰和影响。同时，其往往既是应对突发事件的重要支撑体系又是应急应对的对象。建立一个权责明确、运转高效的道路运输应急管理机构无论是对保持道路运输系统平稳运转还是对确保突发事件应对有序开展都具有十分重要的作用和意义。一个科学、合理的应急管理组织机构应具备以下特点。

(1)主导性。即涉及突发事件应对的所有工作必须有一个主导核心，掌握着应对突发事件所必备的大量社会资源。在应急处置阶段能够迅速调集全社会各个方面共同参与、正确引导媒体和舆论的走向、及时公开突发事件信息等；在应急预防准备阶段能有效开展应急知识培训、宣传、教育，引导公众积极参与各项应急管理活动，不断增强公众的防范意识，提高社会整体的应急能力等。

(2)约束性。即在突发事件管理及应对过程中,每种类型、每个级别的管理机构都必须在法律、法规限定的范围内行使自己的权利,履行规定的义务,并承担突发事件所带来的风险和相关责任。

(3)协作性。即应急组织机构的设置应分工明确、权责分明,在突发事件应对时能够相互配合、协同作战,实现对突发事件的快速反应,以降低突发事件处置的运行成本、提高处置效能。

2. 应急组织机构的设置原则

应急组织机构在突发事件应急管理中的重要作用和职能定位决定了其必须具备反应快速、运转高效、广泛和高效整合各类资源的特殊功能。因此,应急组织机构的确立应遵循以下原则。

(1)系统整体性原则。应急管理和服务保障是一个系统工程,包括应急准备、预警、响应、处置及恢复等多个阶段和过程,结合应急处置需求,按照系统原理和系统开放原则,必须深入研究政治环境、社会氛围、技术条件及资源环境等对应急管理和服务保障的影响,并设置相应的组织管理机构,以提高对各种环境条件的适应和组织整合能力。系统整体性原则主要体现在以下3个方面。

①结构完整。应急组织机构只有结构完整、组织完备才能产生必要的功能。一个完备的应急组织由决策系统、执行系统、操作系统、监督系统和反馈系统等构成,并要求各个系统之间能够尽可能地保持协调联动和高效统一,而不能割裂其内部的有机联系,将其分散开来。

②要素齐全。应急组织系统要素一般包括人员、职能、信息以及责任等。人员在应急管理中起主导和决定性作用,应急组织中的人员应具备较高的综合素质和一定的专业能力,能够临危不乱、处置得当,确保应急组织高效运行。同时,应对担任具体岗位和职务人员所拥有的权力和承担的责任进行规定和明确,以达到指挥、协调和控制的目的,避免有权无责或者有责无权等权责不清的问题。此外,及时、准确的信息对应急处置至关重要,也是应急组织机构系统内部以及与外部系统进行沟通、协调的关键,保持信息畅通是应急管理机构设置时应考虑的重要因素。

③确保目标。要根据应急处置需要及管理目标建立和调整组织机构,并将目标和任务进行分解和细化后按组织机构的岗位、职能划分确定相应目标和任务,做到目标划分与每个岗位担负的责任相适应和一致,在细化分割的同时提高整体效能,确保每项工作任务都明确到具体岗位和责任人,并得以贯彻落实。

(2)集权化原则。应急处置和保障不仅会影响许多正常的工作和业务流程,还需要及时进行信息通报与资源调拨分配等配合协同工作。这种跨部门甚至跨地域的工作是任何一个独立的部门或管理机构都无法胜任的,而且突发事件的发生具有突然性、破坏性、社会性等特点,往往各个部门或机构都会受到干扰和影响。因此,在必要的日常管理机构基础上还必须建立强有力的集权式管理组织,一个能对各部门、各系统形成统一领导、统一指挥和统一行动的高度集中的应急指挥系统,以便调配各方资源、组织各部门协调工作。从国内外实践经验来看,应急指挥体制一般实行行政首长负责制。根据授权,在突发事件发生时政府最高行政长官有权指挥和调动各相关部门和力量,确保命令的有效性和行动的统一性,以高效整合各方资源,避免出现政出多门、下级无所适从等权力与职责结构被人为破坏的状况,确保应急管理工作能够有效开展。

(3)权责对应原则。对承担应急管理职责的人员,无论其在组织系统中的哪个层面工作,都要坚持"有什么权力就负什么责任、有多大权力就负多大责任"的原则,既明确其在应急管理中的责任,又赋予其相应的权力,使其担任的任务与赋予的权力、要达成的目标与承担的责任相对应和匹配。否则,如果有权无责或者权大责小,就会做出不负责任的决策,甚至产生瞎指挥、滥用权力的官僚主义或腐败行为;如果有责无权或者责大权小,就没有承担责任的保证,会导致任务落实困难重重并严重挫伤工作的积极性,所承担的应急管理任务也就难以完成,不利于应急处置。因此,要深入研究组织结构和权责依据,统筹设计、科学组织,建立一套完整的职能职责制度体系,实现权责明确、科学对应。

(4)机构常设原则。突发事件虽然不能完全避免,但却是可以预测的。《中华人民共和国突发事件应对法》规定,突发事件应对工作实行预防为主、预防与应急相结合的原则。对突发事件应对有重要影响的预案管理、风险排查、信息监测等工作需要经常落实和长期坚持,对此设置相关的应急管理常设机构是必需的。但从目前的情况来看,我国应对突发事件的临时性机构较多,由于容易受到部门、单位常规性事务的影响,应急管理往往被置于次要地位,难以为应急管理提供有效的组织保证。强调应急管理机构常设,并不排除在特殊情况下面对难以预料的、影响重大或特别复杂的突发事件时成立临时机构。而且,应急管理常设机构的设置应注重精简和提高效率,在确保信息畅通快捷和有效运转的同时减少不必要的消耗和浪费。

(5)属地管理原则。突发事件发生的第一时间,事发地应急机构能否迅速反应并采取有效措施、及时地进行先期处置,对有效遏制突发事件态势、防止发展扩大具有重要影响。属地管理为主原则即强调地方政府特别是市、县两级政府是处置突发事件的第一责任人,事发地政府的最高行政领导有权处置辖区内所发生的突发事件并负直接责任。

(6)良性互动原则。应急管理和处置往往涉及各部门多方面,突发事件发生后,只有政府不同职能部门之间协调运作,并积极发动社会力量才能发挥整体功效、形成合力。就目前的状况而言,还需要进一步理顺中央和地方分级处置的职能关系,强化部门、系统等各条块之间的协调配合。同时,还要发挥我国社会动员的强大优势,组织和调动社会各方力量共同参与到突发事件的监测、预警和处置工作中,实现政府功能与社会功能的优势互补和良性互动,形成政府统一指挥、各部门协同配合、全社会共同参与的应急管理工作良好局面。

3. 我国道路运输应急管理组织机构设置

我国的道路运输应急管理组织机构,主要是在现有管理体制和模式基本不变的情况下,根据国情和现实条件,总结以往道路运输应急管理经验和教训,借鉴国外道路运输应急管理机构设置模式,按照"统一领导、综合协调、分类管理、分级负责、属地管理为主"的要求和原则进行设置的。与国家级应急管理机构设置一致,道路运输应急管理机构也主要由领导机构、工作机构、办事机构、地方机构、咨询机构等组成。《公路交通突发事件应急预案》指出,我国的公路交通应急组织体系由国家级(交通运输部)、省级(省级交通运输主管部门)、市级(市级交通运输主管部门)和县级(县级交通运输主管部门)四级应急管理机构组成。该预案还对应急协作部门职责、社会力量动员与参与的相关程序要求、国家级公路交通应急管理机构的组织架构以及职责分工等进行了详细规定。该预案规定,国家级公路交通应急管理机构主要包括应急领导小组、应急工作组、日常管理机构、专家咨询组、现场工作组等。《公路交通突发事件应急预案》规定的国家公路交通应急管理机构组织体系及结构如图5-1所示。省、市、县级的交通应急管理机构参照该模式设置。

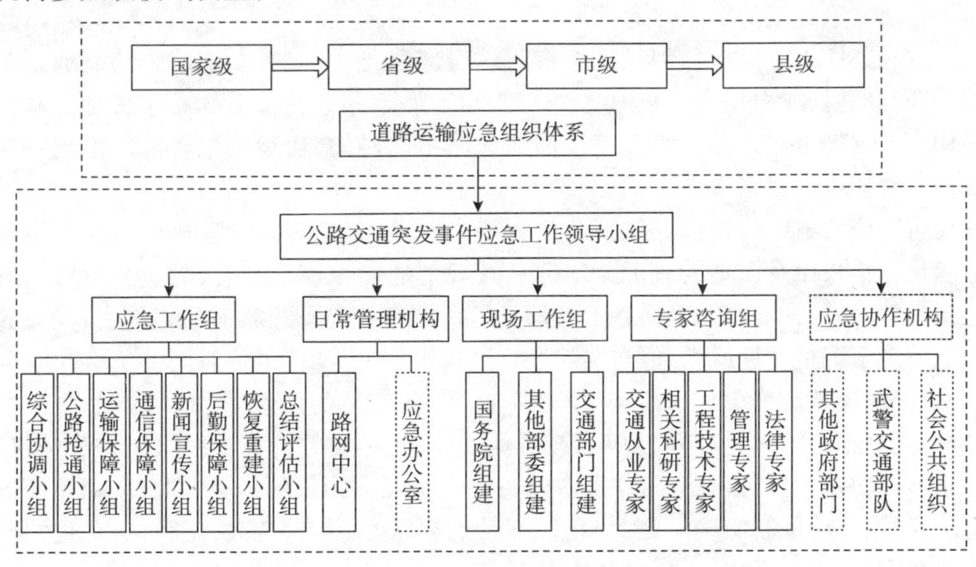

图5-1 国家公路交通应急管理机构组织体系及结构

公路交通突发事件应急工作领导小组(简称"应急领导小组")是本级公路交通突发事件的指挥机构,由本级交通主管部门领导任组长,分管副职领导任副组长,交通主管部门内相关司局或科室负责人为成员。

应急工作组在应急领导小组决定本级公路交通突发事件预警状态和应急响应行动时自动成立,由交通主管部门内相关司局或科室组建,在应急领导小组统一领导下具体承担应急处置工作。交通运输部应急工作组分为八个应急工作小组(省、市、县级应急工作组根据实际参照设置,有所不同),分别是:①综合协调小组;②公路抢通小组;③运输保障小组;④通信保障小组;⑤新闻宣传小组;⑥后勤保障小组;⑦恢复重建小组;⑧总结评估小组。其中,综合协调小组、公路抢通小组、运输保障小组、通信保障小组、后勤保障小组在应急领导小组决定终止交通部门负责响应的Ⅰ级公路交通突发事件预警状态和应急响应行动时自动解散;新闻宣传小组、恢复重建小组、总结评估小组在相关工作完成后,由应急领导小组宣布解散。

在应急日常管理机构设置方面:交通运输部设立了公路网管理与应急处置中心(简称"路网中心")作为国家级公路交通应急日常管理机构,在应急领导小组领导下开展工作;省、市、县级交通管理部门通常设置综合科室或信息中心兼任应急办公室作为应急日常管理机构,单独设置应急日常管理机构的不多。为确保应急工作的顺利开展,各级应急日常管理机构应强化应急信息监测、分析研判以及预测预警工作的常规化、持续化、专职化开展。

专家咨询组是由公路交通运输行业及其他相关行业工程技术、科研、管理、法律等方面专家组成的应急咨询机构。

现场工作组是由应急领导小组按照政府部门要求,或发布本级公路交通运输预警和响应时,或根据下级交通运输主管部门请求,指定成立并派往事发地的临时机构。当现场工作组由本级政府或其他部门组建时,交通运输主管部门派出一定级别的领导或负责人参加。

对照应急组织机构设置原则及相关特点要求,交通应急管理机构组织体系基本满足了集权化及属地管理原则。但从其规定的运作模式来看,除应急日常管理机构为常设外,其他组织机构基本上都只是在应急状态下才临时组建的,机构设置形式满足系统整体性原则,但在实际运行过程中,一些功能的实现可能就会出现问题。《公路交通突发事件应急预案》还对各机构或工作组的职能做了明确、详细的规定,但对权责的细化和划分却不够明确,也缺乏必要的责任追究机制,权责对应关系不够明晰,可能会导致工作落实以及目标实现不到位的情况。此外,对系统外部的联动、互动机制明确不足,与良性互动的要求也还有一定的差距,需要进一步细化和明确。

5.1.2 应急保障力量建设

1. 道路运输应急保障力量体系构成

1)应急保障指挥体系

道路运输应急保障是一个系统工程,需要动员和组织庞大的救援队伍,调动和利用大量的财力物力,没有一个组织严密、强效有力的救援指挥机构,是不可能有效组织实施的。应急指挥体系是一个要能够快速整合应急救援资源,高效协调、整合、指挥、调度各相关单位实施应急保障,并具有承建组织性架构和标准化处理原则的指挥体系。应急保障指挥机构不同于应急委员会和应急专项指挥机构等组织,它具有现场处置的最高权力,各类救援、保障人员必须服从应急保障指挥机构命令,以便统一步调、高效处置。从目前的情况来看,我国的道路运输应急保障指挥机构基本是由主管部门领导牵头、各有关部门负责人组成的临时性机构,虽然可能会在协同配合、顺畅运行等方面存在一定问题,但由于具有足够的权威性和强大的执行力,在应急保障和救援工作中仍然具有很高的权威性和效率性。

2)应急保障执行体系

(1)武装力量。当前,国内外复杂多变的安全形势迫切需要武装力量参与应对突发事件,大量实践也充分证明,武装力量不仅是处置大多数突发事件的有效手段,有时也是最后的手段,具有不可替代的作用。如在汶川“5·12”特大地震灾害、“8·7”舟曲特大泥石流等应急救援工作中,人民解放军指战员、武警部队官兵、民兵预备役人员和公安民警等武装力量就发挥了主力军和突击队的作用,成为解救受灾群众、医疗救护、卫生防疫、公路运输、电力抢修、恢复生产等方面的重要突击力量。在道路运输应急保障工作方面,根据有关规定,武警交通部队纳入国家应急救援力量体系,作为国家公路交通突发事件专业应急队伍。

(2)综合应急保障队伍。虽然道路运输应急保障工作具有一定的专业性和特殊性,但在突发事件越发多样性、复杂性的形势下,靠单一救援力量开展应急保障工作已难以适应形势需要。因此,要积极完善道路运输应急保障及管理模式,组建具备以处置道路运输常见应急事件为主干,兼备衍生事故处理防范等“一专多能”或多种救援保障力量参与的综合应急保障队伍。

(3)专业应急保障队伍。突发事件应急救援尤其是重大突发事件的处置需要专业应急救援人员参与,以发挥其技术优势、装备优势以及抢险救援经验。大量事实证明,专业应急救援队伍已经成为应急救援主力军。俄罗斯紧急状态部就拥有联邦层面的消防队、民防部队、搜救队、水下设施事故救援队和船只事故救援队等多支应急救援专业力量。我国道路运输应急保障专业队伍建设主要集中在公路交通应急抢险保通队伍和公路交通应急运输保障队伍方面,相关部门对此也制定、完善了一系列政策和规定，但从目前的情况来看，还存在以下问题：①组织化程度较低。两支队伍中，虽然省、市、县级的保通队伍纳入了公路养护管理部门、路政管理部门、公路经营管理单位、公路养护工程企业等专业机构，但总体上主要还是依托地方企业以签订合同或协议的形式组建，应急运输队伍尤为明显。由于缺乏有力的强制机制以及必要的激励机制，真正需要应急保障的时候往往组织散乱难以及时到位，相关要求也难以得到落实和贯彻。②队伍装备落后。由于投入、建设模式等原因，相关装备基本上都是日常民用装备，能够适应应急处置恶劣环境条件的救援装备储备少、品种不全，有的甚至根本就没有储备，装备技术和科技含量水平较低，难以适应应急处置需要。③队伍素质不高。很多地方应急队伍组建往往只关注有没有、全不全，对"能不能用"等问题却缺乏重视、投入不够，保障队伍中具有实际处置突发事件经验的专业人才少，保障队伍培训不够，应急救援演练少，与应急保障需求还有一定的差距。④队伍整合机制不健全。在应急保障中，各应急救援保障队伍各自为政的情况还比较突出，缺乏相应的协同应对机制和信息通报机制等。

3）社会保障力量

社会力量具有覆盖面广、数量庞大等优势，在应急控制、救援辅助、应急宣传等工作中发挥着重要作用，是各种突发事件应急保障和救援的重要力量。道路运输应急保障社会力量主要包括三类：一是交通行业企业机构；二是社团机构、志愿者组织等；三是自愿参与的社会公众等。但由于多方面原因，现有的社会应急保障力量不论是人员规模、设备配置，还是技能培训、资金保障等方面均存在薄弱环节，对社会力量强大潜力的挖掘和发挥还存在很大不足。

2. 应急保障力量体系建设的目标和任务

应急保障力量体系建设是一项长期任务，与一个国家或地区综合实力、面临的风险挑战以及发展战略规划等息息相关，同时也与人员意识、社会治理水平等关系密切。针对我国的实际情况以及道路运输应急保障工作需要，还应从以下方面强化和完善应急力量体系建设。

1）建立高效有力的应急保障指挥体系

突发事件的决策属于非常规性决策，决策难度大、风险大、影响重大，极大地考验事发地政府的应急能力。应急能力的提高既要注重实践经验的积累，更要随着经济社会发展和应急管理形势任务要求不断增强。因此，在常态时，政府要配备得力的应急管理领导者和工作人员充实到各类突发事件管理岗位，加强人员培训交流和考察学习，提高人员的应急素质和能力。同时，要大力整合各类应急指挥平台资源，健全信息网络，加快省、地州市、县市区政府综合应急指挥平台建设，使之成为各类突发事件的信息汇总、综合研判、视频会商以及指挥调度中心。在应急状态时，建立统一的突发事件处置指挥中心，统一协调、快速应对、有序运转。

2)强化交通警察、武警交通部队等骨干队伍应急能力建设

将交通警察、武警交通部队、解放军工程兵部队等参与应急保障和救援的力量纳入道路运输应急力量体系加以整体规划和建设。加强交通警察应急交通管控、交通调控疏解能力建设及培训;结合地区突发事件类型特点,加强驻地及保障区域内武警交通部队、解放军工程兵部队专业应急保障装备配备,同时,进行必要的专业化培训以及联演联训工作。

3)加强专业队伍处置能力建设

公路交通应急抢险保通队伍和公路交通应急运输保障队伍是道路运输应急保障力量的主力军,对道路运输应急保障工作成效有着举足轻重的作用和影响。由于道路施工以及客货运输市场化程度较为充分,建立专职保障队伍则在投入成本、使用效益等方面存在一定的不科学性。因此,要进一步完善应急保通及应急运力征用补偿机制和奖惩机制,在有效保障参与公路交通应急抢通以及应急运输保障企业利益的基础上,规范道路运输应急抢通和运输保障行为。

4)推进社会保障力量建设

要进一步加强与地方企业、社会组织、志愿者机构等的沟通、合作,加大联合培训和联合演练力度,提高合成应急、协调作战能力。依托高校、共青团组织、基层社区以及其他组织,建立形式多样的应急志愿者队伍,重点加强青年志愿者队伍建设。尤其要加强社会公众的应急意识和相关宣传培训工作,争取社会公众在保持应急通道畅通以及后勤服务保障等方面的支持。

5)加强应急人才建设培养

一方面要建立完善应急专家数据库,完善专家参与预警、指挥、救援、救治和恢复重建等应急决策咨询工作的机制,开展专家会商、研判、培训和演练等活动;另一方面,要依托高校、科研院所等专业机构加强应急人才的培养、培训工作,完善应急保障专业人才配备,提高应急处置和保障的专业化程度。

5.2 应急政策及法规保证

应急管理政策和法律法规体系是应对突发事件的基础和依据。科学的政策、法规体系,能更好地明确各级政府、部门、组织以及个人在应急管理工作中的职能、权限和义务,协调各方关系,规范应急管理准备、预警、处置等各环节的行为。

5.2.1 应急政策

1. 应急政策体系的内涵和功能

应急政策是指以政府为代表的公共权力机关为解决应急管理问题,经由一定

的政治程序制定或执行的行动方针和行为准则的总称。应急政策的本质在于它是公共权力机关进行社会资源配置和社会价值分配的手段。应急政策通过要求、提倡或者制约、禁止应急政策制定者所希望或不希望的行为发生，来解决一定的应急管理问题，通常表现为一种"为"或"不为"的准则和规范。其功能主要有以下几个方面。

1）导向功能

应急政策是进行社会控制和调整人们之间关系（特别是利益关系）的工具和手段，必然对人们的行为产生引导作用。应急政策不但要告诉人们什么是该做的、什么是不该做的，而且还要让人们明白为什么要这样做而不能那样做、怎样才能做得更好。应急政策的导向功能有两种作用方式：一种是直接导向，即政策对调控对象的导向作用是直接发生的；另一种是间接导向，即政策对调控对象的导向作用是间接发生的。应急政策主体在制定和执行应急政策时，首先着眼的是应急政策的直接导向功能，间接导向功能有时是有意为之，有时则是无心插柳。

2）调控功能

应急政策的调控功能，是指以政府为代表的公共权力主体在运用应急政策对社会公共事务出现的各种矛盾进行调节和控制过程中所起的作用。调控功能主要体现在调整社会各种利益关系，尤其是物质利益关系上。应急政策的调控功能既可以在社会常态下表现出来，也可以在社会的非常态下表现出来。在常态的社会运行环境中，由于政治、经济文化发展不平衡等原因，社会各群体往往会产生利益矛盾和利益冲突，从而导致社会失衡。应急政策的作用就是对这些利益矛盾、冲突加以缓解、调和、协调，使之趋于和谐。在非常态的社会运行环境中，社会处于激烈变迁、动荡状态，应急政策的作用主要在于重新调整、调适和规范人们行为及其相互关系，以保证秩序恢复和新平衡状态的建立。

3）分配功能

任何社会的实际资源都是稀缺的，不可能时时、事事满足每个人的需要，特别是在紧急状态下，某些资源紧缺的状况将会更加突出。然而，社会中每个利益群体和个体总希望在有限的资源中多获得一些。应急政策在调整、理顺社会利益关系的同时，可有效缓和各种利益诉求和资源供给之间的矛盾和冲突，并将稀缺的资源朝着效用最大化的方向供给和保障，因此应急政策也具有分配功能。

2. 道路运输应急政策

伴随国家总体应急管理体系的建设发展，结合道路运输应急管理形势需求以及应急处置经验的积累和丰富，道路运输应急政策体系不断发展和完善，有力地促进了道路运输应急管理能力和水平的快速提升。总体上看，当前道路运输应急政策体系主要围绕全面加强应急能力建设为目标，在全面落实《中华人民共和国突发事件应对法》《国家突发公共事件总体应急预案》等各项法规制度的同时,针对道路运输应急管理及处置中出现的新情况、新问题研究制定具体措施、办法,具体体现在《道路交通突发事件应急预案》《交通运输突发事件应急管理规定》《关于加强道路运输应急保障工作的若干意见》等规范性文件中,主要涉及以下政策类型。

1)涉及应急管理体制、机制的政策

道路运输应急管理体制方面的政策,主要是围绕构建应急管理指挥机构、办事机构及相应体系等做出明确规定,包括机构职责、组成、人员等方面的内容,但主要还是原则性的规定,缺乏具体规定及保障措施。应急管理机制方面的政策则主要针对道路运输应急管理工作中的主要工作或重要内容等展开,如2012年交通运输部开展的"交通运输应急管理'机制创新年'活动"就主要围绕分析研判、预测预警、应急联动、风险排查整改、征用补偿等8个道路运输应急管理机制中的突出问题和重点工作进行。

2)涉及道路运输应急管理各阶段具体工作的政策

这类政策主要包括涉及道路运输应急预防准备、监测预警、处置与救援、恢复重建等具体工作内容的政策规定。这方面政策在道路运输应急政策体系中占了相当大的比例。如预防准备阶段的应急宣传教育、应急经费落实、应急队伍建设以及应急物资储备政策等;监测与预警方面的信息报告制度,风险评估、排查等监测政策以及预警信息发布、解除等政策规定;应急处置与救援阶段制定的应急运力征用与优先运输、应急保通政策等。

3)针对道路运输应急管理重点难点的专项政策

该类政策规定主要针对道路运输应急管理工作中出现的系统性问题或突出性难题等制定,体现和引领道路运输应急管理工作不断向精细化、标准化方向发展。如《突发公共卫生事件交通应急规定》《关于道路运输应急保障车队建设的指导意见》以及《交通运输突发事件信息报告和处理办法》等政策规定。

总体上看,我国道路运输应急政策体系发展迅速、作用明显,起到了较好的导向和调控作用,但也存在着一些政策的制定制度化、精细化设计不足,原则性规定过多缺乏有力的约束性和必要的配套保障措施等问题。具体而言,应急管理体制、机制与应急管理需求还存在不匹配、不配套等问题,实际工作中甚至存在只注重形式存在而忽略具体管用等情况;针对一些道路运输应急管理工作中的重难点工作,相关政策规定虽有所涉及但还缺乏具体的实施办法、保障措施以及配套政策支持等,在实际工作中往往难以落实,缺乏可操作性和实用性,如应急运力征用补偿、应急优先、财政支持以及必要的保险体系等。此外,针对应急物资储备、社会动员及宣传教育、应急信息化建设、应急产业发展建设等方面的政策制定也有待进一步完善和细化。

5.2.2 应急法规制度

1. 应急法规体系的内涵、特点及作用

法制建设是应急管理体系有效运转的重要基础和保障，也是开展各项应急活动的依据。紧急状态下，人们的心理反应、动作模式、社会运转等都与正常状态时存在较大差异，正常社会状态下运行的法律法规难以完全覆盖紧急情况下的所有特殊情形，需要用相应的应急法律法规加以应对。应急法律法规体系就是针对各种突发事件及其可能引发的紧急状态所制定的法律、法规、法令、制度、条例、办法及标准等的总称，是对紧急状态下国家权力之间、国家权力与公民权利之间以及公民权利之间等各种社会关系的调整和规范，是社会整体法律法规体系的重要组成。

与正常社会状态下的法律法规体系不尽相同，应急法律法规体系有着自身独有的一些特点，具体体现在以下几个方面。

(1)权力优先性。由突发事件的不确定性、重大影响性以及对应的应急处置需求等决定，紧急状态下的行政紧急权力与立法、司法等其他国家权力及法定的公民权利相比往往具有更大的权威性和某种优先性，在权利范围、运作程序等方面更为灵活、高效，甚至可以根据情况需求限制或暂停某些既有法规和公民权利的行使。

(2)紧急处置性。在紧急状态下，为防止公共利益和公民权利受到更大损害，即便没有针对某种特殊情况的具体法律规定和法律依据，政府也可根据事态及处置需要进行紧急处置。

(3)程序特殊性。在紧急状态下，行政权力的行使如果遵循常规程序往往会造成时过境迁，错失处置良机。因此，上位法规对行政紧急权利的运作和行使往往有一些特殊的法定程序和规范等，以利于突发事件的及时高效处置。例如特殊状态下可通过简易程序紧急出台某些政令和措施，同时对某些政令和措施的出台设置更高的事中或事后审查门槛等。

(4)社会配合性。在紧急状态下，社会组织和公民有义务配合政府实施行政紧急权力，并在必要时提供各种帮助。

(5)救济有限性。从应急法规体系的上述特点可知，在紧急状态下政府依法行使行政紧急权力，可能会对某些公民权利的正常行使造成一定的伤害，甚至会造成公民合法权益的损害，而且有些损害可能是普遍而巨大的，但由于突发事态的不确定性等特点，政府可只提供有限的救济，如不违背公平负担原则的适当补偿等。

应急法规体系的上述特点，一方面是由突发事件的特征及应急处置需求所决定的;另一方面,更重要的是通过应急法规体系的建立和完善,防止在紧急状态下出现权力与利益的完全失衡或失控,促进行政紧急权力的合法化、规范化行使,达到最大程度降低突发事件造成的伤害,使公民的基本权利和根本利益得到最大化保障的目的和作用。应急法律法规体系的具体作用如下。

(1)规范行政紧急权力的行使

在应急处置期间,为保证应急活动的顺利进行,使政府能够统一指挥和快速协调人力、物力、财力等各种资源,需要赋予政府行政紧急权力,以便采取更加高效的措施,尽快恢复生产、生活和社会秩序,降低危害的程度。然而,政府在动用来自法律的授权、但在正常社会状态下不能行使的行政紧急权力时,若不加以限制,则有可能出现行政紧急权力的不恰当使用,因此有必要对政府的行政紧急权力予以一定的制约。

实践中,法律法规在授予政府行政紧急权力的同时往往附加一定的行使条件,一般从以下方面对政府行政紧急权力的行使进行规范:确定政府行政紧急权力的范围和边界;明确政府行使行政紧急权力的目的;明确规定政府的职责;确定行使行政紧急权力的条件;规定政府行使行政紧急权力的程序及要求等。

(2)制衡政府权力和公民权利

在紧急状态时期,正常社会状态下权力与权力的制衡条件往往会被打破,两者的比例关系可能会发生重大变化,出现新的配置,政府的权力通常会得到一定的强化,而公民的权利则会得到相应的克减。但这种权力与权利的变化和新的配置不能没有边界和限制,应急法规体系一方面要有利于政府采取有效的措施,规范行政紧急权力的合法行使,控制和消除紧急状态,尽快恢复正常的生产、生活秩序和社会状态;另一方面要保障公民的基本权利不受侵犯,防止出现权力与权利的完全失衡,最大限度地保持紧急状态下政府权力和公民权利的合理配置。因此,应急法规体系要对紧急状态下政府权力与公民权利的关系进行明确,对紧急状态时期国家权力之间、国家权力与公民权利之间、公民权利之间的配置原则和目的等进行规范。

(3)实现社会法律法规的完结

在现代法治社会,法律是各种社会关系的调节器。通过法律法规的规范和调整,促使各种社会关系能够协调一致,保持社会处于一个稳定的状态。在紧急状态下,全社会的首要任务是尽快控制和消除突发事件造成的危害,恢复正常的社会状态。为此,政府需要采取许多特殊措施和办法。但这些行为有可能超出正常社会状态法律规定的范畴,如果没有紧急状况下的应急法律法规体系,就会出现法治的真空地带。因此,应急法规体系的建立和完善可确保各种社会关系包括政府权力的运行在紧急状态下依然有法可依、依法可究,使法治在紧急状态下得以延续,实现法治的完结和全面。

(4)保障公民合法权利

法治的理想状态是让每个人都有机会过上合乎人的尊严的生活。紧急状态下,因为情势所迫,公民的部分正当权利可能会受到一定的限制或有可能被要求履行正常社会状态下法律法规没有规定的义务。对公民基本权利的限制只能由法律法规来规定,应急法规体系有必要对此做出一定的规定,同时还应对公民的权利保障底线做出规定,以免公民的基本权利受到侵害。

为了防止政府随意滥用行政紧急权而使公民失去不应当失去的权利,应急法律法规必须对公民的最低权利保障做出明确规定,同时也应明确紧急状态下必须坚持公民的权利损失最小原则,使公民权利得到最大限度的保护。世界上很多国家的宪法都明确规定,即使是在紧急状态时期,一些最基本的人权,如生命权、语言权、宗教信仰权等也不得被限制,更不得被剥夺。《公民及政治权利国际公约》《美洲人权公约》《欧洲人权公约》三个国际人权公约也都规定了一些在紧急状态下不能被剥夺的基本权利,这些基本权利包括生命权、人道待遇权、不受奴役权、法律人格权、国籍权利、思想自由、信念自由、宗教自由等。同时,对于因采取必要的应急措施而给公民的财产或权利造成损失的,应当在事后给予必要的补偿或救济。

2. 道路运输应急法规体系

突发事件应急管理是一项内容庞杂、情况多变,涉及各方面利益又需要各方面参与,理论性和实践性都很强的工作,必须在法律上对这项工作的各个方面、各个环节进行严格规范。从宏观的角度来看,应急法规体系由与应急活动有关联的三个层次的法律法规内容组成。一是《中华人民共和国宪法》中对紧急状态的有关规定。二是由立法机关通过的应急活动一般法律,如《突发事件应对法》《国家安全法》和《国防动员法》等,主要是《紧急状态法》。三是由立法机关通过的应急活动专门法律和法规、其他一般法律和国际条约中的紧急状态条款以及相关部门或机构的规范性文件等,如《消防法》《航空法》《道路交通安全法》等。

经过不断的发展建设,目前我国已基本形成了以《中华人民共和国突发事件应对法》为核心,以相关法律、行政法规和相关规章制度为基础,覆盖面广、较为完备的应急管理法律体系,为应急体系建设和良好运行以及各项应急管理活动的开展提供了坚实的基础和保障。随着国家总体应急法规体系的不断建设和发展,尤其是宪法、一般法律等上位法对突发事件应急管理立法的不断丰富和深入,道路运输应急法规体系也得以迅速发展。总体上,《中华人民共和国宪法》中对紧急状态的有关规定确立了应急处置的总体方向和思路,《中华人民共和国突发事件应对法》等法律则对应急管理的基本制度、应急体系建设等进行了具体和明确的规定,极大地推动了我国应急管理体系的快速发展。但是,事物总是具体的,突发事件更是如此,宪法和一般法律等上位法只能对应急有关的一般问题作出规定,为了增强法律的针对性和适用性,还需要制定一系列专门的法律法规,调整具体应急状态下的社会关系和运作模式。

到目前为止,根据《中华人民共和国突发事件应对法》、国务院相关规章以及道路运输应急处置工作的实际需求,各级交通运输主管部门已制定完善了一系列规章制度及相关的应急处置规范,如《突发公共卫生事件交通应急规定》《交通运输突发事件应急管理规定》、各层级的"公路交通突发事件应急预案"等,推动着道路运输应急管理工作的规范化、法制化建设不断走向深入。但也还存在一些亟待解决和完善的地方,如由于缺乏必要的配套措施和具体实施方案,应急经费、应急征用补偿等一些法规难以落实和细化;对各级应急管理机构和人员的权力、责任界定不够清晰,缺乏有力的责任追究机制等易导致相关制度制定落实不到位等。此外,应急征用及应急优先等可能会对公民权利或自由造成影响等相关问题也还有待进一步明确和细化。

在道路运输应急保障工作实际中,还存在由于道路运输运行条件受限以及运输的紧迫性等与日常状态差距显著,但目前相关法律法规对应急状态下的运输安全、管理、保险等制度却缺乏特别规定,导致应急运输与现行法律法规冲突较多,应急运输组织者及承运人承担很大安全责任风险等问题。如在抗震救灾应急运输保障工作中,道路损毁严重,基本不具备行车条件,但往往需要运送的人员和物资数量巨大,且征集的车辆有限,不得不加班加点工作,运输车辆也无法按规定进行安检,加上很多防疫物资等为危险化学品或有毒害性物资,由于条件所迫只能使用普通车辆运输等。在此过程中存在的道路、车辆条件不合规,疲劳驾驶、危险品违规运输等问题都与现行法律法规明显冲突。对此,还应进一步研究深化,从法规、制度上为应急运输应急保障工作提供全面、有力的支撑。

5.3 相关资源支撑

5.3.1 应急资金

应急资金是应急管理保障的重要核心资源,对应急管理各项工作的发展建设有着重要作用和影响。无论是预防与应急准备阶段的体系建设、信息网络构建、应急物资储备、风险排查整改,监测与预警阶段的信息处理、设施完善,还是应急处置与救援阶段的运力调用、设施抢修、后勤保障,以及恢复重建阶段的征用补偿、应急能力评估完善等工作,都需要大量的资金保障和支持。

资金来源是应急资金保障的关键和核心。从国外实践经验来看,应急资金来源主要有财政资金、保险资金、银行资金以及捐赠资金等,但在我国的应急管理体系和实践中,财政资金和成为“准财政资金”的捐赠资金是最主要的应急资金形式,保险资金和银行资金的作用微乎其微。借鉴相关经验,结合各类资金的时效性、分配方式等特点,道路运输应急资金保障体系可从以下方面加以发展和完善。

(1)进一步加强应急财政资金的制度化、科学化管理与运作。财政资金是最直接、最有效、最可靠的应急资金来源,一方面对应急管理有重要影响的基础体系建设、各项应急准备工作落实以及监测预警系统建设等工作主要依靠财政资金完成;另一方面,作为主要资金渠道,财政资金具有拨付到位迅速、受益及保障覆盖面广等优势,对突发事件的及时应对、受灾人员的有效救助具有重要作用。我国对应急财政资金保障体系建设高度重视,极大地推动了应急保障资金的制度化、规范化运作。《中华人民共和国预算法》规定,各级政府预算应当按照本级预算支出额的1%～3%设置预备费,用于当年预算执行中的自然灾害救灾开支及其他难以预见的特殊开支。各级政府部门制定的突发事件处置预案以及财政应急保障专项预案等还对难以预料的突发事件处置专项资金申请、拨付等做了明确规定,为突发事件的处置提供了有力支撑。但总体上,重视应急处置资金保障轻视应急预防建设投入的情况还比较突出,存在应急预防准备工作落实不到位、应急预备金额度与应急处置启动需求之间存在较大缺口影响应急响应效率等问题,导致应急资金的质量效益较低。除此之外,对应急资金使用决策的法治化研究、拨付使用的制度化设计、应急资金的监督审查,以及预备费的管理与使用、各级管理机构及部门之间事权划分与财权配置关系和征用补偿标准等应急财政资金相关问题也还有待进一步研究和完善。

(2)积极引导、科学统筹社会捐赠资金。社会捐赠是我国应急资金体系中除财政资金以外的重要方式,是应急财政资金的重要补充,是应急处置的重要辅助性力量。广泛深入的发动和引导社会捐赠,一方面可有效缓解财政资金的压力;另一方面还可激发社会公众众志成城、和衷共济、迎难而上、敢于胜利的信心和士气,提高社会的和谐程度、产生良好的社会效益。这从以往抗震救灾、抗洪抢险等重大突发事件的应急处置中可见一斑。因此,相关政府机构和部门可依据《中华人民共和国公益事业捐赠法》《救灾捐赠管理办法》等管理规定,制定和完善社会捐赠动员方案,积极引导、广泛发动各方力量共同应对突发事件。同时,要针对以往非政府组织公信力不足、社会捐赠资金管理使用不善等问题,加大加强社会捐赠资金监管和审查力度,多环节、全过程公开捐赠资金的使用信息,妥善处理结余捐赠资金。在充分尊重捐赠人意愿的基础上,积极引导捐赠资金进入应急管理的各个领域和各项工作之中,达到与财政资金相互配合、充分协调的作用和目的,以最大限度地发挥应急资金的质量效益。

(3)大力发展应急产业丰富应急资金来源渠道。从发达国家的经验来看,巨灾保险、银行信贷资金等应急产业模式是参与巨灾应急管理的一股重要的力量，在恢复重建中发挥着尤为重要的作用。1998 年，美国、加拿大发生冰雹灾害，两国的保险机构分别受理了 80 万件和 14 万件理赔事宜，金额高达 13 亿美元。相比之下，2008 年，我国南方大部分地区遭受特大低温、雨雪和冰冻灾害，尽管保险部门积极理赔，但理赔金额尚不到全部灾害损失的 1%。突发事件应对法明确提出“国家发展保险事业，建立国家财政支持的巨灾风险保险体系，并鼓励单位和公民参加保险。”各级政府部门也提出要大力发展应急产业。大力发展灾害保险事业和银行信贷工作，以市场机制分担突发事件的风险，这是应急管理产业化的重要内容之一。但当前，我国社会公众灾害保险意识还比较淡薄，政策保险、商业保险等灾害保险也不尽充分，还需进一步探索完善。在银行信贷产业开发方面，可广泛借鉴已有经验，积极创造和疏通银行信贷资金参与灾后重建的渠道，如交通工程、通信工程、能源工程等未来有稳定收入流、具备收费条件或可补偿成本性支出并获得一定盈利的项目等，可以财政贴息、提供担保或引导企业为主体等方式寻求商业性贷款支持进行恢复重建，或在政府的协调下以 BOT、TOT 等方式引入各类企业主体，继而导入商业信贷资金，解决相关的资金问题。

（4）进一步完善道路运输企业应急准备金及商业保险制度。道路运输行业本身属于突发事件多发领域，公路客运、货物运输以及危险品运输等交通事故层出不穷，造成的经济损失和社会影响不断扩大。对此，一方面应积极引导相关道路运输企业增强风险管控意识和能力水平，通过商业保险等方式分担突发事件造成的损失、增强风险承受能力。另一方面，针对道路运输突发事件处置所需垫付资金较多、应急支出急切等问题，还应进一步制定完善相关企业应急准备金制度，明确客货运企业、场站的应急准备金额度及相应的管理使用规定等，以规避其风险抵抗力弱、应急支付难以及时到位等导致相关风险和成本转嫁政府部门的风险。

5.3.2 应急物资储备

应急物资是应急管理活动的重要物质基础，是确保突发事件处置快速响应、高效行动的关键。《中华人民共和国突发事件应对法》第三十二条规定：“国家建立健全应急物资储备保障制度，完善重要应急物资的监管、生产、储备、调动和紧急配送体系。设区的市级以上人民政府和突发事件易发、多发地区的县级人民政府应当建立应急救援物资、生活必需品和应急处置装备的储备制度。县级以上地方各级人民政府应当根据本地区的实际情况，与有关企业签订协议，保障应急救援物资、生活必需品和应急处置装备的生产、供给。”《国家突发公共事件总体应急预案》指出：“要建立健全应急物资监测网络、预警体系和应急物资生产、储备、调拨及紧急配送体系，完善应急工作程序，确保应急所需物资和生活用品的及时供应，并加强对物资储备的监督管理，及时予以补充和更新。地方各级人民政府应根据有关法律、法规和应急预案的规定，做好物资储备工作。"为进一步明确标准，相关部门还制定了《应急保障重点物资分类目录》并适时进行更新完善。交通运输部制定颁发的《公路交通突发事件应急预案》还对涉及公路交通突发事件保障的应急物资设备种类、储备体系、管理制度等进行了详细的规定。

总体上看，当前我国的应急物资储备形式主要分为实物储备、资金储备、生产能力储备和社会储备四种。一般来说，专用性强、生产周期长、不易腐烂变质的物资通常以实物储存为主；生产周期比较短、平时储存又不经济的物资通常以资金或生产能力的形式进行储存；采用社会储存形式的则多为平灾通用型物资。

(1)实物储备。目前，我国应急物资储备机构尚未统一，基本是分部门、分灾种储备，统筹管理不足，存在不同系统和灾种间独立管理、重复建设等问题，跨区域或跨系统调用难以协调。而且物资储备较为分散，加之管理的信息化程度较低，难以实现对突发事件的快速反应。此外，对储备物资的数量、种类、布局等缺乏总体规划、科学设计以及必要的强制性要求和规范，存在储备的数量和种类不足以满足应急处置需求、征集调用效率不高等问题，甚至还有一些机构部门应急物资储备落实不到位。对此，还应进一步加强检查督促，同时统筹规划设计、提高信息化管理水平。

(2)资金储备与生产能力储备。对符合此类储存方式的物资，应急管理部门要设立充足的应急物资储备金，摸清有关企业所需应急物资的生产能力，并与其签订保障供给协议，确保物资需求膨胀时厂家及时扩大生产能力或提高库存，应急管理部门通过统一采购的方式保障应急物资供应。该类应急物资储备方式存在一定的风险性，如突发事件造成原材料短缺、价格变动等因素可能会对物资保障造成影响，对此要综合构建应急物资保障能力评价机制，及时发现应急物资储备中存在的问题，科学调整应急物资储备结构，构建科学、合理的长效机制，提高应急物资储备效能和水平。

(3)社会储备。对于挖掘机、装载机、平地机等道路抢通所需的大型机械设备以及应急运输所需的交通工具等，实物储备成本高、管理难度大，资金和生产能力储备又不符合时效性需求。对此类物资，相关应急管理机构可通过与企业签订征用协议等方式，保障紧急状态下所需装备、物资的供应。但在实践中由于相关征用及补偿机制还不够充分完善，社会储备的有效性、稳定性以及可持续性均不够理想，在后续内容中将以应急运力征用补偿机制构建这一道路运输应急保障工作的重点难点工作为例进行研究和阐述。

5.3.3 应急场所

道路运输应急保障工作中，应急工程机械和装备、运输工具的集结组织，应急物资装卸载以及人员运送组织等都需要一定的场地保障。对此,道路运输应急管理机构要统筹安排、科学合理确定相关应急场所。总体上,道路运输应急保障场所应具备安全、便利、相关配套设施齐备等要求和条件。

(1)安全。集结场地及应急运输场站应选取远离危险源、受各类突发事件干扰小或易于快速修复启用的地方。一方面确保相关场地稳定可靠;另一方面避免相关装备、人员遭受二次伤害。

(2)便利。集结场地及应急运输场站的规划、选取应综合考虑各方面因素,如是否与应急运输线路高效衔接、车辆装备油料供给和维修等是否方便、相关人员的食宿能否有效保障等,以便于应急运输的高效组织、顺畅运转。

(3)配套设施齐备。集结场地及应急运输场站的设置可充分借鉴公共应急避难场所的相关经验,提前筹措、预先布局,以便根据道路运输应急保障工作特点和需求提前配置必要的设施设备,利于应急响应时迅速启用。同时,还要设置统一、易识别的标识标牌,明确进出线路、功能分区等,以便于平时管理和应急组织,确保紧急状态下相关功能能够有效发挥。

为避免重复建设等问题,集结场地及应急运输场站的设置可充分依托现有客货运输站场和物流园区(中心)加以完善。同时,还可结合应急物资储备、公共应急避难场所的设置等进行统筹规划、综合设计。日本的广域性防灾据点设置就在这方面提供了一个可借鉴的良好范例,其广域防灾据点通常利用机场、广场、公园等加以设计完善,除具备良好的应急疏散、紧急避难和应急救助等功能外,还兼具以下三项功能:一是储藏功能,用于储备应急救援物资以及救助器材、设备等;二是物资集中、配送功能,在发生大规模灾害时,可用作救援物资的集中和配送据点;三是人员集合、出动功能,作为从其他地区派遣到受灾地区从事救援、救助活动以及重建工作人员的应急活动据点。通过功能集合设计,在降低应急投入和管理成本的同时还可极大地提升应急处置效率。

5.3.4 应急通信与信息化建设

应急通信是应急管理决策的“千里眼”“顺风耳”,突发事件发生后相关信息能否及时、准确、全面地上报给应急管理决策者和一线应急响应人员,对控制事态、降低损害等具有十分重要的作用和影响。由于突发事件具有不确定性,随着事态的发展、演变,还需要应急管理者进行动态调控,不断地根据事态变化和处置需要发出各种指令,以适时部署相关行动、调配应急资源等。在此过程中,通信作为连接各方的信息桥梁,是决定应急决策是否及时准确、处置应对是否协同有效的关键因素。美国“9·11”恐怖袭击事件发生后,三百多名警察和消防人员迅速响应,冲进被撞击的世界贸易中心大楼中进行救援。一段时间后,由于航煤的燃烧产生高温,玻璃钢体构建的大楼逐渐倾斜，应急救援决策者下令撤离，但因为无线通信系统联络不畅、内外通信工具不兼容等，楼内救援人员未能及时撤离，最终大楼倒塌导致300多名最初响应者不幸遇难。由此可见，保持应急通信联络体系通畅对应急管理和处置的重要作用和意义。《中华人民共和国突发事件应对法》第三十三条规定："国家建立健全应急通信保障体系，完善公用通信网，建立有线与无线相结合、基础电信网络与机动通信系统相配套的应急通信系统，确保突发事件应对工作的通信畅通。"《公路交通突发事件应急预案》在应急工作组的组织体系中还专门设置了通信保障小组，并对其构成、职责、负责人等进行了具体规定。

经过多年的建设和完善，我国应急通信体系发展迅速，在应急通信保通、无线机动通信系统建设、卫星通信技术应用等方面成效显著，极大地促进了应急通信保障能力水平的快速提升。但与美国、日本等全球领先的应急通信建设实践相比，仍存在不小的差距，尤其是在应急通信资源整合、信息处理及应用等信息化建设方面还有较大的发展空间。依托强大的通信网络体系，美、日等发达国家已构建完善了集信息收集处理、风险分析、监测预警、辅助决策以及应急指挥等功能为一体的应急平台体系。我国对应急平台体系建设也高度重视，早在2007年，国务院就相继制定下发了《国家应急平台体系建设指导意见》《国家应急平台体系技术要求》，对应急平台体系的总体框架内容、建设任务分工以及相关技术标准等做了具体规定。交通运输部制定下发的《公路交通突发事件应急预案》中也对公路交通应急平台体系的内容体系、目标功能等做出了相应规定。但从实践运用和效果反映等情况来看，应急平台体系在应急管理和处置中的作用效果发挥还不够明显，信息化建设水平与实践应用需求之间还存在一定的差距和不足。主要存在以下几个方面的问题。

(1)"硬件投入"与"软件建设"不匹配。当前，各级应急管理机构对信息化建设的重要作用和意义有了一定的认识，重视程度有了很大的提高。但这样的"重视"主要体现在硬件设备的采购和安装等方面，相对而言，对信息体系作用发挥有重要影响的管理维护、系统优化设计等"软件"建设却不够重视，往往只顾盲目追求硬件的先进性和现代化而忽略了信息资源本身的建设，现实中数据库、信息资源以及相应软件系统与平台不配套等问题非常突出。此外，对信息化人才队伍建设重视不够，与国外应急平台有专门的信息化团队进行管理维护相比，我国很多应急管理部门都没有设置专门的信息化岗位，在建设管理中甚至缺乏专业人才的参与，极大地制约了应急平台作用和效能的发挥。

(2)覆盖不全、功能不齐。应急管理是一项综合性工作，其主体涉及政府、企业、社会组织、个人等，尤其是在道路运输系统中客货运企业、危货运输单位、个体驾驶员等对应急管理都有着重要影响。应急管理信息化建设应将涉及的利益相关者纳入其中。但长期以来，政府在应急管理中占据绝对的主导地位，其他社会主体未能得到足够重视，没有机会参与其中，导致无法有效获取社会信息、难以组织社会力量共同参与。此外，对危险源的监控管理、应急资源的信息整合等方面也存在不到位、不全面等问题。在应急管理信息系统功能设计方面，虽然“预防为主”原则已经得到越来越多的重视，成为我国应急管理的基础理念之一，但在信息化建设的具体制度设计与技术应用层面还需要更多的关注，突出表现在对灾后通信基础设施、决策指挥平台、灾后重建等方面投入较大，但对监测预警系统、风险评估系统、教育培训等投入相对较少，功能不够齐全完备，未能形成一体化的应急平台体系。

(3)条块分割严重，互联互通不足。我国的应急管理信息化建设基本处于各部门或行业独立发展和分散管理的状态，“条块分割”的现象比较明显，很多部门均独立开发各自的专用应急管理系统、监控系统或指挥系统，如气象应急管理系统、消防监控管理系统、卫生防疫监控系统、地震应急指挥系统，地质灾害监控系统等，这些系统存在业务特点差异大、建设水平不一致等情况，不利于构建以国家级应急平台为顶层、上下贯通、左右衔接、互联互通、信息共享、互有侧重、互为支撑、安全畅通的国家应急平台体系。在综合性应急管理处置过程中也不利于信息、资源共享和高效联动。

应急通信作为应急管理和应急信息化建设的重要支撑，主要是通过对多种通信技术进行综合性利用实现应急信息资源的有效传输和整合，着重于技术的实现。但应急信息化建设不仅仅是技术的实现，更包括了组织、信息、技术及其相互关系等一系列复杂问题，其价值和根本目的在于通过技术、管理和模式的创新，提升应急管理能力和服务水平。因此，在应急通信与信息化建设发展过程中，除注重技术和科技投入外，还应从应急管理服务需求出发加强信息体系建设的整体性、综合性、全面性规划和设计，促进信息化建设整体质量和综合能力水平的提升。在此基础上，还要以应急平台建设为契机，按照统一规划、资源共享、平战结合、分步实施的要求，建设全国统一的标准化、规范化道路运输应急数据库和应急指挥系统，以充分整合各种交通和运输的图像监控、无线通信、有线通信以及业务管理信息系统等相关资源，对主要站场、重点危险源等进行全面的监测监控，并通过相关平台实现各级交通主管部门和其他相关部门之间信息资源共享，实现指挥通信快捷通畅、部门联动协调有序的目标要求。

5.3.5 应急宣传教育

应急宣传教育是应急管理的重要内容和必要环节，是强化应急管理工作的重要切入点和着力点，对提高公众应急风险意识，促进应急预防准备各项工作落实、增强各方处置应对能力降低突发事件损失、引导社会共同参与全面提升应急管理效能和水平等具有十分重要的作用和意义。应急宣传教育工作的意义和作用主要体现在以下几方面。

(1)能够增强忧患意识和风险认知能力,激发公众积极参与预防和处置突发事件的责任感、自觉性。风险防范意识淡薄、对突发事件缺乏足够的认识和了解,往往会导致"盲人骑瞎马,夜半临深池",处于险境而不自知的状况。2008 年 5 月 2 日,缅甸遭受强热带风暴"纳尔吉斯"的重创,造成 14 万余人伤亡,受到灾害严重影响的灾民多达 150 万人,经济损失超过 100 亿美元。然而早在风暴发生之前的一周,联合国气象组织就已经发出风暴预警,缅甸气象部门在风暴登陆前 6 天也发布了气象预警信息,在风暴发生的当天,缅甸主要报纸的头条就是风暴来临的警报。但是,风暴造成如此严重的损失,显然与缅甸社会公众缺乏相关风险认识、预防准备不充分等关系密切。应急宣传教育工作的广泛深入开展,可使公众认清突发事件可能造成的巨大灾害和严重后果、认识突发事件的预警预兆信息、提高相关风险识别判断能力,对促进应急预防准备工作落实的自觉性和有效性、推动"无急可应,有急能应"目标的实现具有重要作用。2004 年 12 月 26 日,印度尼西亚苏门答腊岛附近海域发生里氏 9 级地震并引发海啸,遇难人数逼近 30 万,其中一个重要原因就是人们缺乏风险防范意识,缺少识别灾难预兆和应对的知识和经验。然而,当时一位正跟随家人旅游的 11 岁英国女孩蒂莉·史密斯,看到海水异常变化、海里突然露出来很多海生动物,在不少游客还去捡拾海生动物的时候,她想起老师在地理课上讲到的海啸征兆,马上意识到会有海啸发生,立即发出警告并迅速撤离,从而挽救了 100 多人的生命。

(2)可使公众了解应急知识和自救互救技能,降低突发事件造成的伤害和损失。突发事件发生后公众能否及时采取有效的避险逃生行动,当遭受伤害时能否临危不乱科学进行处置,这在很大程度上取决于其是否掌握相关的应急避险知识以及是否具有开展自救互救的意识和能力。2004 年 6 月 9 日下午,由于施工人员违反安全生产法规交叉施工,导致北京市朝阳区京民大厦西配楼一层发生火灾,造成 12 人死亡、35 人受伤。经事后调查发现,原本有很多可以争取救援时间甚至降低伤亡的设施设备都未发挥应有的作用,部分人员因为自救方法不规范而受伤:配楼有逃生楼梯,消火栓水压很大,但无人使用;楼梯间有防火门,但未关闭;起火后,少数人撕碎床单结绳逃离,却因打结方式不正确,导致坠楼受伤。应急宣传教育具有覆盖面广、受众全面、易于开展等优势和特点,是广泛传授应急知识、提高公众自救互救技能的重要手段和有效方式,对降低事件造成的损伤和影响具有重要影响。一般而言,突发事件的当事人更加了解事件发生时周围的情况,如能够适时地采取适当的自救行动和应对方法,往往更具有针对性,起到事半功倍的效果。2007 年 7 月 29 日,河南省三门峡市陕县支建煤矿因自然灾害发生透水事故,正在作业的 102

名矿工中,33 人及时升井,其余的 69 人被困井下。在等待救援的过程中,被困的 69 名矿工积极开展自救与互救。两名副队长挺身而出,将所有的矿工分成 5 个小组,大家相互鼓励和支持,并且彼此之间分工明确:有的负责照顾体弱者,有的负责维持秩序,通过彼此帮扶,大家克服恐慌、战胜自我、保存体力。同时,被困矿工兰建宁自告奋勇,涉过 200 多米的水路,游过 100 多米的深水区,主动与救援人员会合,为救援行动的成功赢得了大量的宝贵时间。最终,在外界救援人员和被困人员的共同努力下,经过 75 小时的奋战,69 名被困矿工全部获救,这成为我国重大煤矿安全生产事故中救援取得圆满成功的经典案例。

(3)能够为处于突发事件中的公众提供智力支持和精神动力,便于引导公众主动配合应急管理机构有效处置突发事件,形成应急处置的合力和集体优势。一方面,突发事件发生之后,很容易滋生各种流言蜚语。"谣言止于智者"。而所谓的智者,无非是接受过良好安全教育、具备一定是非判别能力的社会公众。如果应急宣传教育不到位,社会公众缺乏相应的知识和判断,就很容易被谣言或流言所蛊惑,导致采取非理性的响应过度行为甚至诱发衍生事件。另一方面,受突发事件影响,公众本能地会产生不同程度的恐慌情绪。科学有效的应急宣传教育有助于社会公众做好应对突发事件的心理准备、树立克服灾难的信心和勇气。此外,在紧急状态下,人们几乎没有时间进行理性的思考和判断,所采取的行为基本上是近似于本能的格式化行为。应急宣传教育的强化作用能使人们迅速做出正确的格式化行为,提高公众应急响应质量和效率。同时,掌握应急知识和能力的公众也能够更加积极主动、更加有效地为应急管理机构处置突发事件提供帮助和配合,从而使突发事件尽快得到处置。

我国对应急宣传教育工作高度重视。《中华人民共和国突发事件应对法》第二十九条规定:"县级人民政府及其有关部门、乡级人民政府、街道办事处应当组织开展应急知识的宣传普及活动和必要的应急演练。居民委员会、村民委员会、企业事业单位应当根据所在地人民政府的要求,结合各自的实际情况,开展有关突发事件应急知识的宣传普及活动和必要的应急演练。新闻媒体应当无偿开展突发事件预防与应急、自救与互救知识的公益宣传。"第三十条规定:"各级各类学校应当把应急知识教育纳入教学内容,对学生进行应急知识教育,培养学生的安全意识和自救与互救能力。教育主管部门应当对学校开展应急知识教育进行指导和监督。"在实践运用中,相关部门积极通过报纸、电视、广播、网络平台、海报、应急知识画册以及发放应急用品等多种途径进行应急宣传教育,特别是结合"全国防灾减灾日""全国科普活动周""全民国家安全教育日""中小学生安全教育日""全国消防日""国际减灾日""全国安全生产月""全国法制宣传日"等重大主题或应急专题宣传以及相关配套活动的开展,在全社会产生广泛积极的影响。但从实际效果来看,多数公众的应急知识还比较匮乏,自救互救等应急技能还比较欠缺,遇到突发事件或束手无策、或惊慌失措,造成了不应有的损失,应急宣传教育工作任重道远。总体上,应急宣传教育还存在以下几个方面的问题,需要进一步加以解决和完善。

(1)应急宣传实效不明显,应急教育体系有待进一步完善。应急宣传和教育是不同层次的实物,具有明显区别。宣传是低层次的教育,具有成本低、便于开展、受众广速度快、短期见效等优点,但质量难以掌握、整体效果较差。教育工作则是一个长期性、成体系的投入过程,门槛高还需要较大的成本投入,但质量和效果较好,并且是可以把握调控和检验考核的。当前我国的应急宣传还主要以传统媒介和手段为主,形式较为单一、内容也比较单调乏味,而且缺乏反馈渠道,仅仅是信息的单向传递,和公众的互动性较差,难以激发广大公众对应急避险知识的兴趣,无法给人们留下深刻的印象。尤其是发放材料、制作展板等惯用模式宣传教育的范围有限,涉及面也较窄。当前,可充分利用移动平台、网络媒介等多种模式,综合采用动画、图片、声音、影视等多种方式,经常性、不间断地进行应急宣传及互动交流,使应急常识、相关技能等深入人心,取得实效。在应急教育方面,尤其是中小学教育中,由于教育的功利性,对事关个体生存、规避危险的应急教育与训练几乎被边缘化。仅有的少量应急教育在内容完善程度以及与实际操作之间也有一定的差距。例如,地震发生时,正确的应对方法应该是针对不同震级、根据所处环境等采取不同的对策,该跑就跑、该跳就跳、该躲就躲。但在以往的应急常识教育中反复强调的是地震来了要先躲再逃,“5・12”汶川地震的事实使这一“标准做法”广受质疑。因此,在今后的应急宣传教育中,还应紧密结合应急处置工作实际,充分把握相关知识技能特征和内容体系,加强科学筹划和总体设计,正确处理好宣传与教育的目标定位、内容设计等,实现优势互补。

(2)应急宣传教育体系尚不完善,制度尚不健全。一方面,应急宣传教育并没有形成一个纵向到点、横向到边的体系。虽然《中华人民共和国突发事件应对法》有原则性规定和要求,但由于缺乏必要的检查约束和监管反馈机制,基层组织如社区居委会、学校和各企事业单位参与到应急宣传教育体系当中的数量、质量都不容乐观。应急宣传教育工作基本处于无主管理的状态,其结果必然是体系松散、落实不力,导致应急宣传教育流于形式,难以发挥作用、成效甚微。另一方面,应急宣传教育并没有制度化的规定和设计。由于没有统一的工作标准可以遵循,各个基层宣教单位的工作态度和积极性难免受到一定的影响。加之纵向的沟通、反馈体系和横向的交流体系都不畅通,每个基层单位基本都处于孤军作战的状态,难以形成合力。无论是从宣传教育的主体、受众,还是从应急宣传的力度和内容来看,均带有较强的不确定性和极大的随意性,应急宣传教育的质量和效果根本无法得到保证。因此,还要从制度化、法制化建设入手,进一步明确应急宣传教育的责任主体、职能定位以及相关的工作标准要求和监管反馈机制等，才能确保应急宣传教育工作落到实处、取得效果。

(3)应急宣传教育的内容体系设计还不够精细和完善。广泛深入的应急宣传教育应覆盖政府部门、应急管理机构、企事业单位、社区、农村、学校等社会的不同行业和部门，受众群体在年龄层次、知识背景等方面也千差万别，若想对所有公众实施统一模式的传统宣传教育，实施难度很大，效果也很难准确评估。因此应急宣传教育的内容体系要针对受众群体的不同性质，结合年龄层次、行业类别以及知识背景等特点，进行差异化对待和精细化设计，才能有效促进社会公众应急意识和能力素质的整体提升。但当前我国的应急宣传教育内容体系设计整体还比较粗糙，"眉毛胡子一把抓"的现象还比较突出。在具体内容方面，从国外先进实践来看，针对社会公众的应急宣传教育基本内容应涵盖意识、知识、技能、心理素质的培养和训练等方面，包括应急法规制度、不同类别的预案或应对措施、突发事件基本常识、自救互救技能、情景应对及心理行为训练等。除丰富完善内容体系外，必要的硬件设备和配套设施也必不可少，如培训场所及相关设施、模拟体验设备、应急科技场馆等。日本、美国等发达国家在此方面已积累了丰富的经验，值得我们深入学习和借鉴。

此外，应急宣传教育的质量评估、针对应急管理人员的教育培训、应急管理专业人才的培养和储备、应急教育与学校素质教育体系如何良好结合融合以及相关的考核监管等问题也有待进一步研究和完善。

5.3.6 应急科技体系

除应急通信及信息化建设外，各级道路运输应急管理机构还应加快道路运输应急保障其他科技支撑体系的建设步伐，高度重视并充分利用科技手段提高应对各种突发事件的能力水平，通过提高道路应急运输保障的科技水平促进应急管理质量和效能的快速提升。

(1)深化道路运输应急保障基础理论与政策研究。坚持自主创新和引进消化吸收相结合的方式，针对道路运输应急保障工作中的现实问题、应对需求以及未来挑战等，进一步深化道路运输应急保障体制、机制、应急规划等理论和相关政策研究，引领道路运输应急保障工作创新发展，为应急管理实践提供先进有力的理论支撑，推动应急保障工作机制建设和政策完善进一步深入细化。

(2)加强危机决策技术研究。进一步建立健全信息分析和管理系统，及时汇总、深化国内外有关信息；深化公路交通预警分析、信息收集与处理、风险评估、应急监控与指挥、应急运输组织与能力评估等工作，推动应急决策能力水平进一步向科学化、高效化、智能化方向发展。

(3)强化应急救援和处置等关键技术研究。根据道路运输应急保障涉及领域广和处置技术专业性强等特点,深化研究和开发针对不同突发事件的道路运输应急保障处置、救援以及组织、管理技术,在提高道路运输体系抗风险和自我修复能力的同时促进应急运输保障能力进一步提升。

(4)进一步加强基础信息工作,规范应急信息资源体系建设。一是要进一步加强道路运输基础数据的收集、处理以及分析、研判等工作,建立统一、规范、明确的基础信息收集、汇总数据库,结合历史经验和实时数据等信息对道路运输系统状态积极干预、及时调控,确保道路运输系统本身健康、平稳、有序。二是要进一步深入开展风险评估、资源普查更新、突发事件相关信息收集监控等工作,在进一步全面覆盖危险源、丰富应急信息来源渠道、整合应急资源信息的基础上,强化应急信息及资源监测、收集、处理一体化管理系统及其标准的开发研制工作,建立健全道路运输应急管理标准化专业术语、技术标准等标准化工作机制体系,以标准、规范、统一的交通运输部以及省、地(市)、县多级道路运输应急信息资源数据库建设为抓手,形成覆盖全行业的危险源、路网、应急物资储备、应急专业队伍等共享信息体系,为道路运输应急保障工作提供全面、准确、有效的信息资源支撑。

5.4 应急预案建设

5.4.1 应急预案概述

1. 应急预案的概念和内涵

应急预案即预先制定的应对突发事件的行动方案,是根据国家和地方的法律、法规以及各项规章制度,综合本部门、本单位的历史经验、实践积累和当地特殊的地域、政治、经济、民族、环境等实际情况,针对可能发生的突发事件,而事先制订的一套能迅速、有效、有序解决问题的行动计划或方案。

我国对突发事件应急预案建设高度重视。2003 年“非典(SARS)”事件发生后,国务院迅速成立“建立突发公共事件应急预案工作小组”,在全国范围内大规模推进应急预案编制工作,成为我国应急管理体系建设的正式起点。在实践和发展过程中,“以‘一案’(应急预案)带动‘三制’(应急管理体制、机制、法制)”成为我国应急管理体系建设的总体思路和基本形式。《中华人民共和国突发事件应对法》第十七条、第十八条对应急预案编制的责任主体、主要内容等进行了规定。为规范应急预案管理工作,增强应急预案的针对性、实用性和可操作性,2013 年 10 月 25 日,国务院办公厅还专门制定下发了《突发事件应急预案管理办法》。

根据功能定位、相关规定以及应急实践需要,应急预案应在辨识和评估潜在的各种危险、事故类型、发生的可能性、发生过程、事故后果及影响的严重程度等基础上，对应急管理机构与职责、人员、技术、装备、设施（备）、物资、救援行动及其指挥与协调等与突发事件应对密切相关的内容预先做出具体安排。明确在突发事件发生前、发生过程中以及结束后，谁或哪个机构负责做什么、如何做以及相应的策略和资源准备等。

应急预案建设旨在通过对应急处置活动的程序化、制度化、标准化界定和规范，确保突发事件应对能够迅速、有序地按照计划和最有效的步骤来进行。作为标准化的反应程序，应急预案应具有以下方面的含义。

（1）应急预案应明确突发事件应急处置的政策法规依据、工作原则和应对重点等基本内容。

（2）应急预案应明确突发事件应对工作的组织指挥体系与职责，规范应急指挥机构的响应程序和内容，并对有关组织应急救援的责任进行规定。

（3）应急预案应明确突发事件的预防预警机制、应急处置程序及方法，能快速反应有效应对或将突发事件消除在萌芽状态，防止突发事件扩大和蔓延。

（4）应急预案应明确突发事件分级响应的原则、主体与程序，以及组织管理流程框架、应对策略选择和资源调配的原则。

（5）应急预案应明确突发事件的抢险救援、处置程序，并对突发事件中实施迅速、有效的救援进行必要的要求和预先规定，以减少人员伤亡、降低事件损失。

（6）应急预案应明确处置突发事件过程中的应急保障措施，为突发事件的处置提供有力支撑和坚强保障，如应急处置过程中的人力、财力、物资、交通运输、医疗卫生、治安维护、人员防护、通信与信息、公共设施、社会沟通、技术支撑等。

（7）应急预案应对事后恢复重建与善后管理提出具体要求，确保突发事件处置完毕后，人们的生产生活、社会秩序和生态环境能尽快恢复正常状态。此外，还应对突发事件情况调查、应急处置总结、效果评估及人员奖惩等进行规范。

（8）应急预案应对应急管理机构的日常性事务做出明确规定，规范为防范突发事件所做的宣传、培训、演练、风险排查整改以及应急预案本身的修订完善等工作。

2. 应急预案的内容和特点

应急预案种类较多，《突发事件应急预案管理办法》按照制定主体分为政府及其部门应急预案、单位和基层组织应急预案两大类。《国家突发公共事件总体应急预案》指出，突发事件应急预案体系包括国家总体应急预案、国家专项应急预案、国务院部门应急预案、地方应急预案、企事业单位应急预案、重大活动应急预案六大类。此外，按突发事件类型可分为自然灾害应急预案、事故灾难应急预案、公共卫生事件应急预案和社会安全事件应急预案；按预案适用范围可分为综合应急预案、专项应急预案、现场应急预案、单项应急预案，等等。但就其内容而言，一个完整的应急预案一般应涵盖应急准备、应急响应、应急处置和应急恢复的全过程。应急预案的基本框架和内容如下。

1)总则

(1)编制目的。简要阐述编制应急预案的重要意义和作用,如加强和规范管理、提高保障和处置能力,有效预防和应对突发事件、减少危害及保障安全等。

(2)编制依据。主要依据国家相关法律、法规、政策规定及上级应急预案。

(3)适用范围。是指预案针对某一区域内、某种类型突发事件做出反应。预案只在制定单位管辖地域和职责范围适用,要级别明确、针对性强。

(4)工作原则。要求明确具体,如统一领导、分级管理,条块结合、以块为主,职责明确、规范有序,反应灵敏、运转高效,整合资源、信息共享,预防为主、快速处置等原则。

2)应急组织机构与职责

组织指挥是应急预案的重点内容,预案的主要功能就是建立统一、有序、高效的指挥和运行机制。

(1)按照突发事件处置需要设立应急指挥机构,明确主要负责人、组成人员及相应的职权。

(2)应急指挥机构涉及的部门(单位)及其相应的职权和义务。

(3)以突发事件应急响应过程为主线,明确突发事件发生、报告、响应、结束、善后处置等各环节的主管与协作联动部门;以应急准备及保障机构为支线,明确参与部门的职责。

3)预防预警

应急预案的对象就是假定发生的突发事件,并有针对性地做好应急准备。因此,预防预警机制是预案的关键内容。主要包括以下几点。

(1)信息监测。确定预警信息监测、收集、报告和发布的方法、程序,建立信息来源与分析、常规数据监测、风险分析与分级等制度。

(2)预警行动。明确预警方法、渠道以及监督检查措施、信息交流与通报程序,预警期间采取的应急措施及有关应急准备。

(3)预警支持系统。建立预警体系和相关技术支持平台,明确使用、维护、改进系统的要求。

(4)预警级别发布。明确预警级别的确定原则、信息确认与发布程序等。按照突发事件严重性和紧急程度,分为一般(Ⅳ级)、较大(Ⅲ级)、重大(Ⅱ级)、特别重大(Ⅰ级)的4级预警,颜色依次为蓝色、黄色、橙色和红色。

4)应急响应

应急响应是应急预案的核心内容,即应急指挥机构应用反馈机制,合理应用应急力量和资源,把握时机强化控制力度,防止事态恶化,将其破坏力和影响范围控制在最低级别的工作。一般应包括以下 7 个方面。

(1)应急响应级别。根据突发事件确定科学的分级标准,按照突发事件可控性、严重程度和影响范围,分为一般(Ⅳ级)、较大(Ⅲ级)、重大(Ⅱ级)、特别重大(Ⅰ级)4 级,启动相应级别的应急响应行动。突发事件的响应级别与预警级别密切相关,但也有所不同,可根据实际情况确定。

(2)应急响应行动。根据突发事件级别明确预案启动级别和条件,明确响应主体、指挥机构工作职责、权限和要求,阐明应急响应及处置过程等。对于跨国(境)、跨区域、跨部门的突发事件,可针对实际情况列举不同措施,同时避免可能造成的次生、衍生和耦合事件。

(3)信息报送和处理。明确信息采集的范围、内容、方法、报送程序和时限,要求符合政府信息公开的有关规定。如果突发事件涉及港、澳、台和境外人员,或可能影响到境外,需要向有关地区和国家通报的,应明确通报程序和部门。

(4)指挥和协调。现场指挥遵循属地为主的原则,建立党委政府统一领导、突发事件主管部门为主、各相关部门参与的应急救援协调机制。明确指挥机构的职能和任务,建立决策机制,报告、请示等制度,信息分析、专家咨询、损失评估等程序。

(5)应急处置。制定详细、科学的突发事件应对处置方案、处置措施,明确各级指挥机构调派应急队伍的数量及处置措施,队伍集中、部署的方式,设备器材、物资药品的调用程序,各应急队伍之间协作程序等。

(6)信息发布。按照突发事件新闻发布的有关规定,遵循实事求是、及时准确的原则,明确信息发布的内容、方式、机构及程序。

(7)应急结束。明确应急状态解除或应急响应措施终止的发布机构及程序,并注意与现场抢救活动的结束区别开来。

5)善后工作

(1)善后处置。明确人员安置、补偿,物资和劳务的征用补偿,灾后重建的政策措施,以及做好卫生防疫、保险理赔工作等。

(2)社会救助。明确社会、个人或国内外机构的组织协调、捐赠款物的管理与监督等事项。

(3)后果评估。突发事件分析评估、调查报告、经验教训总结及改进建议。

6)应急保障

(1)人力资源保障。列出各类应急响应的人力资源,包括政府、军队、武警、机关团体、企事业单位、公益团体和志愿者队伍等。明确社会动员条件、范围、程序和必要的保障制度。

(2)财力保障。明确应急经费来源、使用范围、数量和管理监督措施,提供应急状态时政府经费的保障措施。

(3)物资保障。包括物资调拨和组织生产方案。根据具体情况和需要,明确具体的物资储备、生产及加工能力储备、生产流程技术方案储备等。

(4)通信保障。建立通信系统维护及信息采集等制度,确保应急期间信息通畅;明确参与应急处置各部门单位的通信方式,明确应急期间党、政、军领导机关及现场指挥的通信方案。

(5)交通运输保障。包括各类交通运输工具数量、分布、功能、使用状态等信息,驾驶员的应急准备措施、征用单位的启用方案、交通管制方案和线路规划等。

(6)医疗卫生保障。包括医疗救治资源分布、救治能力与专长、卫生疾病控制机构能力与分布、各单位的应急准备保障措施、调用方案等。

(7)人员防护。制定应急避险、人员疏散及救援人员安全措施等,规划和建立基本满足突发事件的人员避难场所。

(8)技术装备保障。包括技术系统及储备、应急设施设备、突发事件现场可供使用的应急设备类型、数量、性能和位置、备用措施以及相应的制度等。

(9)治安维护。制定应急状态下稳定治安秩序的各项准备方案,包括警力培训、布局、调度和工作方案等。

7)监督管理

预案的监督管理,即强调应急预案的演练、宣传和培训,明确预案不仅是让人看,更重要的是要在实践中应用,在培训和演练中发现的问题可以成为预案修改更新的参考。

(1)预案演练。明确应急演练的范围、内容、组织及工作要求等。

(2)宣传和培训。包括应急预案、应急法规和预防避险、自救互救的应急常识宣传,各级领导、应急管理和救援人员的常规性和专业性培训以及培训的工作要求等。

(3)奖惩和责任。明确监督主体和处罚原则,明确奖励办法、方式及责任追究程序等。

8)附则

(1)名词术语解释。预案中专用名词、术语,缩写语和编码的定义,说明突发事件类别、等级以及对应的指标定义,统一信息技术、行动方案和机关术语等编码情况。

(2)预案管理与更新。明确预案制定、监督管理及实施部门单位,规定预案评审与更新方式。

(3)预案解释部门。明确预案批准、印发机关和解释部门。

(4)预案实施时间。明确预案实施或生效时间,一般从印发之日起施行。

9)附件

各种表单和说明文件,包括操作手册、指挥机构组织结构图、应急部门通信方式、指挥部成员联系方式、人员疏散地图、资源位置图、紧急设备使用说明等。

应急预案主要具有以下四个方面的特点。

一是全面性。一个全面有效的应急预案囊括事前监测预警、事发识别控制、事中处置应对和事后恢复重建等内容,贯穿于突发事件应急管理的全过程,涵盖应急处置涉及的各个方面,具有全面性。

二是系统性。一方面,应急预案本身作为应急管理体系建设的主要内容,是应急管理工作的重要组成部分,是"一案三制"的综合体现和细化;另一方面,应急预案作为突发事件应对处置的操作指南,包括了应对工作的各环节。此外,各个应急预案之间相互衔接,共同形成预案体系。

三是权威性。应急预案一般由各级政府及其部门等行政机关颁布施行,是政府的施政措施,体现法律法规要求。

四是实用性。应急预案中所规定的预防、处置应对的计划和方法以及保障措施、协同办法等,既有历史经验和理论概括,又有科学分析和成功做法。而且应急预案一般具有明确的假定对象、情景模式等,具有一定的针对性和可操作性。

3. 应急预案的功能和作用

应急预案建设的出发点在于"未雨绸缪、防患于未然",意义在于"居安思危,思则有备,有备无患",其最基本的功能是通过在突发事件发生前进行事先监测防范、应对准备等工作,对有可能发生的突发事件做到超前思考、超前谋划、超前化解,把政府机构应急管理工作纳入经常化、制度化、法制化、程序化、标准化的轨道,从而化应急管理为常规管理、化危机为转机,以最大限度地降低突发事件造成的损失。具体而言,应急预案的作用主要体现在以下几个方面。

(1)可以科学规范突发事件处置应对工作。通过对应急组织指挥体系、人员分工以及各相关主体责任范围和角色与分工的明确,推动形成精简、统一、高效和协调的突发事件应急处置体制机制,在为突发事件应对提供坚强组织保证的同时,确保应急管理有据可依、有章可循。此外,通过应急预案的编制、学习及演练,可以使应急人员熟悉自己的任务、分工及相应的动作程序,促进应急管理能力的提升。

(2)可以促进应急准备各项工作的有效落实。应急预案预先明确了应急各方职责和响应程序,在突发事件发生时,有利于各方高效、协同、有序地迅速投入工作。此外,通过对应急资源先期准备工作的落实,确保相关资源能够根据需要尽快投入使用,在一定程度上实现"有备无患"。

(3)可以提高应急决策的科学性和时效性。突发事件的紧迫性、信息不对称性和资源有限性要求应急管理快速决策、高效应对。应急预案为准确研判突发事件的规模、性质、程度以及合理决策、应对措施的制定等提供了科学的思路、方法和程序，可有效避免不知所措、有病乱投医等情况的发生。

(4)有利于提高风险防范意识。应急预案的编制、评审、发布、宣传、演练、教育及相关培训，有利于各方加强对相应突发事件的了解、增强对潜在风险的辨识能力，促进各方风险防范意识和应对能力的提升。

应急预案建设是突发事件应急准备的一项重要内容。但是，相对于应急管理工作整体而言，应急预案建设并不能“毕其功于一役”。一方面，不能过分夸大应急预案的作用，更不能将其等同于应急管理准备工作的全部；另一方面，由于突发事件千差万别、瞬息万变，有些突发事件本身具有极强的不确定性，预案设想可能与实际情况相去甚远。对此，要正确认识，避免走向“预案无用论”的另一个极端。更为重要的是，应急预案功能和作用的发挥与“一案三制”应急管理体系的整体发展和完善密不可分，不可将其割裂开来。

5.4.2　当前应急预案建设存在的主要问题

经过多年的建设发展，我国应急预案体系经历了从“从无到有”“从有到全”到“从全到优”的发展历程，尤其近十年以来，发展迅速、卓有成效。但对应急预案建设中存在的以下问题也不容忽视。

1. 预案体系“上下一般粗”，应急预案内容同质化问题突出

2004 年 4 月 6 日和 5 月 22 日，国务院办公厅分别印发了《国务院有关部门和单位制定和修订突发公共事件应急预案框架指南》和《省(区、市)人民政府突发公共事件总体应急预案框架指南》。当时，我国应急管理体系建设刚刚起步，许多地方和部门甚至对应急预案缺乏足够的认识和了解。在从上至下的推动中，各级政府、部门以及相关机构迅速着手应急预案编制工作。在编制过程中，这两个文件成为标准的参照“模板”，并且下级抄上级、同级相互抄袭的现象普遍存在，导致各级、各部门应急预案内容雷同、结构相似，甚至不少基层单位从指导原则、职责划分、响应措施、队伍建设等各方面全盘照抄照搬上级预案，致使预案体系“上下一般粗、左右一般平”。从某种意义上来说，这为推动我国快速形成一个预案体系具有一定的积极作用，但却缺乏现实意义和实际价值，并且也形成了应急预案上行下效、千篇一律的弊端，导致我国应急预案“宏观化、空心化”的问题比较突出。

2. 缺乏必要的风险评估和情景设想等关键环节，应急预案针对性不强

应急预案本身应该是基于危险源辨识和风险评估之上的针对一定紧急状况的应对方案或动作指南，必须建立在风险评估和一定的应对情景预设基础之上才能有的放矢。然而在实际操作中，风险评估环节没有得到应有的重视，很多预案编制部门对本地区、本行业的突发事件风险隐患、致灾因子以及应急资源等情况大多缺乏了解,不清楚辖区内存在的风险隐患种类、性质、危害程度、发生的可能性以及触发因素与转化机制等,导致编制出来的应急预案缺乏针对性。同时,由于对突发事件模式以及应对场景等缺乏考虑,预案编制“空对空”,不能与实际情况紧密联系起来。此外,通常情况下,预案层次越高,原则性与总括性应该越强,这样可发挥对下级的普遍指导作用,如国家总体应急预案。预案层次越低或涉及突发事件越专业,应急预案就应该越具体,需要具体落实“什么事”“谁来做”“怎么做”等问题。但由于照搬照抄等问题,总体而言,我国应急预案原则性的语言太多、具体操作的内容太少,大多属于“纲领性”与“宣言性”的文件,实际价值不大。

3. 缺乏有效的应急演练优化机制,应急预案操作性较差

应急预案管理是一个持续修订与不断完善的动态过程,需要通过实际有效的应急演练检验和实践经验总结进行定期修订,“未经过演练的应急预案是低效的预案”。但是实际上,不少地方和部门忽视了应急预案动态管理的重要性,在预案编制完成以后就将其束之高阁,将预案发布视为预案编制工作的终点。既没有经过演练,也没有经过实战检验,这样的预案只能作“壁上观”而不能作“万里行”,其实际操作性势必得不到保障,部门间应急联动缺乏沟通交流而造成协同滞后不畅。现实中,少有的应急演练将“演习”变成“演戏”或按预案剪裁示范等问题也比较突出。

4. 总体设计和相互衔接不足,应急预案兼容性不强

各部门或地方在制订应急预案的过程中必须要考虑上下衔接、左右协同等问题,只有这样,各级、各类应急预案才能形成一个完整、统一的体系,才能有效应对各种突发事件的发生。特别是许多突发事件在发展、演变过程中容易形成次生、衍生灾害,这对应急预案的兼容性和应对体系的完善性提出了较高的要求。但是,由于我国部门分割、条块分割、军地分割、区域分割的客观现实,以及主观上重视程度不够等问题,各地方、各部门往往各自为政,要实现各级、各类预案的良好兼容面临着较大的困难。

5. 应急预案的公众参与度不够

社会公众是突发事件首要的承灾主体,也是应急管理的重要参与力量。各级政府、部门在制订应急预案时应广泛征询社会公众的意见和建议,发挥群策群力的优势,在促使应急预案更加完善的同时使公众知晓自身在应急管理中的角色。这样,在突发事件来临时,公众就能够知道做什么与不做什么、何事可为以及何事不可为,从而服从政府的统一指挥和调度。但目前,我国应急预案制订过程中,不仅社会公众的参与度较低,而且一些预案对于社会公众还是保密的。

此外,我国应急预案总体还处于“应急处置方案”的阶段,对应急准备缺乏足够的重视和考量。一些政府和部门还把应急预案当成了“应付预案”甚或“免责条款”。应急预案建设难以达到应有的作用和效果。

5.4.3 加强和改进应急预案体系建设的方法措施

针对目前应急预案体系建设中存在的问题，结合我国应急管理面临的新形势、新任务、新挑战以及应对突发事件的现实需要，我国应急预案体系建设还应从以下几个方面加以改进和完善。

1. 基于功能定位，坚持差异化原则，构建立体化、网络化的应急预案体系

应急预案体系中存在的“上下一般粗、左右一般平”以及各部门、各机构之间“各成体系、独立发展”等问题，从某种程度上说是下级部门在缺少经验与参照物、重视不足、投入不够等约束条件下做出的风险最小化路径选择的产物，但这显然不符合应急处置需求以及应急预案建设的功能目标。为此，要坚持差异化原则和“底线思维”，加强科学定位与规划，立足本级预案的功能定位、紧密结合应急处置现实需要，构建层次分明、类型齐全的立体化应急预案体系，以适应不同地方与部门之间应急管理工作的特色需要，减少与避免预案内容雷同现象。同时，依据响应级别、结合职能定位，充分考虑联动处置、协同动作的现实需要，做到各层级、各部门之间预案体系“上下衔接、左右协同”，促进以预案建设为抓手的应急准备工作综合全面、扎实有效。首先，在纵向上，不同层级的部门与专项应急预案内容要有所侧重，国家和省级层面强调指导性，市县级层面突出属地管理要求，乡镇街道、企事业单位层面突出先期处置特点，提高不同层级政府部门应急预案的适应性。其次，在横向上，要将辖区内的主要风险源、重大活动保障和应急资源保障等重要专项工作纳入专项应急预案内容，同时要明确与相关部门的协同方案、通信联络方法等，以全面充实本地区、本部门应急预案体系。

2. 树立基于风险评估的应急预案编制理念，增强应急预案的针对性

作为应急预案的源头环节，风险评估是改进应急预案工作的“最重要的基础性工作”。美、英、德、日、澳等发达国家在编制应急预案之前基本上都要开展风险评估工作，但在我国突发事件风险评估工作还未得到应有的重视，往往导致应急预案无的放矢。对此，各级应急管理机构和部门要树立科学的理念，通过开展危险源调查、风险识别、分析与评价，全面掌握辖区内可能面临的风险状况及影响程度，在此基础上有针对性地编修应急预案。在预案编制过程中，风险评估可按以下方法和步骤进行：一是成立由相关部门业务人员与专家组成的风险评估工作组，完善领导分工与组织保障机制；二是制定辖区突发事件风险清单，排查与识别辖区内的所有风险隐患种类；三是开展应急资源普查，评估社会风险脆弱性和应对能力；四是构建以后果严重性与发生可能性为核心的风险分析方法，确立符合地方实际的风险参数与临界值；五是评价各类隐患的风险水平，绘制风险矩阵图，模拟预案编修的特定风险场景。通过全面排查、科学评估、准确定位,明确风险防范要点及处置应对所需准备工作,使应急预案更加有的放矢。

3. 健全以情景构建为主线的应急预案流程管理,提高应急预案的可操作性

编制程序关系到应急预案的科学性。以"情景—任务—能力"为技术路线,以风险评估的结果为出发点,强调突发事件情景构建和描述的先导作用,是当前国际上普遍采用的应急预案编制程序。"9·11"事件以后,美国政府系统评估了国家应急管理体系存在的问题,提出要加强以情景构建为引导的应急准备工作,并于2006年出台了《国家应急规划情景》(NPS,National Planning Scenarios),总结提出了美国面临的最严重的15种风险情景。这些情景被列为应急预案制定时最优先考虑的应对目标,能否有效应对这些情景并达到预期效果,成为衡量预案质量高低的最基本标准。后来,美国《国家应急框架》(NRF)又将这15种情景集成为具有共性特点的8个重要情景组。我国国家自然科学基金委员会于2008年就启动实施了"非常规突发事件应急管理研究"重大研究计划,对"情景及情景—应对"相关理论、实践运用等进行了深入研究。但当前情景构建相关工作在我国应急预案建设中运用还不够充分。以情景构建为主线健全我国应急预案流程管理可从以下几个方面加以优化和改进。一是收集所有风险隐患相关资料,分门别类加以整理;二是系统归纳与收集突发事件风险的起因来源、严重程度、涉及范围、潜在影响等条件;三是聚焦与描述具有共性特征的情景组,形成基于"情景—任务—能力"的应急预案编制模式。通过模拟特定区域与条件下的风险情景,推演突发事件发生与演化过程,分析其潜在影响、可能引发的后果及应对需求,可以使风险评估、预案编制、应急演练等各环节的目标任务更加清晰、明确,有助于提高预案编制质量,使预案编制"言之有物""制之有据""用之可行",从而提升各级各类组织的应急响应及处置能力。

4. 加强应急预案动态管理,提高应急预案科学化水平

应急预案的生命力来自于不断的自我改进与自我完善。俗话说"计划赶不上变化"。应急预案主要是根据以往的经验和可能出现的突发公共事件的特点编制的,与突发事件的实际情况可能存在一定的差距,应急预案不是万能的。应急管理也不能以不变的预案应万变的突发事件。因此,应急预案编制完成后,不能束之高阁,要及时了解实际情况,并根据情况的变化,及时调整、修改预案内容,以形成应急预案的持续改进机制,促进预案完善和改进,实现其消除隐患、及时响应、动态调整的功能。目前我国应急预案动态管理相对滞后,应急预案的管理不够科学、规范,很多应急预案公布数年后没有组织过演练和修订,更没有形成周期循环性的应急预案修订机制。此外,各级政府、部门对预案修订的时间、程序等也缺乏明确具体的要求,导致应急预案未能根据实际情况变化及时修订。加强应急预案动态管理,应从以下方面加以改进。一是科学研究,明确和细化应急预案修订的具体触发条件、情形以及相应的程序等，推动建立和优化应急预案动态完善机制；二是结合应急演练、风险排查整改、处置评估等时机，结合实际情况对应急预案进行修订完善；三是加强应急预案管理监督检查力度，在对预案形式类别、内容结构、针对性及可操作性进行检查的基础上，尤其要加强相关人员对预案内容是否熟悉、相关程序是否掌握、资源配备是否落实等问题的督促检查。

5. 加强应急预案数字化水平建设，提升公众参与度与预案普及率

传统的文本式应急预案种类繁多，内容庞杂，不仅不够直观形象，不便查阅，也难以随身携带。就连很多应急管理人员在应急预案编制完成以后都经常将其"束之高阁"，应急预案在社会公众中的普及率可想而知。为此，要充分运用数字化信息技术手段加强应急预案的数字化、信息化与网络化建设，发挥移动互联网的优势作用实现应急预案的可视化、流程化、智能化，提高应急预案的实际使用率、社会公众的参与度及普及率。在应急预案数字化建设过程中，应注意以下问题。一是详细划分领导干部、应急工作人员、基层干部、信息员、公众等不同的预案使用人群，找准需求、结合特点进行针对性设计；二是根据不同群体的工作特质与使用习惯等因素选择合适的预案数字产品形式，例如手机 APP、计算机存储、网站公布、应急平台系统、地理定位分析软件等；三是根据预案使用人群的职责权限、关注重点和保密限制等因素设计个性化的应急预案数字产品；四是实行数字预案模块化与流程化管理，划分事件级别、响应流程、紧急电话、应急资源、新闻发布程序等功能模块，增强数字预案实用性；五是建立数字化预案交流、反馈机制，充分征求各方意见建议，推动应急预案不断全面细致、深入完善。

5.4.4 应急演练

1. 应急演练的作用及意义

应急演练是应急准备工作的关键环节和重要内容，是在无风险的环境下，用以训练、评估和改进应急预防、准备、响应和恢复能力的核心手段，对增强风险防范意识水平、检验和提升应急反应及应急救援能力、促进各部门之间的协调配合水平、提高预案的实用性等具有重要作用。其作用和意义主要体现在以下几个方面。

1）提高突发事件风险防范意识和能力水平

各级政府领导、应急管理工作人员、救援人员和公众很多都没有亲身经历过突发事件，缺乏感性认识，很难深刻了解突发事件过程中可能出现的各种情况以及对心理、意识产生的影响。虽然通过培训可以获得处置突发事件需要的技能和知识，却无法感知那种经历真实突发事件的心理状态。开展应急演练，通过模拟真实事件及应急处置过程能给参与者留下更加深刻的印象，从而从直观上、感性上全面、准确地认识突发事件，提高应急管理人员对突发事件风险源的警惕性以及做好各种应急准备的积极性和主动性，促使公众在没有发生突发事件时，主动学习、掌握应急知识和处置技能，提高自救、互救能力，增强风险抵抗能力和应对能力。2008年“5·12”汶川大地震中，人员伤亡惨重，灾区各中、小学校尤甚，而位于地震核心区的绵阳市安县桑枣中学2300多名师生在这场大地震中却无一伤亡，全校师生从剧烈晃动中的五层教学楼撤离，仅仅用了1分36秒，创造了一个巨灾避灾的奇迹。其中一个非常重要的原因就是该校从2005年起，每学期都要组织全校师生进行紧急疏散演练，每次演练都制定有详细的演练方案，认真组织和安排，演练结束后还要进行考评总结，不断加以改进。反复的应急演练增强了师生避险防灾意识、造就了训练有素的教师和学生，在地震来临时能够从容不迫，按照演练时既定的程序有序撤离。

2）检验应急预案效果及其可操作性，推动应急预案修订完善

很多应急预案的制定没有经过突发事件的实践检验，或者制定后没有及时更新，无法适应不断变化中的新情况、新问题。通过应急演练，模拟突发状况启动执行相应预案，可全面查找应急预案中存在的问题，在突发事件发生前充分暴露应急预案及相关准备工作中存在的缺点和不足，检查执行预案所需的配套工作机制及相关资源是否准备充分，验证预案在应对可能出现的各种意外情况等方面是否具备足够的适应性，评估应对方法措施是否确实有效，从而为应急预案的进一步完善和修正提供现实依据和明确方向。

3）增强突发事件应急响应及应对能力

当突发事件发生时，预案及应急准备工作本身并不能自动产生作用，其作用和效果的发挥除受预案编制水平、应急准备工作是否全面充分等影响外，还在很大程度上受制于应急管理者执行和操作预案以及相关决策能力水平的影响。应急演练作为检验、提高和评价应急能力的一个重要手段，可通过接近真实的亲身体验和全程模拟实践，检验和提高各级应急决策者应对突发事件的分析研判、决策指挥和组织协调能力；帮助应急管理人员和各类救援人员进一步明确职责，熟悉突发事件情景及相应任务，提高应急熟练程度和实战技能；优化和改善各应急组织机构、人员之间的沟通交流、协调合作；让公众学会在突发事件中保持良好的心理状态，降低恐惧感，增强配合政府和部门共同应对突发事件的自觉性，有助于提高整个社会的应急反应能力。

2. 应急演练的分类

按照不同性质，应急演练有多种分类方法。按组织形式可分为桌面演练和实战演练。桌面演练即利用地图、沙盘、流程图、计算机模拟、视频会议等辅助手段，对突发事件应急处置的决策、指挥、协调程序进行推演，其作用和目的主要是检验和提高指挥人员的相互协作能力，明确各部门的职责划分，具有花费少、筹备时间

短、调用资源少等优点，但现场感不强。实战演练即利用搭设的场景、真实的设备物资，模拟应急响应的过程，其主要目的是检验和提高指挥人员、执行人员、模拟人员的临场指挥、队伍调动、现场处置、后勤保障等能力，具有操作性和现场感强、宣传影响力大等优点，但存在花费大、筹备时间长、调用资源多等缺点。按内容可划分为单项演练和综合演练。单项演练即只涉及预案中的某一项行动的演练，其目的主要是有针对性地检验和提高特定行动和人员的响应能力，具有针对性强、易发现薄弱环节等优点，但此方式预案中各项行动的协同性得不到相应的检验。综合演练即演练涉及预案中的多项或全部行动，目的在于全面检验和提高各项行动和各类人员的响应能力，具有检验完整、训练充分、发现问题全面等优点，但花费多、筹备时间长、调用资源多。按演练目的可划分为检验性演练、示范性演练和研究性演练。检验性演练重在检验预案的可行性、准备的充分性、应急机制的协调性及相关人员的应急处置能力。示范性演练重在向社会公众展示应急能力或提供示范教学。研究性演练主要是重点研究和解决突发事件应急处置的重点、难点问题，试验新方案、新技术和新装备等。

虽然按不同的分类标准可划分不同类型的应急演练，但其具体内容并不存在明确区分，实践中各种演练活动往往都要综合运用多种演练类型。打破演练类型划分，常见常用的应急演练形式主要有以下几种。

1）模拟场景演练

模拟场景演练也称为桌面演练或室内演练，主要由应急指挥机构成员以及各应急组织的负责人参加，按照应急预案及其标准运作程序，以桌面练习和讨论的形式对应急过程进行模拟的演练活动。该演练一般运用信息注入和分组讨论的形式进行，通过灾害描述、事件描述等信息，展示有限的应急响应和内部协调活动。模拟场景演练一般针对应急管理高级人员，在没有时间压力的情况下，演练人员在检查和解决应急预案中存在问题的同时，获得一些建设性的讨论结果。主要是在友好、较小压力的情况下，锻炼演练人员制定应急策略、解决实际问题的能力，明确应急组织相互协作和职责划分等问题，达到提高应急反应能力和应急管理水平的目的。

模拟场景演练无须在真实环境中模拟事故情景及调用真实的应急资源，演练成本较低，可作为大规模综合演练的“预演”。近几年来，随着信息技术的发展，借助计算机、三维模拟技术、电子地图以及专业的演练程序包等，在室内即能逼真地模拟多种类型的事故场景，并将事故的发生和发展过程通过影像、声音、图片等多种形式展示，大大增强了演练的真实感和沉浸感。

2）单项演练

单项演练又称功能演练，是指针对某项应急响应功能或其中某些应急响应活动进行的演练活动。单项演练可以像桌面演练一样在指挥中心内举行,也可以开展小规模的现场演练,调用有限的应急资源,主要目的是针对特定的应急响应功能,检验应急响应人员某项保障能力或某种特定任务所需技能,以及应急管理体系相应的策划、组织和响应能力等。常见的单项应急演练主要有:通信联络、信息报告程序演练;人员紧急集合、装备及物资器材到位演练;指导公众隐蔽与撤离,运输通道封锁与交通管制演练;医疗救护行动演练;人员和治安防护演练等。

单项演练的特点是目的性强,演练活动主要围绕特定应急功能展开,无须启动整个应急救援系统,演练的规模得到控制,既可降低演练成本,又可达到针对性的"实战"锻炼效果。单项演练通常比模拟场景演练规模要大,需要动员更多的应急响应人员和资源,因而协调工作的难度也随着更多应急组织的参与而增大,一般在上级管理部门的支持下进行。

3)综合演练

综合演练是指针对某一类型突发事件应急响应全过程或应急预案内规定的全部应急功能,检验、评估应急体系整体应急处置能力的演练活动,又称全面演练。综合演练一般采取交互式进行,演习过程要求尽量真实,是一种需要调用更多人员、设备、物资等应急资源的实战性演练,要求所有应急响应部门(单位)都要参加,以检查各应急处置单元的任务执行能力和各单元之间的相互协调能力。

综合演练由于涉及更多的应急组织和人员,准备时间更长,需要有专人负责应急运行、协调和政策拟订,以及上级管理部门在演练方案设计、协调和评估工作等方面提供技术支持。综合演练的特点是真实性和综合性,演练过程涉及整个应急处置过程的每一个响应要素,能够较客观地反映当前应急系统应对重大突发事件所具备的能力和水平。但演练的成本较高,因而不适宜频繁开展。同时鉴于综合演练的大规模和接近实战的特点,必须确保所有参演人员都已经过系统的应急培训并通过考核,才能保证演练过程中的各种安全。

4)区域性应急演练

区域性应急演练是在虚拟的事件条件下,区域应急救援系统中的各个机构、组织或群体人员,执行与真实事件发生时相一致的责任和任务的演练活动。演练针对的突发事件往往影响范围广,参与应急行动的职能部门多,对应急联合行动的指挥和调度能力具有较大考验。非紧急状态下,管理者和应急行动人员受水平、立场等所限,难以对整个应急过程中所面临的问题考虑周全、准备充分。区域性应急演练作为检验、评价和保持区域应急能力的一个重要手段,可以检验重大突发事件应急预案的可操作性和平时应急管理、培训的总体效果,检验和提高区域应急管理人员组织、指挥、调度能力,改善各应急组织、机构、人员之间的协同和配合,促进各类应急物资有效落实,促进整个区域重大突发事件的应急管理能力水平整体提升。

3. 应急演练过程

应急演练是由多个组织共同参与的一系列行为和活动，其过程通常可分为应急演练准备、实施和总结评估3个阶段。

1）应急演练准备

良好的准备工作是演练活动顺利开展的前提。根据不同的演练类型，应急演练准备工作的复杂程度有所不同。一般而言，应急演练的准备工作主要包括成立演练策划组、制定应急演练计划、确定演练目标和规模（在这一过程中，要模拟事件情景、制定演练规则、编写演练文件、调用演练资源、筹集演练经费）、确定演练时间和地点、参演人员培训、演练基本情况通报、演练前的检查工作等。

2）应急演练实施

应急演练实施阶段是指从宣布初始事件起到演练结束的整个过程。虽然应急演练的类型、规模、持续时间、演习情景、演习目标等有所不同，但在实施过程中都应该注意以下几点。

（1）扩大演练层面，提高社会参与度。适当建设应急演练设施，研究与创新应急演练形式，一方面为专业应急救援人员、志愿人员和公众提供多场景、多措施、低成本的应急培训与演练，另一方面积极推动社区、乡村、企业、学校等基层单位的应急演练工作。

（2）根据应急预案编制演练方案或脚本。预案就是处置突发事件的行动指南，针对性和指向性很强。为了保证应急演练目标的实现，演练方案（脚本）必须按照相对应的预案要求，设计各个场景和环节，执行规定程序，安排有关责任单位和人员，以达到预期效果，做到练有所指、练有所用。

（3）演练过程中参演应急组织和人员应遵守当地相关的法律法规和演习现场规则，尽可能按实际突发事件发生时的响应要求进行演练，根据自己对最佳解决办法的理解，针对情景事件做出响应行动。为确保演练安全进行，相关控制人员应尽职尽责，必要时可采取“刺激行动”以纠正错误。

3）应急演练总结评估

应急演练结束后，组织单位应及时进行总结评估，全面分析演练中暴露出的问题、查找应急预案存在的问题以及应急准备工作不到位的地方，评估演练是否达到预定目标、应急任务完成情况、相关职能部门履职情况等，提出相应的改进措施和建议，形成应急演练总结评估报告，并向同级人民政府应急管理办事机构和上一级行政主管部门报送。同时，对存在的问题提出限期整改方案或改进优化措施，并进行相应的追踪管理和督促检查，确保全部问题整改到位，达到应急演练目的和作用。

4. 当前应急演练存在的问题和改进措施

近年来，随着应急管理体系的进一步深入发展，对应急演练工作的重视程度不断提高，应急演练开展的频次、范围等也在不断地加强。但由于缺乏科学的制度化设计、有力的检查监督等原因，在实践中，我国应急演练形式化的倾向还比较严重，“重表演轻练习、重数量轻质量、重展示成效轻发现问题”的问题比较突出。很多地方和部门开展的预案演练主要是展示性、观赏性演练，真正切合实际的“突击性”检查演练少之又少。很多演练不以发现问题为导向，不以完善预案为目的，而是根据事先策划好的脚本按部就班完成“规定动作”。在演练实施中，参演单位和人员“演”的成分居多，走形式、走过场，组织工作不周密，预案执行不严肃甚至有的演练脱离相关预案另起一套，没有按照正确的演练程序操作，未能充分考虑突发事件发生后各种不确定的动态演进情景，场面轰轰烈烈、形式热热闹闹，结果都是“取得了圆满成功”，却未能起到发现问题、改进工作、提高能力的效果。

为确实发挥应急演练在应急管理尤其是在应急预防准备和预案建设工作中的质量效益，应急演练工作还应从以下几个方面加以改进和完善。

(1)进一步建立完善应急演练制度、构建应急演练全程技术规范体系以及相应的配套措施。当前各种规章制度对应急演练的责任主体、开展频次、程度、范围等都缺乏明确具体的硬性规定，主要都是原则性的要求，缺乏必要的强制性和配套实施细则。对此，一方面，要进一步建立健全应急演练工作机制，对相关责任主体、开展要求、处罚措施、检查监督制度等进行明确细化，推动应急演练工作常态化、制度化运行。另一方面，要充分借鉴发达国家好的经验和做法，紧密结合国情和实际情况，坚持理论先行和标准先行，通过技术攻关和实验试点，尽快建立统一规范的应急演练规则、演练工具、演练方法和评价标准体系及其定期修编制度等，确保应急演练的标准化和规范化。

(2)加强应急演练准备工作，提高演练的逼真性与实战性。转变当前普遍存在的以演练展示效果为出发点的应急演练筹划准备工作机制，切实针对面临的突发事件状况、应急预案设计方案、资源准备情况等现实，从人员组织、方案筹划、场景模拟、任务设计、资源保障等全方位加强应急演练准备工作，从严、从难、从实际出发，力求最大限度地接近突发事件应急处置场景和状态，以全面准确、深入细致地对应急管理各项工作进行客观、有效的检查和评估。此外，实践中还可通过广泛开展检验性演练等方式，真正发挥应急演练查找薄弱环节、总结经验教训、改进应急管理工作的目的。

(3)建立应急演练评估和反馈修订机制，促进应急预防准备工作深入落实、全面细致。要打破当前应急演练工作中存在的自我总结、自我评估、自我完善的工作模式，从制度入手，建立完善由上级应急管理机构或第三方机构开展的应急演练评估机制,通过对应急演练开展情况、演练实效评估、问题整改检查、相关责任落实等的客观评价及发现问题的督促整改,促进应急准备工作不断优化和改进,为全面、有效应对突发事件奠定坚实基础。

(4)大力强化应急演练的科技支撑。当前,美、日等国在应急演练与保障的高科技化和基地化运作等方面已取得了较好效果。借鉴其有益经验,我国应大力加强在应急演练管理软件、数据在线采集及传输存储、演练数据库、演练评估软件、情景模拟技术等先进信息技术方面的开发,可以桌面演练软件及相关决策支持系统为突破口,不断提高应急演练信息化水平和实用性。此外,还可借鉴美国应急演练模拟中心(NESC)等的建设经验,通过自主创新和国际合作,集中力量重点建设一批具有世界先进水平的国家级、区域性、行业性应急演练中心,使其成为应急演练的科研、训练、保障和国际交流的重要基地,通过高质量培训、成果示范等方式提升应急管理整体水平。

5.5 应急后勤保障

兵马未动、粮草先行。后勤保障伴随道路运输应急处置工作的全过程、各环节,是道路运输应急保障的基础性、支撑性工作。后勤供给能否及时到位对道路运输应急保障工作能否顺利、高效开展具有重要影响。在应急准备建设中应针对各阶段、不同环节应急处置的特点和需求,对后勤保障工作的内容、形式等进行具体明确和统筹安排。从各级预案来看,虽然在组织体系中设置有“后勤保障组”,但基本上都是临时组织的性质,对后勤保障的实质内容、具体职能等也都缺乏明确的规定。如交通运输部颁发的《公路交通突发事件应急预案》中规定,后勤保障小组“启动Ⅰ级公路交通突发事件预警状态和应急响应行动时自动成立”“终止Ⅰ级公路交通突发事件预警状态和应急响应行动时自动解散”,其职能是“负责应急状态期间24小时后勤服务保障工作,承办应急领导小组交办的其他工作”,对应急运输过程中的油料供应、车辆维修等问题基本没有涉及。总体上,当前应急运输中的后勤保障工作还没有得到应有的重视,燃料供应、车辆维修等诸多对应急运输有重要影响的后勤保障工作并未纳入道路运输应急体系建设统筹考虑,应急后勤保障工作不到位、不充分的问题还比较突出。在道路运输应急组织、管理过程中,由于预想不足、准备不充分,油料供应、车辆维修、驾驶员生活服务保障等问题往往牵扯应急管理机构大量精力,并且由于没有制度化的操作规范,容易在后期的征用补偿等问题上引发争议,对道路运输应急处置工作的可持续性造成不必要的影响。

当前道路运输应急实践中存在的后勤保障问题具体主要体现在以下几个方

面。第一，对应急车辆燃料供应和车辆附属装备等工作预想不够、准备不足。现有应急预案中对应急运输车辆燃料供应和附属装备等问题尚未充分考虑，鲜有提及也缺乏明确、具体的落实措施。在社会供应正常的情况下，车辆燃料保障问题不大，但发生燃油短缺或地震等重大突发事件影响社会正常供应时，如果对车辆燃料保障问题考虑不足就会极大地制约道路运输应急保障工作的开展；就附属装备问题而言，应急运输车辆平常运行大多不需要特殊附属装备，因而缺乏准备，但应急状态下可能出现由于缺乏篷布、防滑链等特殊附属装备，影响应急运输安全和质量的问题。第二，车辆维修缺乏必要保障。应急状态下，由于道路、运输强度等原因应急车辆更容易出现问题，但各级应急管理部门未将应急维修纳入道路运输应急体系中加以建设和完善，车辆发生故障时往往缺乏专业应急维修救援队伍和救援设施，难以得到及时修复，会对应急运输效率产生较大影响。同时，对应急过程中造成的车辆破损、毁坏等问题也缺乏必要的考虑，没有可行的补偿标准和责任区分制度等，容易造成遗留问题。此外，对应急运输人员的后勤生活保障准备不够充分。现有预案未充分考虑大规模的车辆征用、集结导致的管理和驾驶员生活服务保障等问题。临时指定的集结地在应急人员的就餐、住宿以及相应的清洁卫生等生活服务供应能力方面不能满足大规模的集结所需，就是现有的客货运输站场也缺乏足够的后勤保障功能，难以满足应急保障需求。应急运输过程中的食宿、卫生保障等问题更是缺乏整体统筹和科学组织。以上问题极大地制约了道路运输应急保障能力的进一步发展和完善，与应急管理建设目标和应急处置需求也明显不相适应。因此，随着应急管理工作的不断深入和细化，应从组织、制度、体系等各方面着手，科学谋划、提前筹措、全面落实，大力加强后勤保障能力体系建设，推动应急管理及服务能力水平进一步深入发展和完善。

道路运输应急保障是一项耗费大量人力、物力、财力的工作，涉及应急参与人员食宿保障、应急车辆油料物资供给、车辆维修、运输车辆附属装备保障以及应急运力集结、运输等过程中的组织与管理等诸多后勤保障工作，内容烦琐、环节众多。加之应急运输工作点多、面广、跨度大，后勤保障需求的时间、地点以及内容等都具有较大的分散性和较强的不确定性，给应急运输中的后勤保障工作增加了很大的难度。但在实践操作层面，根据后勤保障的形式、性质等可区分“社会供给正常”和“社会供给中断”两种情形分别处置。总体上，当突发事件影响较为单一或破坏程度不大，社会上油料供应、车辆维修、食宿供应等后勤服务能正常运行时，原则上可依据市场经济运作规则、采用货币化购买的形式进行保障；当突发事件影响较大，社会供给难以正常运行或市场化保障手段失效时，则需区分不同保障内容、结合实际情况进行处置。

5.5.1 社会供给正常情形下的应急后勤保障

在社会生产生活能够正常运转的情况下，应急运力征用集结至到达救援地途中，以及参与诸如旅客滞留、重要物资紧急输运等应急保障任务时，参与应急运输的人员食宿、车辆维修、油料供给等后勤保障内容可通过社会购买的形式加以解决。相关资金可采用应急运力使用单位支付、应急管理机构支付或应急运力提供者垫付等方式进行。该后勤供给形式一方面可降低应急管理、组织难度，有效减轻应急管理机构负担，另一方面通过直接购买成熟、专业的社会服务可有效确保后勤保障服务质量水平，对提高应急处置效率、保障应急运输顺畅进行大有裨益。

但采用该后勤保障形式时应注意以下几个方面的问题：一是相关服务标准、保障水平以及应急运输过程中的安全责任、车辆故障等问题一定要预先明确并公示告之，尤其是资金由应急运力提供者先行垫付或事后支付的情况下，尤其要对补偿标准、程序要求进行规定和明确，避免引发争议，造成不必要的麻烦；二是对后勤服务提供者一定要认真筛选，严格标准、确保质量并进行必要的监督和审查；三是要指定专门的组织管理者结合实际情况制定具体保障方案，对后勤服务供给地点、方式、负责人及联系方式等进行明确和公示，确保保障到位；四是对未明确事项或有争议的诸如补偿标准、事故、故障等问题，由运力使用方和运力支援方在道路运输应急管理机构或组织者牵头、引导下，按照市场经济运作规则协商解决，做到公开、公平、公正，确保应急运输保障工作健康可持续发展。

5.5.2 社会供给中断时的应急后勤保障

当发生社会紧急事件、突发灾害事件等导致生产生活秩序被严重破坏、社会供给中断的情况下，道路应急运输中的后勤保障方法基本与待救援人员一致，主要依靠应急储备和紧急调动的方式解决。但由于道路运输应急工作的专业性等特点，需要区分不同类别和性质进行针对性处理。具体而言，对应急车辆附属装备以及油料补给等保障内容，在应急准备阶段应加强实物储备，附属装备主要由应急管理部门自行储备，油料等可依托油气站等进行储备，应急所需附属装备在应急车辆征用时应加以明确并及时配备；对应急人员食宿供给、卫生勤务等保障内容，后勤保障组应依据实际情况和相关规定，指定专人负责，协同政府应急指挥机构制定明确相关保障方案，确保优先提供、全程保障；对应急运输中的车辆维修等保障工作，可依托车辆维修企业或运力提供企业修理部门进行保障，但应预先制定明确相关保障方案并签订保障协议或责任书，确保相关工作顺利开展。

社会供给中断时的应急后勤保障工作较市场化保障方式更为复杂、烦琐，在实践中应注意以下问题：一是要正确认识、高度重视，从难、从严全面加强应急后勤保障体系研究和建设，理顺应急后勤保障工作体制机制、明确相关工作内容和要求；二要将应急后勤保障工作纳入应急管理体系建设的全过程、各环节加以科学统筹、整体谋划，提高应急管理质量效能，如加强应急后勤保障准备工作坚实应急管理基础，结合物资储备及应急场站规划等加强后勤服务设施建设及油料、维修供给点布局，提升整体保障能力水平、降低应急管理成本；三要紧贴现实，多措并举、灵活多样，应急状态往往千差万别，难以充分预见，在应急后勤保障实际中可结合现实情况，充分采用定点、伴随、巡回、前送等多种方式方法进行全面充分的保障。

6 风险管理机制

再成功的应急处置也只是对突发事件发生所造成损失的补救,最好的结果也只能是最大限度地控制和消除突发事件的破坏和影响。因此,应急管理的重心应从灾后应对转向灾前准备,进而转向风险管理,即由被动应对变为主动防御,由主动防御变为风险消除,以尽可能把应急风险消灭在萌芽状态。风险管理作为一种更主动、更积极、更有效的应急管理手段,对提升危机防范水平、强化应急管理能力具有重要的积极作用。

6.1 概述

风险管理即通过识别和分析可能发生的应急风险及可能造成的后果等,研究如何消除或降低风险以及如何处置应对的过程。风险管理的步骤和内容主要包括风险识别、风险评估、风险处置等。总体而言,风险管理的目的和意义主要体现在以下两个方面:一是通过对风险源头的认识和管理,积极介入、超前处置,尽可能降低甚至消除危机事态的发生;二是明确相关风险可能产生的应急处置需求,深入查找存在应急管理漏洞和不足,促进应急准备工作的全面提升。

6.1.1 风险管理的基本环节

风险管理虽然是一个连续、动态的行为过程,但按照工作内容和性质的不同,其一般包括风险管理准备、风险识别、风险评估和风险处置四个基本环节,在各环节中根据实际需要动态进行风险沟通、风险监测与更新等工作。

1. 风险管理准备

风险管理准备工作主要包括三个方面的内容。首先,在研究分析应急保障工作实际以及社会、经济和环境等因素的基础上,明确需求及可行性,制定风险管理目标;其次,建立风险评估标准,主要包括风险评估的流程、风险识别及评估的相关标准等,通过明确标准,科学规范风险管理工作,使风险管理工作有据可依、有章可循;最后,做好风险管理计划,包括风险管理的组织与工作机制、实施过程、人财物和技术保障等。

2. 风险识别

风险识别即通过系统查找隐患和薄弱环节,分析并明确可能面临的各种风险的来源、类型、特征、可能产生的后果以及严重程度等，从而识别出需要进行管控的风险。风险识别主要回答以下基本问题：可能会发生什么、为什么会发生、会怎样发生、主要受其影响的对象是什么、影响和决定该风险的因素有哪些。在风险识别过程中一定要尽可能考虑充分、排查细致，以全面查明可能面临的各种风险，为风险管理奠定良好的基础。

3. 风险评估

风险评估是整个风险管理的重要内容和关键环节，其具体内容将在下一节展开论述。总体而言，风险评估的内容主要包括风险分析和风险评价两方面。风险分析主要是结合风险源自身特点、受灾体的风险承受能力、管理者的风险控制能力等因素，分析风险发生的概率、强度以及可能造成后果的严重程度，从而确定风险等级；风险评价主要是综合考虑对风险的可接受度水平对照风险等级将各种风险进行综合排序，确定管理优先级，为进一步的风险处置提供依据。

4. 风险处置

风险处置也称风险处理，是应急管理主体根据风险等级、性质等的不同利用不同治理工具，采取不同效能的风险控制措施，从而降低风险暴发的概率或减轻其影响的过程。风险处置措施通常根据风险评估结果结合实际情况进行选择，常用的风险处置措施或策略主要包括风险消除、风险接受、风险降低、风险隔离、风险分散、风险转移、风险补偿、个人保护设施等。

风险消除即通过从源头上遏止风险的发生，杜绝危机状态的出现，使系统运行实现零风险，这一风险控制措施最为理想化，但往往难以完全实现、成本也比较高。风险接受策略适用于可接受范围之内的低风险，主要采取监控措施。风险降低是通过采取针对性处置措施或放弃某些可能引发风险的行为，减小风险发生的可能性以及可能造成的危害。风险隔离措施并不直接降低危机发生的概率及危害程度，而是在风险及其影响对象之间制造隔离带、防火墙，以抵御危机。风险分散主要是通过尽量延长危机爆发的时间、扩大风险承担区域等方式避免危机的破坏力集中于某一时间或某一区域，从而在风险总量不变的前提下降低每个承受者可能遭受的损失或影响。风险转移则是通过法律、协议、保险或者其他途径，部分或全部转移责任或损失的策略，其中保险是比较通用的途径。风险补偿是在无法避免或消减风险的情况下预先准备好补偿资源，以弥补风险承担者的实际损失。个人保护措施主要是指组织管理者为组织成员提供各种安全保障，以降低其面对危机事件的脆弱性。风险处置措施和方式种类较多，管理决策者的选择范围较大，实践中通常根据实际情况采用多种组合方式进行处置。

5. 风险沟通

风险涉及风险引致者、风险承受者、风险管理者等多个利益相关方，任何一方的行动都会产生影响,而且在风险管理过程中对于不同类别风险的责任划分及应对措施的分配落实也需要相关者交流沟通确定,因此风险相关方之间的信息沟通至关重要。信息沟通工作在信息报送与情况通报机制的构建中将进一步展开论述,在此不再赘述。

6. 风险监测与更新

风险监测与更新贯穿风险管理全过程,其内容主要包括对风险本身的监测与更新以及对风险管理过程、内容与实施效果的监测和更新两部分。信息监测是风险监测与更新工作的主要内容,将在信息沟通机制构建的信息收集章节展开论述。

6.1.2 风险评估的主要内容

风险评估即在合理利用相关方法和技术的基础上通过科学、全面的分析和评估,对遭受不同强度风险灾害的可能性及其可能造成的后果进行定量测度和明确,以便为有效进行风险管理和风险处置提供基础依据和行动指南。风险评估的质量对风险管理的效能具有决定性作用和影响,是风险管理的核心工作。风险评估主要包括以下四个方面的内容。

1. 风险源研究分析

风险源,即潜在的致灾因子,是可能引发各类突发事件、形成危机事态的主要原因。风险源研究分析的主要任务是,分析明确给定区域可能引发危机事态的各种因素、事件,以及其发生的概率或规律周期等。

风险源通常分为三大类:①自然性风险,如地震、泥石流、山体滑坡、雨雪冰冻灾害等;②技术性风险,如交通事故、火灾、爆炸、环境污染、危险品泄露等;③社会性风险,如战争、骚乱、恐怖袭击、社会经济活动异常等。

风险源主要通过时间、空间、强度 3 个参数加以分析和刻画。时间主要指风险爆发的时刻(期)以及发生作用的持续时间。空间主要指发生风险的地理位置、影响区域。强度即风险烈度,如地震震级、暴雨雨量等。

在风险源研究明确后,绘制基于 GIS 的风险信息地图是一种高效的风险源管理方式。在 GIS 风险信息地图上可使用不同标识清晰标示出各种明显的或潜在的危险源(如危险品仓库、地震断层、低洼地带、地质灾害高发区、机场、码头、车站、桥梁、炼油厂等),并可采用不同颜色等以对其进行分类和分级,以便对风险源进行监管。此外,将危险源信息与人口、道路、应急物资资源等地图数据进行叠加分析,还可实现灾情损失、应急辅助决策等功能,可有效提高风险控制和处置能力。

2. 脆弱性分析评价

脆弱性即风险作用对象的易损性,是风险作用对象对可能引发危机事态的各种风险的敏感程度和易损程度,脆弱性反映了风险作用对象的承受能力。脆弱性研究分析的内容主要包括风险作用和影响的区域或范围、风险作用和影响区域内的经济状况及设施等社会属性、与应急处置相关的设施、保障供给等的抗灾性能分析等。具体步骤和内容如下。

(1)风险区确定:在风险源研究明确的基础上,分析不同性质、不同强度等级的各类风险发生时可能作用和影响的区域范围。

(2)风险区特性评价:对风险区内的人口数量及分布、社会经济发展水平、重要设施、可能造成的影响等进行分析和评价,为抗灾能力分析奠定基础。

(3)抗灾能力分析:对风险区内应急保障的重点以及涉及应急处置所需的基础设施等的抗风险能力进行研究分析。

3. 容忍度研究分析

容忍度即对风险的可接受水平。容忍度与脆弱性具有一定的相似性,但脆弱性主要体现的是设施、实物等对风险的客观承受能力,而容忍度主要体现的是社会公众及应急管理者对风险的主观承受力,二者研究分析方法具有显著差异。容忍度研究分析的内容主要包括两个方面:一是社会公众对风险的认识、鉴别及可接受程度,需要综合风险实际危害、可能引发的恐慌和过激反应、政治影响以及耦合事件等进行研究确定。有时,风险本身可能造成的危害并不大,但往往由于公众认识不到位或缺乏鉴别力等原因会导致过激反应甚至引发耦合事件,造成更大的损失。因此,应预先进行相关研究分析,全面增强风险预判和掌控能力。二是应急管理机构对风险的可接受程度,即应急响应指征研究。当应急管理机构所面对的危机风险低于可接受的风险水平,管理者一般不需采取专门的风险管理控制措施,如果危机风险超过一定的风险水平,管理者就必须采取相应措施。应急响应指征的研究可为应急行动的科学组织、有效应对提供明确依据,防止响应过度造成不必要的浪费以及处置迟缓引发更大危机的极端情况出现。

4. 风险等级确定

为达到风险管理质量与效益的良好平衡,管理者通常需要对潜在风险进行等级划分,以明确风险管控和处置的要点,达到应急管理有限资源效用的最大化发挥。在风险管理实践中,应急管理者通常在脆弱性和容忍度研究明确的基础上,结合历史数据、现实案例等,以危机发生概率和危害程度为基本维度创制危机风险分析矩阵,将风险预先划分为不同的等级。但风险与外部环境条件及现实情况等动态因素密切相关,具有不确定性,公众对风险的容忍度也随社会经济等情况而异,因此,风险等级的确定需要结合管理目标、环境条件、容忍度等动态确定、及时更新。

5. 应急能力需求评估

应急能力需求评估主要是根据可能面临的风险种类、发生概率等风险分析结果,假设风险难以得到有效控制引发危机事态的情况下,研究评估危机应对所需的应急资源、应急准备以及应急处置等应急能力需求,包括应急预案、应急设施、物资装备储备、应急体制机制运行状况以及应急管理人员的技术、经验等实际处置能力等。其主要目的是以能力需求为目标导向,全面对照检查应急准备各项工作中的缺陷和不足,推动应急准备工作和应急能力全面发展、不断完善。

6.2 道路运输应急风险管理

由以上论述可知,风险管理的作用和目的主要在于及时控制、消除各种风险隐患的同时促进各项应急管理准备工作的全面深化和督促落实。针对道路运输应急保障工作实际,当前,道路运输应急风险管理工作的重点在于风险管理机制的构建及应急准备工作的检查、落实两个方面。

6.2.1 道路运输风险管理的主要内容和步骤

道路运输风险管理工作的内容和步骤主要包括以下几个方面。

(1)根据应急管理形势任务及目标要求,由道路运输应急管理部门牵头,组建由应急管理者、信息监测处理人员、应急处置相关业务负责人、道路运输从业人员代表以及有关专家构成的道路运输风险管理领导小组,全面负责道路运输风险管理的组织、实施及其相关工作的标准、流程、内容、运行机制的制定和明确等工作。

(2)道路运输风险管理领导小组结合管理区域内道路运输突发事件历史数据、主要风险源进行统计分析,同时针对当前道路运输突发事件处置面临的形势任务特点以及发生、发展变化规律,全面查找风险源头、研究总结风险发生发展变化规律。道路运输应急风险识别及研究分析工作的内容主要有以下三个方面。

第一,自然灾害风险分析。主要工作步骤及内容如下:①收集汇总近年来研究区域内发生的较大自然灾害以及对道路运输产生较大影响的自然灾害;②自然灾害分类、分级;③发生的原因(如降雨集中、区域地质条件等)、主要影响因素;④发生区域、发生时间、持续时间,对道路运输的影响(时间、范围、损失等);⑤规律总结:各级各类自然灾害发生的频率、发生的区域及时节、处置要点等。

第二,道路交通事故风险分析。主要工作步骤及内容如下:①道路交通事故资料收集、汇总;②根据人员伤亡、财产损失情况、对运输的影响及应急需求等进行事故分级;③事故责任划分、主要原因分析(如驾驶员责任事故、车辆技术事故、道路设施、气候条件影响等),事故发生地点、时节等统计分析;④避免类似事故可采取的措施研究、相应的安全制度落实。在具体实践中可通过对事故有关责任人员及责任单位的处理结果进行反向分析,制定严密、完善的安全生产制度。

第三,社会经济及恐怖袭击风险分析。①对道路运输有影响或产生应急运输需求的社会经济事件及恐怖袭击活动形势、类型等统计分析;②发生相关事件时应急保障工作的内容、主要环节及要点;③需要提前筹措准备的物资及各类资源;④应急运输的实施、组织、管理及相关保障。

(3)道路运输应急处置案例分析。突发事件应急处置经验、教训总结,主要通过案例分析、理论研究等方式进行,通过整理分析国内外道路运输突发事件应急处置案例、学习先进管理理论,查找应急处置关键影响因素、吸取应急管理教训、借鉴先进管理经验。

(4)实践调研。通过实地考察、应急管理人员会商、从业人员调查了解、公众访谈等形式,全面了解掌握道路运输突发事件应急管理中存在的各种矛盾、问题,在分析应急管理形势、全面排查应急隐患的同时总结基层经验、汲取群众智慧。此外,通过实际调查了解对风险管理方式方法、接受程度及设施承受力等进行科学确定。

(5)研究确立风险治理标准及应急响应指标,指导相关部门进行自我管理及风险隐患排查整改。根据风险识别、评估结果及实践调研情况,科学确立风险治理标准、管理程序和目标要求以及不同层级的应急响应指标,并根据不同时期的应急形势明确具体工作任务和要求,及时发布有关信息、开展预防准备工作。同时结合检查指导情况完善道路运输安全生产及应急管理制度,规范客运货场站、运输企业等基层单位的安全生产及应急管理工作。

(6)分析整理、协同专业人员建立道路运输突发事件风险数据库、绘制风险地图,以提高应急管理效率和风险治理水平。同时推动建立完善道路运输风险信息监测机制,指定专人负责收集、汇总、更新应急信息,对风险源进行实时、动态监测和管理。

(7)定期召开道路运输风险形势分析活动,不断发展、完善道路运输风险数据库,总结分析风险管理经验教训,不断提升风险管理能力水平。

全面准确地认识道路运输所面临的风险、找准风险源,是风险管理和加强应急准备工作的基础和前提。突发事件种类繁多,而且不同的突发事件诱因及影响因素各异,加之道路运输几乎与社会经济活动中的各行各业都有或多或少的关联或影响,面临的风险种类更加繁多、影响因素更加复杂(各种突发事件对道路运输的影响及应急保障需求分析,详见本书2.3节),道路运输应急管理机构在风险管理过程中不可能面面俱到、覆盖全面。根据道路运输应急管理机构职能区分,其主要职责是对道路运输系统内部或对道路运输存在直接影响的各类风险进行有效管理和处置,确保道路运输体系运转平稳,为突发事件处置提供坚强有力的后盾和支持。具体而言,需要道路运输应急管理机构重点管理的不同类型突发事件风险主要如表6-1所示。

道路运输突发事件风险分析表　　表6-1

风险类型	突发事件定性描述	风险源或致灾因子
一、自然灾害类		
1. 洪水灾害	洪水造成主要道路中断、桥梁损坏	洪水、泥石流
2. 气象灾害	特大暴雨、大雪、龙卷风、沙尘暴、冻雨等极端天气气候事件影响道路通行	极端恶劣天气
3. 地震灾害	地震造成本区域道路中断、交通设施损毁	地震
4. 地质灾害	因山体崩塌、滑坡、泥石流、地面塌陷、地裂缝等灾害造成道路中断	地质灾害
5. 森林火灾	森林火灾威胁居民地，造成道路中断	火灾
二、事故灾难类		
1. 交通事故事件	交通事故造成高速公路网或主要公路中断	驾驶员、车辆、道路、二次事故等
2. 危险化学品泄漏、爆炸事故事件	因危险化学品（含剧毒品）生产、储运及运输途中发生泄漏、爆炸等事故，严重影响人民群众生产、生活和生态环境的污染事故	驾驶员、车辆、道路、二次事故等
三、突发公共卫生事件类		
1. 重大传染疾病事件	重大传染病疫情及群体性不明原因疾病波及多个县（市、区），或出现难以追踪传染源的病例，并有继续扩散的趋势	疫病快速传染、扩散
2. 重要动物疫情事件	高致病性禽流感连片发生疫情；人畜共患病感染到人，并继续大面积扩散蔓延	疫病快速传染、扩散
四、社会安全事件类		
1. 突发聚众事件	影响较大的非法集会游行示威、上访请愿、聚众闹事、罢工（市、课）等，或人数不多但涉及面广的非法集会和集体上访事件，造成交通停运	罢工、劳资纠纷等
2. 突发经济事件	生产、生活物资供运不足；城市交通停运	突发生活必需品供应紧张、金融事件等
3. 恐怖袭击事件	因恐怖袭击等造成的交通运输突发事件，如交通工具受劫持或毁坏，桥梁、运输场站遭袭击造成的交通中断或应急运输需求	恐怖袭击损毁交通设施，劫持交通运输工具等

6.2.2 道路运输应急准备隐患排查整改

风险管理的一个重要作用是促进应急准备工作的科学实施和有效落实。而且从某种意义上说，对突发事件重视不够、应急应对准备工作不充分，导致出现危机时匆忙应对、贻误良机,本身也是一种极大的风险。只有风险管控与应急准备双管齐下,全面做好突发事件事前应对的各项工作,才能推动应急管理向更高水平发展。因此,未雨绸缪、防患于未然,加强对应急准备各项工作的检查指导和发展建设力度,及时发现、解决存在的问题,推动应急准备工作不断完善,至关重要。

结合道路运输应急管理工作实际,道路运输应急准备风险排查整改主要以检查指导的方式进行,检查的内容主要包括应急管理机构准备工作检查整改以及运输企业和场站的安全检查两个方面。为避免检查指导流于形式,以及为事后的追责问责提供依据,各项检查都必须有完整的记录并提出整改意见,检查负责人签字盖章后将检查情况及时反馈,同时统一存档并报送上级管理机构备案。

1. 应急准备隐患排查整改检查指导模式

检查指导模式主要有三种。

1)日常检查

结合道路运输特点,对应急管理机构、运输场站、运输企业及运输车辆等开展日常的制度性检查和定期的常规检查,确保各项应急管理规章制度有效落实、道路运输安全生产状况良好。

2)专项检查

针对道路运输应急管理的工作重点、难点和突出问题、倾向性风险,以及上级部门的统一部署开展针对性的专项检查和自查自纠工作。

3)重点时节、重要地点检查

在元旦、春节、“五一”和国庆等法定节假日、秋收和冬季煤炭等重要运输以及重大活动期间,对具有高风险隐患的组织单位和区域、路段,各级检查指导工作机构根据应急管理需要和上级有关部门的部署,组织开展检查指导和内部自查工作。对此,可结合管理区域内历年突发事件及交通流量、运输量统计,总结突发事件规律,开展有针对性的检查排查和应急准备。对由自然灾害引发的突发事件,可以参照当地自然地理条件,结合历年统计分析,提前进行隐患排查。

2. 应急管理机构准备工作排查整改

应急预案是应急准备工作的总结和浓缩,同时也是应急处置的具体指南,应急预案的审核评估是风险排查整改的重要内容。但是,应急预案的实施不仅与应急预案自身相关,也与应急预案的执行者相关,同样的应急预案在不同的执行管理者手中也可能出现截然不同的效果。因此,对应急管理机构准备工作的排查整改主要包括应急准备工作落实情况以及应急预案审核评估两个方面。

对应急准备工作的排查整改可采用预案评审、应急管理人员考核、应急演练等方式综合进行。道路运输应急管理机构在对下级单位进行检查指导之前,应预先制定明确相关标准和规范,指导相关部门进行自我排查整改。

1)应急准备工作落实情况检查整改

应急准备工作落实情况检查整改的目的主要是摸清下级单位应急基础能力水平、全面检查和落实应急准备工作,提高应急应对能力和管理水平。检查内容主要包括预案是否制定完备、是否指定明确具体负责人、应急管理人员对预案内容是否熟悉、应急工作有关制度是否落实、应急物资准备是否准备到位等。道路运输应急准备工作落实情况检查的内容如表6-2所示。

道路运输应急准备工作落实情况检查表　　表6-2

<table>
<tr><td>单位名称</td><td colspan="3"></td><td rowspan="2">检查评分</td></tr>
<tr><td>单位负责人</td><td></td><td>联系电话</td><td></td></tr>
<tr><td>序号</td><td colspan="3">主要检查内容及要求</td><td></td></tr>
<tr><td>1</td><td colspan="3">应急管理组织完善,人员职责明确</td><td></td></tr>
<tr><td>2</td><td colspan="3">应急预案种类齐全</td><td></td></tr>
<tr><td>3</td><td colspan="3">应急预案及时公布、更新</td><td></td></tr>
<tr><td>4</td><td colspan="3">应急管理制度完善,指定具体负责人</td><td></td></tr>
<tr><td>5</td><td colspan="3">定期开展应急管理教育,记录完整</td><td></td></tr>
<tr><td>6</td><td colspan="3">落实风险隐患自查整改制度,记录完整</td><td></td></tr>
<tr><td>7</td><td colspan="3">应急物资储备、调用制度明确具体,指定具体负责人</td><td></td></tr>
<tr><td>8</td><td colspan="3">应急物资准备充分、更换及时,符合应急储备要求</td><td></td></tr>
<tr><td>9</td><td colspan="3">应急值班制度完善,信息渠道通畅</td><td></td></tr>
<tr><td>10</td><td colspan="3">应急设施完善,标定清晰</td><td></td></tr>
<tr><td>11</td><td colspan="3">公开应急管理监督、举报电话,渠道通畅</td><td></td></tr>
<tr><td>12</td><td colspan="3">应急管理人员较好掌握应急管理知识</td><td></td></tr>
<tr><td>13</td><td colspan="3">应急管理人员明确自身职责</td><td></td></tr>
<tr><td>14</td><td colspan="3">应急管理人员明确应急预案流程、基本内容及要求</td><td></td></tr>
<tr><td>15</td><td colspan="3">应急管理人员熟知风险隐患情况及应对措施</td><td></td></tr>
<tr><td>16</td><td colspan="3">定期开展应急演练并对应急管理工作进行修正、调整</td><td></td></tr>
<tr><td>17</td><td colspan="3">专人负责监测预警工作,监测预警工作人员是否称职</td><td></td></tr>
<tr><td colspan="4">平均分</td><td></td></tr>
<tr><td>检查意见</td><td colspan="4">(存在问题、整改限期、整改情况反馈要求等)</td></tr>
<tr><td>检查负责人(签字)</td><td colspan="2"></td><td>检查时间</td><td>年　月　日</td></tr>
<tr><td>检查单位(盖章)</td><td colspan="4"></td></tr>
</table>

2)应急预案审核评估

应急预案审核评估是应急准备工作排查整改的重点,上级道路运输应急管理机构应组织有关专家制定应急预案编制标准和规范,督促、指导下级有关单位限期科学编制、完善应急预案。应急预案编制完成后组织有关人员成立应急预案审核评估小组对预案进行全面评估审核,及时发现、纠正问题并限期整改,待审核通过后及时备案并向公众发布。预案审核评估流程如图 6-1 所示。

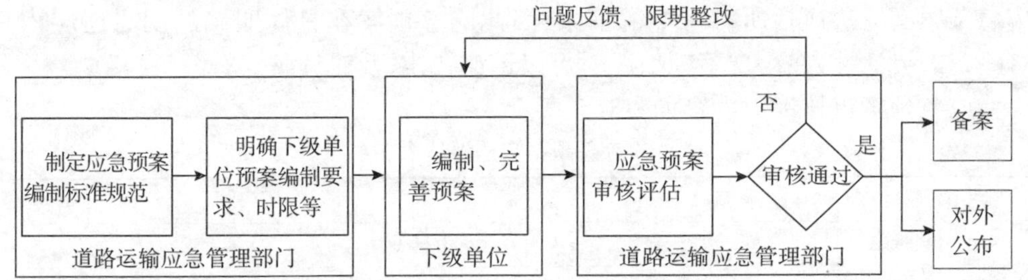

图 6-1　应急预案审核评估流程

预案审核评估的内容主要包括以下几个方面。

(1)应急预案编制的科学性。是指应急预案的指导思想、编制程序和方法都是科学的,即应急预案的制定应该科学、全面、合理。科学性是应急预案的首要要求,是预案在实施过程中能够确实发挥实效的基础和保证。

(2)应急预案要素的完备性。是指应急预案必须具备五大要素:情景、客体、主体、目标和措施,上述五大要素也是应急预案必备的基本框架。情景是涉及突发事件的情况和背景,包括本地区的自然环境、社会环境等,应急预案必须要有具体的情景设想。客体是预案实施的对象即突发事件。主体是预案实施过程中的决策者、组织者和执行者。目标是应急预案实施要达到的效果。措施是指预案实施过程中所采取的方式、方法和手段。

(3)应急预案内容的完整性。是指应急预案所包含的内容要完整没有缺失,只有完整的应急预案才能保证应急工作顺利开展。一是应急预案要具有适用的地域范围和事件范围。二是具有有效的脆弱性评估。预案要能够识别辖区内可能存在的重大危险因素,明确本地区整体的脆弱性情况以及应对措施。三是具有明确的突发事件分类分级。明确的分类分级是应急响应和应急启动的标准和依据。四是资源布局要合理。应对各类突发事件的资源配置情况,包括资源的种类、数量、存放地点,应能满足本地区的应急处置需求。五是具有合理的应急体系。应急预案中必须建立应急指挥体系,明确应急指挥体系的组成机构,以及机构之间的领导关系、机构内的人员职责。六是具有预警功能。科学、合理的预警是应急工作有条不紊开展的良好保证。

(4)应急预案的可操作性。一是具有法规、制度保障。应急预案必须符合国家法规和政策的有关规定,同时应急预案的内容也需要法规、制度的支撑。如应急资源的调用、其他部门的协调保障等,都需要在国家法规和政策的规定下进行。二是具有资源保障。应急处置中资源是关键,充分的资源是应急处置工作顺利开展的基础。三是应急方案具有逻辑性。预案所制定的工作流程应紧密衔接、符合实际操作流程。四是应急方案具有灵活性。突发事件往往是动态、多变的,任何详尽的应急预案都无法概括所有可能的情景,因此应急预案在具体明确的同时还应该具有一定的灵活性,在出现不同情况时可以迅速转换、及时调整。

应急预案审核评估内容如表6-3所示。

应急预案审核评估表　　表6-3

<table>
<tr><td colspan="2">预案编制单位</td><td colspan="3"></td></tr>
<tr><td colspan="2">预案编制时间</td><td></td><td>负责人及联系电话</td><td></td></tr>
<tr><td colspan="2">预案评审单位</td><td colspan="3"></td></tr>
<tr><td colspan="2">预案评审时间</td><td></td><td>负责人及联系电话</td><td></td></tr>
<tr><td rowspan="21">应急预案排查整改</td><td>一级指标</td><td>二级指标</td><td>三级指标</td><td>评分</td></tr>
<tr><td rowspan="8">应急预案编制的科学性</td><td rowspan="2">指导思想的科学性</td><td>具有正确的减灾思想</td><td></td></tr>
<tr><td>具有对突发事件机理的正确认识</td><td></td></tr>
<tr><td rowspan="2">应急预案的系统性</td><td>对突发事件的系统分析</td><td></td></tr>
<tr><td>应急预案生成的方法、原则和程序的系统性</td><td></td></tr>
<tr><td rowspan="2">编制人员的选择要具有科学性</td><td>编制人员的覆盖面广度</td><td></td></tr>
<tr><td>预先制定应急预案编制目标、计划</td><td></td></tr>
<tr><td rowspan="2">编制预案的流程要具有合理性</td><td>在应急预案编制前进行风险评估</td><td></td></tr>
<tr><td>应急预案编制要经过评审和演练</td><td></td></tr>
<tr><td rowspan="12">应急预案构成要素的完备性</td><td rowspan="2">具有明确的情景</td><td>明确的自然情景</td><td></td></tr>
<tr><td>明确的社会背景</td><td></td></tr>
<tr><td rowspan="2">具有明确的客体</td><td>应对的事件类别明确</td><td></td></tr>
<tr><td>应对的事件级别具体,内容明确</td><td></td></tr>
<tr><td rowspan="2">具有明确的主体</td><td>明确具体的负责部门</td><td></td></tr>
<tr><td>明确各个部门的人员职责</td><td></td></tr>
<tr><td rowspan="2">具有明确的目标</td><td>明确实施要达到的具体目标</td><td></td></tr>
<tr><td>明确各个目标的优先顺序</td><td></td></tr>
<tr><td rowspan="3">具有可行的措施</td><td>各项措施有明确需求</td><td></td></tr>
<tr><td>各项措施有明确的执行者</td><td></td></tr>
<tr><td>各项措施之间的逻辑关系合理</td><td></td></tr>
<tr><td rowspan="2">具有科学的方法</td><td>管理方法科学有效</td><td></td></tr>
<tr><td>措施和辅助方法科学合理</td><td></td></tr>
</table>

续上表

	一级指标	二级指标	三级指标	评分
应急预案排查整改	应急预案内容的完整性	具有应急预案适用的范围	应急预案适用的地域范围明确	
			应急预案适用的类型和级别具体	
		具有有效的脆弱性评估	地区的整体脆弱性情况清晰	
			地区内各要点脆弱性情况具体	
		具有突发事件的分类分级	分类分级的指标具体可行	
			对突发事件的分类分级科学	
		具有资源布局的评估	资源储备能够满足应急需求	
			各种资源的布局合理	
		具有合理的应急体系	体系结构完整合理	
			体系内机构职责明确	
		具有预警功能	预警功能具体可行	
	应急预案的可操作性	具有法规、制度保障	严格依据法规政策制定	
			联动机制保障措施确实可行	
		具有资源保障	资源储备情况明确具体	
			资源定期评估和补充	
			临近地区资源互助机制完善	
		应急方案具有逻辑性	应急方案合理有效	
			应急工作流程、内容紧密衔接	
		应急方案具有灵活性	动态调整的理论思想	
			动态调整的方法支持	
平均分				

3. 运输场站和企业安全检查

因安全制度落实不力、管理不善等引发的安全事故是道路运输系统中的常发性危机事件，且随着社会经济的发展造成的损失越来越大、影响也愈发严重。实践证明：突出运输场站源头管理，从驾驶员、车辆、运输企业（包括危险货物运输机构）等方面进行全面排查，完善并严格落实道路运输安全生产制度、加强运输安全监管是预防道路运输安全事故的有效手段。

目前，各级管理部门对道路运输安全生产制度均较为重视，各项规章制度较为完善具体，但在实际落实和管理过程中还存在重视不够、侥幸有余的问题。因此各级道路运输管理部门及应急管理机构应进一步加强运输场站、运输企业安全检查指导工作，督促落实各项道路运输安全生产制度，引导其积极开展自查自纠工作。

对运输场站、运输企业的安全检查内容如表6-4及表6-5所示。

运输场站安全检查表

表 6-4

<table>
<tr><td colspan="2">场站名称</td><td colspan="4"></td></tr>
<tr><td colspan="2">场站资质</td><td></td><td>法人代表及联系电话</td><td colspan="2"></td></tr>
<tr><td>序号</td><td colspan="4">检查内容及要求</td><td>检查评分</td></tr>
<tr><td>1</td><td colspan="4">经营许可证件齐全有效,严格按照经营许可运营</td><td></td></tr>
<tr><td>2</td><td colspan="4">与相关运输经营者签订安全责任协议,双方安全责任具体明确</td><td></td></tr>
<tr><td>3</td><td colspan="4">结合实际制定有安全生产管理制度,内容明确具体</td><td></td></tr>
<tr><td>4</td><td colspan="4">按规定指定安全生产管理人员,管理人员职责明确</td><td></td></tr>
<tr><td>5</td><td colspan="4">制定安全生产业务操作规程,规程明确具体、可操作性强</td><td></td></tr>
<tr><td>6</td><td colspan="4">安全生产管理人员熟悉各自岗位的职责、业务操作规程</td><td></td></tr>
<tr><td>7</td><td colspan="4">安全生产管理人员每人每年按时按量完成安全教育培训</td><td></td></tr>
<tr><td>8</td><td colspan="4">定期召开安全生产工作会议和安全例会,针对性强、记录完整</td><td></td></tr>
<tr><td>9</td><td colspan="4">建立完善安全例行检查制度,对进出车辆安全检查落实到位</td><td></td></tr>
<tr><td>10</td><td colspan="4">经营安全登记台账和档案完善翔实</td><td></td></tr>
<tr><td>11</td><td colspan="4">安全生产经费投入按规定配备、使用</td><td></td></tr>
<tr><td>12</td><td colspan="4">场站服务保障设施完善,运行良好</td><td></td></tr>
<tr><td>13</td><td colspan="4">应急设施配备完善,功能分区具体明确,线路规划科学合理</td><td></td></tr>
<tr><td>14</td><td colspan="4">建立完善车辆进出检查制度,登记、统计完善</td><td></td></tr>
<tr><td>15</td><td colspan="4">配备完善消防器材等安全设施,齐全有效</td><td></td></tr>
<tr><td>16</td><td colspan="4">制定完善各种应急预案,预案完整、可操作性强</td><td></td></tr>
<tr><td>17</td><td colspan="4">落实安全制度和自我检查制度,记录完善</td><td></td></tr>
<tr><td>18</td><td colspan="4">安全生产举报制度规范,公开举报电话号码、通信地址或电子邮件信箱</td><td></td></tr>
<tr><td colspan="5">平均分</td><td></td></tr>
<tr><td colspan="2">检查意见</td><td colspan="4">(存在问题、整改限期、整改情况反馈要求等)</td></tr>
<tr><td colspan="2">检查负责人
(签字)</td><td></td><td>检查时间</td><td colspan="2">年　月　日</td></tr>
<tr><td colspan="2">检查单位
(盖章)</td><td colspan="4"></td></tr>
</table>

运输企业安全检查表 表6-5

<table>
<tr><td>企业名称</td><td colspan="4"></td></tr>
<tr><td>运输资质</td><td></td><td>法人代表及联系电话</td><td colspan="2"></td></tr>
<tr><td>序号</td><td colspan="3">检查内容及要求</td><td>检查评分</td></tr>
<tr><td>1</td><td colspan="3">经营许可证件齐全有效,严格按照经营许可组织运输经营</td><td></td></tr>
<tr><td>2</td><td colspan="3">与相关场站签订安全责任协议,双方安全责任明确具体</td><td></td></tr>
<tr><td>3</td><td colspan="3">制定安全生产管理制度,内容明确具体</td><td></td></tr>
<tr><td>4</td><td colspan="3">指定安全生产管理人员,管理人员职责明确</td><td></td></tr>
<tr><td>5</td><td colspan="3">驾驶员符合规定条件,信息登记统计完善,更新及时</td><td></td></tr>
<tr><td>6</td><td colspan="3">运输车辆技术指标符合规定要求,信息登记统计完善,更新及时</td><td></td></tr>
<tr><td>7</td><td colspan="3">定期开展安全教育和学习,针对性强,登记统计完善</td><td></td></tr>
<tr><td>8</td><td colspan="3">驾驶员、安全管理人员参与安全教育的签到、学习记录齐全</td><td></td></tr>
<tr><td>9</td><td colspan="3">建立完善驾驶员的行车安全、违章统计分析制度,记录齐全</td><td></td></tr>
<tr><td>10</td><td colspan="3">车辆的营运证照、标识标牌齐全有效,并按规定悬挂</td><td></td></tr>
<tr><td>11</td><td colspan="3">行车日志建立完善,驾驶员中途休息、夜间行车等记录完整</td><td></td></tr>
<tr><td>12</td><td colspan="3">车辆维护按规定要求执行、正规可靠,维护或维修记录齐全</td><td></td></tr>
<tr><td>13</td><td colspan="3">随车安全设备(三角木、消防锤、灭火装置等)齐全有效</td><td></td></tr>
<tr><td>14</td><td colspan="3">落实安全制度和自我检查制度,记录完善</td><td></td></tr>
<tr><td>15</td><td colspan="3">车辆保险符合规定要求</td><td></td></tr>
<tr><td>16</td><td colspan="3">按规定安装 GPS 定位系统及行驶记录仪,并接入符合标准的监控平台</td><td></td></tr>
<tr><td>17</td><td colspan="3">制定完善 GPS 实时监控制度,监控值班人员职责明确</td><td></td></tr>
<tr><td>18</td><td colspan="3">GPS 实时监控数据完整,能及时发现问题并采取有效措施</td><td></td></tr>
<tr><td>19</td><td colspan="3">制定完善各种应急预案,预案完整、可操作性强</td><td></td></tr>
<tr><td>20</td><td colspan="3">安全生产举报制度规范,公开举报电话号码、通信地址或电子邮件信箱</td><td></td></tr>
<tr><td colspan="4">平均分</td><td></td></tr>
<tr><td>检查意见</td><td colspan="4">(存在问题、整改限期、整改情况反馈要求等)</td></tr>
<tr><td>检查负责人
(签字)</td><td></td><td>检查时间</td><td colspan="2">年　月　日</td></tr>
<tr><td>检查单位
(盖章)</td><td colspan="4"></td></tr>
</table>

4. 检查情况反馈

1）检查评分标准

结合欧美国家的风险评价方法及评估标准，以上检查内容评分标准如下。

（1）评分标准。评分范围：1～3分以及N/A（不需评估）。评分等级分为四种情况，分别为3分、2分、1分以及N/A。其分数定义如下：3分完全符合；2分大致符合；1分急需加强；N/A不需评估。

（2）总评结果。取所有检查内容评分的平均值，平均分即表示此检查项目的总体应急能力水平。1～1.5分代表需要加强和改进，1.5～2.5分表示符合规定，2.5～3分非常完美。

2）检查情况反馈相关要求

以上检查内容可同时作为相关机构、企业开展自查自纠的依据。在检查指导与自查自纠过程中应注意以下问题。

（1）相关机构、企业按照规定或要求开展风险隐患自查后，应将自查结果及整改方式完整备案，并及时排除相关隐患，对不能解决的问题或需要上级部门协助指导的按照规定程序逐级上报。

（2）道路运输应急管理机构负责对所辖区域内的道路运输情况及风险隐患进行评估分析，及时更新风险数据库、风险地图等资料并制定应急管理工作标准和要求，指导下级开展风险管理和自查自纠工作。对涉及其他部门的道路运输风险隐患应主动沟通、积极协同有关部门及时解决。

（3）应急预案审核评估及检查指导组织在人员选配、评分确定等方面应做到科学合理、客观公正，检查、评估完毕后应及时填写“道路运输应急准备风险排查反馈通知”，反馈检查情况，明确整改期限等。道路运输应急准备风险排查反馈通知样式如下所示。

××省（××市）道路运输应急准备工作隐患排查反馈通知

______________：

我单位于　　年　　月　　日到你处进行道路运输应急管理工作检查，现将检查情况通报你处（详见附件）。请于　　年　　月　　日前将附件所列安全隐患整改完毕并将整改情况报告我处。

特此通知。

××省（××市）道路运输管理局（处）

（盖章）

年　月　日

附件：《××××检查（评估）表》

(4)建立完善相关奖惩和通报制度。道路运输应急主管部门应对检查情况进行综合统计分析,定期通报检查情况,并根据检查结果做出奖惩处理,激发风险管理及应急准备工作的积极性、主动性。

6.3 道路运输应急风险管理中需要注意和改进的问题

道路运输应急风险管理工作是一项较为复杂、技术含量较高的工作,本研究主要就风险管理的主要环节和内容、简要工作流程及机制、应急准备工作检查指导等进行了分析,对相关工作标准、规范的研究还不够深入全面,在工作实践中还应注意以下几个方面的问题。

(1)科学研究制定相关风险管理标准和规范。本研究对道路运输风险及其可能产生的应急运输需求等内容主要停留在定性分析的层面,对风险等级、应急响应指标等的科学确定也还只是粗浅涉及。在工作实践中,以上内容都是重要的参考依据和影响风险管理质量的关键因素。因此,要科学组织专业人员对上述内容进行科学、严谨的定量研究分析,为风险管理工作的科学、规范、有效开展奠定坚实基础。

(2)加强科技投入,提高应急风险科学管理水平。当前,相关科学技术人员在风险灾害预测模型研究开发以及风险管理的实时性、可视化实现等方面均取得了长足的进展,对提高风险管理质量效能具有十分重要的积极作用。对此,要积极引进和培养相关专业人员,加大投入,在建立完善道路运输风险数据库(主要内容有突发事件历史信息以及实时监测信息,历史信息包括风险类型、常发区域、常发时节、发生频率、影响严重程度等;实时监测信息主要是风险源的相关监测数据,如桥梁、重点区域降雨降雪及山体滑坡指数等)、道路运输业务数据库(主要包括历史及实时的道路运输数据、实时运输能力、道路运输营运状况等信息)等基础信息资源的基础上,综合采用基于 GIS 的风险信息地图、辅助决策系统等方式方法实现信息查询管理以及风险趋势研判、实时显示及预警等功能,以提高风险管理效能和科学化水平。

(3)对风险信息及时进行更新并确保相关信息的可用性。为做好应对准备各项工作,尽可能减少灾害造成的损失,相关机构必须掌握准确、及时的风险信息以为有效决策提供支持。但在工作实践中,在正确的时候收集正确的信息给需要的人对任何组织、机构或人员来说都是一个艰难的挑战。而过时的、不准确的信息往往会引起应急处置的延误,资源、人力的浪费,甚至导致严重的错误发生。因此,实时掌握各种风险信息的来源及其可用性,实现多源信息的无缝整合及高效利用是风险管理工作中的一个重点、难点和关键内容。

(4)针对道路运输风险信息涉及的安全性等问题,加强相关信息使用权限管理。道路运输风险信息主要体现的是道路运输系统的脆弱性和易损性,与道路运输系统本身安全紧密相关甚至涉及国土信息安全及社会经济安全等问题,一旦泄露,可能引发极大的安全隐患。因此,对风险信息的使用权限、知晓范围以及相关法律问题等值得进一步探讨和关注。

7　信息沟通机制

信息是突发事件相关各方沟通、衔接的桥梁，有效的信息沟通是共同应对、高效协同的前提和基本保证。总体而言，道路运输应急管理中信息沟通主要围绕管理体系内部的信息报送以及与管理体系外部涉及的相关部门、媒体和公众的情况通报展开。道路运输应急管理中信息沟通的主要传递情况如图 7-1 所示。

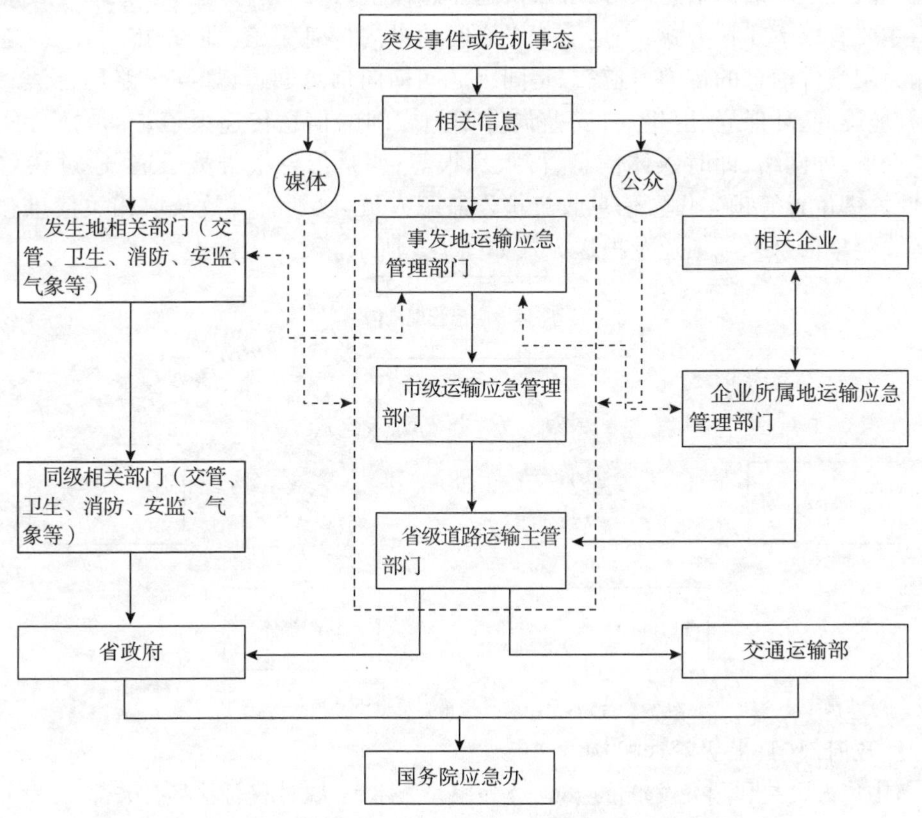

图 7-1　道路运输应急管理信息沟通的主要传递情况

突发事件或危机事态相关信息的及时收集是信息沟通的基础。为确保信息沟通高效、规范运转，还需要对信息报送与情况通报的流程、原则以及相关内容等工作机制进行明确。因此，信息沟通机制的构建主要围绕信息收集的渠道、内容以及信息报送和情况通报工作相关流程、内容环节等展开。

7.1 信息收集

7.1.1 信息来源及渠道

信息管理领域有一条"整体涌现效应"原理,即单一信息说明不了问题,将多个单独的信息整合在一起就能凸显一定的问题。因此,信息来源渠道应尽可能做到丰富、全面。

根据我国应急管理体系结构以及相关规定要求,在信息收集过程中各种信息多路纵向并行、相互横向交织。一方面可以丰富信息来源,提高信息的全面性和准确性。同时还可确保信息及时、可靠报送。总体上,道路运输应急信息来源及报送渠道主要有以下几种方式:一是上下级之间的纵向信息渠道,即省、市、县三级道路运输突发事件信息的传递渠道;二是同级之间横向信息通道,如与公路局、交警、气象局、地震局、环保局、卫生局、安监局等部门之间的信息传递渠道;三是社会公众信息渠道,如网络、即时媒体信息、群众举报等;四是信息报告员渠道,通过在重点区域、关键位置等预先设置信息收集报告兼职人员,以及时有效获取相关信息。道路运输应急信息来源渠道及报送方式如图 7-2 所示。

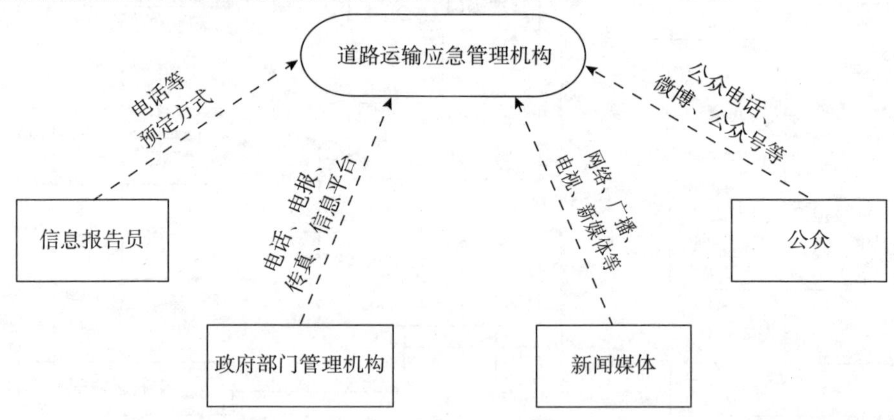

图 7-2　道路运输应急信息来源渠道及报送方式

1. 政府部门、上级管理机构

《中华人民共和国突发事件应对法》等相关法律、法规对政府及其有关部门、专业机构、监测网点、企事业单位等在信息报送中的责任、报告时限等做出了明确规定。当发生涉及道路运输的突发事件时其他政府部门和机构有责任、有义务通报相关情况。

突发事件信息报告责任单位主要通过电话、传真、文件报送或应急平台信息报告系统等形式向道路运输应急管理部门报告突发事件信息。但在信息报送过程中必须确保符合国家有关信息安全与保密的规定和要求。

2. 新闻媒体

应急管理部门可从新闻媒体的报道中获取有关突发事件的信息,对其中所反映的重要情况及时核实,并视具体情况和相关规定决定是否报告给上级部门。当前手机移动传媒、实时网络媒介等即时媒体在信息收集覆盖面、及时性等方面都具有很大的优势。对此,要引发足够重视,将其良好纳入信息来源渠道中加以充分运用。

3. 信息报告员

在一些重要区域、重点地带以及信息监控盲区等特殊地区,道路运输应急管理机构可积极探索建立专职或兼职信息报告员制度,并通过建立完善有效的信息报告通道、风险隐患报告激励机制等,确保信息报告员在获得突发事件信息时,能够及时将突发事件信息传递给有关部门。

4. 公众参与

当前,移动通信技术迅猛发展,即时信息沟通及传递方式快捷有效,道路运输应急管理机构应积极通过微博、公众号等方式,与广大公众建立良性互动,以有效接收突发事件现场社会公众第一掌握的有关信息。这对拓宽信息渠道、及时全面收集相关信息具有十分重要的作用和意义,而且以上信息报送方式还可有效传递现场图片、视频、声音等信息,信息质量较好。

为确保各种信息报送渠道可靠、通畅,各级道路运输应急管理机构应明确专门部门或岗位,建立完善值班制度。尤其是当突发事件发生后或应急风险达到一定程度时,应严格实行24小时值班制度,并根据不同应急形势的需求,建立科学完善、高效的应急值班制度。在相关制度建设过程中应对值班领导、值班员的工作职责、值班要求、信息报送和处理程序等内容给以具体明确,以规范相关工作运行机制。

7.1.2 日常信息收集

在国际安全科学领域里有一条“海恩法则”:每一起严重事故的背后,必然有29次轻微事故和300起未遂先兆,而这些征兆的背后又有1000个事故隐患。如果能够及时发现事故隐患或征兆,就能在突发事件发生前做好防范准备和应对工作,甚至可在一定程度上避免突发事件的发生。建立日常信息收集机制的意义正在于此。

日常信息收集机制就是针对本辖区内道路运输系统可能发生的有迹可循的突发事件,注意收集相关信息,为突发事件出现的可能性、影响程度等特征进行分析和判断提供基础数据。日常信息收集针对的突发事件主要包括部分的自然灾害,如气象灾害、水旱灾害、森林草原火灾等,以及人员集中活动导致的突发事件,如“春运”“黄金周”、大型社会活动等。对于不同类别的突发事件,信息收集的时间要求和内容有所不同,应结合其特点规律及应急管理需要针对性设计明确。

由于天气引发自然灾害以及道路通行条件变化导致的突发事件或应急风险,

收集的信息主要包括:①每日24小时所辖区域降水实况及最严重区域降水、温度、湿度等天气要素平均值和最大值,道路损毁情况、交通运行状态重大变化情况等;②72小时内短时天气预报,发生重大交通事件(包括“黄金周”、大型活动等常规及各类突发交通事故等)时的天气中期趋势预报,气象灾害集中时期(汛期、冬季等)天气长期态势预报以及交通运行状态等;③各类气象灾害周期预警信息专报(包括主要气象灾害周期的天气类型、预计发生时间、预计持续时间、影响范围、预计强度等)和气象主管部门已发布的暴雨、雪灾、大雾、道路结冰、冻雨等恶劣气象预警信息等;④因道路损毁或交通需求变化引起的道路通行条件重大改变等。

对于人员集中活动导致的突发事件,收集的信息主要包括:①春节、“黄金周”等节假日历年的出行数据、运力差额及变化趋势;②节假日出行或秋收、煤炭冬运等时节运输需求预测数据(提前1个月收集);③大型活动产生的客货量预测数据(提前1个月收集);④交通管制、交通运行状态等。

日常信息收集还包括定期对所辖区域内运力总体情况、实际使用情况、运力储备情况、运力变化及影响因素等信息,以便突发事件发生时,可以在最短时间内征用到应急运输车辆。

此外,“舆情监测”在突发事件应急管理中的作用和意义也不容忽视,良好的舆情监测对深入了解社情民意、积极疏导和引导公众舆论,实现决策的科学化、民主化、全面化大有裨益。对于特定类型的突发事件还可在一定程度上避免事件滋生、扩大与升级。因此,舆情信息应当作为日常信息收集的内容之一。

日常信息收集的主要内容体系如图7-3所示。

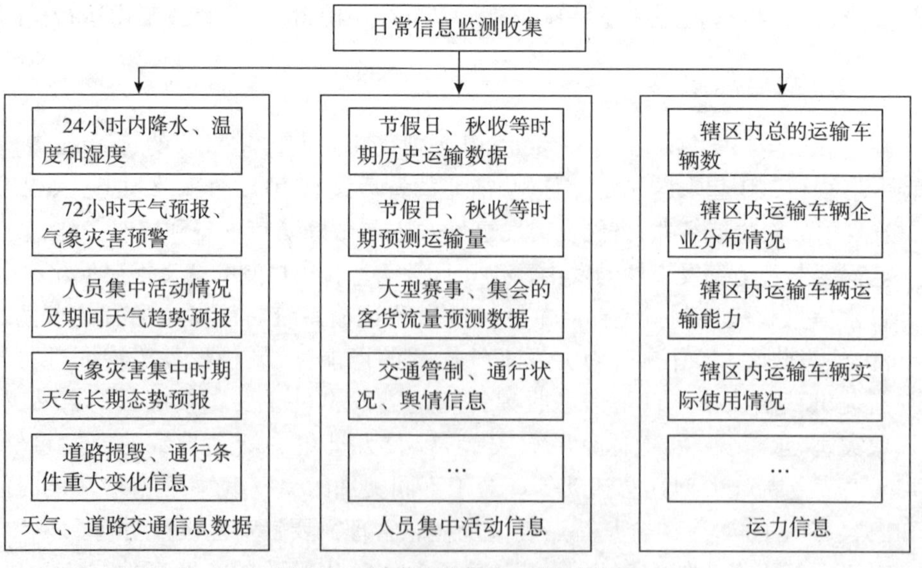

图7-3 日常信息收集的主要内容体系

7.1.3 应急信息收集

应急信息收集机制主要是突发事件发生后应急管理所需信息的收集工作机制。有一些突发事件,事发前往往无迹可寻、难以预测,如地震、交通事故等。当这些事件发生时,应立即启动应急信息收集机制,进行及时、综合、全面的信息收集。应急信息收集的内容主要包括突发事件的类别、发生的时间、地点、造成的损失、影响区域等,预计的持续时间、受影响的人口数、应急救援需求的物资种类、数量等。应急信息收集的内容及其传递运行机制如图7-4所示。

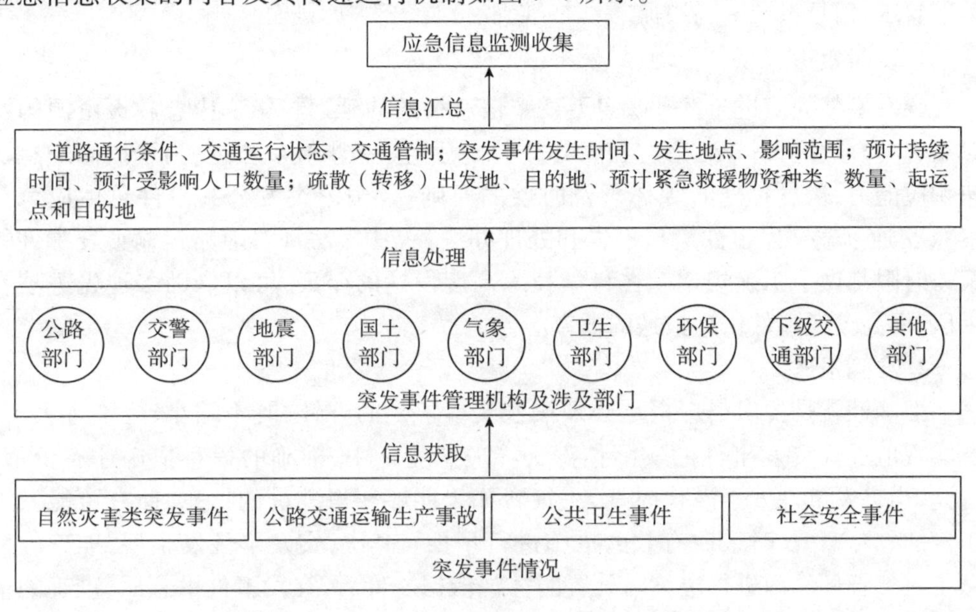

图7-4 应急信息收集的内容及其传递运行机制

应急状态下,相关信息的及时性、准确性、全面性对突发事件处置具有极其重要的影响。因此,属地应急管理机构在接到相关信息的第一时间应立即响应,派出现场工作人员,边处置边收集第一手信息。

7.2 信息报送

信息报送是获悉突发事件信息后,突发事件应急管理业务部门按照应急预案及相关规定,将突发事件信息及时、准确、全面地报送给突发事件管理决策指挥机构,使突发事件管理决策或指挥机构及时获得相关信息,为科学、正确的决策指挥提供有效保障。

信息报送是应急管理的重要环节,渠道的畅通与否、传递效率的高低、信息是否准确全面等直接影响着突发事件应急管理机构的处置、决策等各项工作。及时、准确、全面地报送相关信息,有利于掌握突发事件动态及发展趋势、及时采取积极有效措施。

7.2.1 信息报送的原则

在突发事件应对中,及时、准确、全面的信息对于提高快速反应能力,迅速、有效地采取处置措施,控制事态发展至关重要。为达到以上应急处置对信息的质量标准要求,信息报送必须遵循"及时、准确、持续"三大原则。

1. 及时报送

突发事件的演进与发展瞬息万变。信息报送的延迟将影响应急救援资源的及时组合与有效配置,导致事态和局势进一步恶化。一步慢步步迟,为了提高应急快速响应能力,信息报送必须体现及时性的原则。《国家突发公共事件总体应急预案》《交通运输突发事件信息报告和处理办法》等法律法规对道路运输突发事件的报告时限都做了明确规定。在科学技术高度发达的今天,可以借助多种先进技术手段,提高突发事件信息报送的效率。

2. 准确报送

准确性就是要求信息报送必须按照实事求是的方针,既不缩小、也不夸大,而要客观地反映突发事件的实际情况。在应急管理中,准确的信息报送才有价值。首先,当突发事件处于潜伏时期,决策者如果能够获得准确的信息,便有可能做出正确的判断,并及时采取有效的措施进行预控。其次,突发事件发生后,准确的信息是应急管理部门进行决策与处置的客观依据。最后,突发事件平息后,准确的信息有利于应急管理部门认真总结经验和教训,为恢复重建奠定坚实基础,同时还可及时终止应急状态,减少不必要的资源消耗。

为了保证信息报送的准确性,各级道路运输应急管理机构应着力实现信息来源多元化,所以必须对来自不同渠道的信息进行比较、鉴别。如果信息差异较大,则需要进一步核实。此外,在突发事件信息报送的过程中,必须加大对谎报、瞒报的查处和惩治力度。

3. 持续报送

信息不完备是制约科学决策的一个重要因素。在现实决策过程中,管理者往往难以获得完备的信息,特别是在紧急状态下进行应急决策更是如此。持续的信息报送可以使应急决策部门所掌控的信息更加全面和真实。在初始阶段,突发事件的性质、原因等要素往往暴露得不够充分,甚至出现一些假象。只有不断地进行续报,及时修正不准确、不全面的判断,事态才有可能越来越清晰。

7.2.2 信息报送流程

第一时间获悉突发事件有关信息的应急管理机构或相关业务部门,应进一步收集、核实相关信息,根据应急预案、信息共享的有关要求及时向上级或相关机构组织报送。同时,应急响应组织机构及时进行先期处置,根据事态需要按照有关规定启动相应预案,以有效控制事态发展、形成联动处置的良好局面。

道路运输应急信息报送的流程主要包括以下四个关键环节。

(1)获悉有关信息后进一步收集、汇总、核实、分析判断。

(2)结合事态情况根据有关规定要求,采取针对性措施或启动相关预案进行先期处置。

(3)根据应急预案、处置需要及有关规定,及时向上级或相关机构组织报送。

(4)根据突发事件发展变化情况或有关需要,进行突发事件信息的后续报送或补充报送。

在信息报送过程中,信息接收者应对信息报送者做出信息反馈,将自己掌握的情况或有助于事件处置的信息传递给报送者,形成信息的双向流动,使信息在"报送 - 反馈"的互动过程中得到核实、越发清晰。同时,这还会激发信息报送者继续搜集信息、持续报送信息的热情和动力。

道路运输应急信息报送流程如图 7-5 所示。

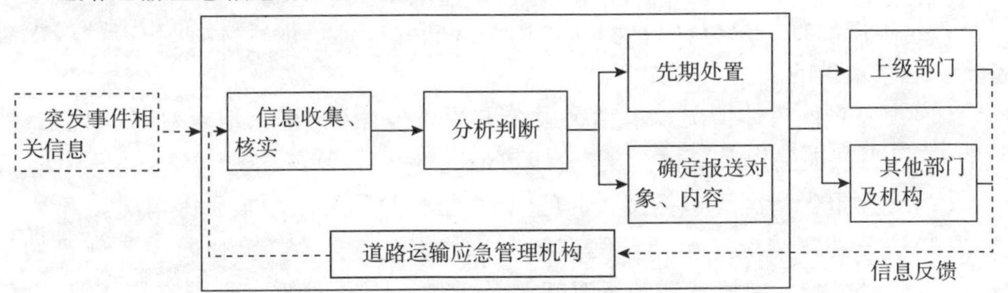

图 7-5 道路运输应急信息报送流程

7.2.3 信息报送的内容

为确保所报送信息的有效性、可用性,报送的信息内容一般应包括以下内容或要素:时间、地点、信息来源、事件起因和性质、基本过程、已造成的后果、影响范围、事件发展趋势、相关简要舆情、采取的措施以及下一步工作打算等。同时,相关机构在接到报送信息后,应及时根据事件情况及职责能力,采取必要的行动或对信息报送单位及时提供力所能及的协助。

突发事件信息报送一般分为初次报送、阶段报送和总结报送三个阶段。当突发事件发生时，进行初次报送。如果突发事件事态变化，引发次生或衍生事件，或者应急处置面临新情况、新问题以及取得新进展时，要及时进行阶段报送。事件处置结束后，要进行总结报送。在不同的阶段，信息报送内容有不同的侧重点。

1. 初次报送的内容

初次报送要"接报即报"，强调内容的时效性。信息报送责任主体如无特殊情况，应在获得突发事件信息的第一时间将有关信息报告给道路运输应急管理机构和政府有关部门。初次报送的内容主要包括：报告单位、报告人及联系方式、信息来源、接报时间、突发事件发生的时间、地点、类别和简要情况等。对于事件紧急、性质严重，且短时间内难以准确核实相关情况的突发事件，可采取"先电话口头报告，随后再及时书面报告"以及"边报告、边了解情况、适时报告"的方式报送。

2. 阶段报送的内容

阶段报送要一事一报、及时续报，强调内容的连续性。信息报送责任单位要将突发事件的基本情况、应急响应情况、事件发展趋势和处置建议及时报告给应急管理上级机构，并视情报送政府有关部门。对性质严重、情况复杂、当天不能处置完毕的实行"日报"制度，必要时随时续报。

3. 总结报送的内容

突发事件处置结束后，应立即综合相关信息进行总结报告，以便相关部门汇总备案。总结报送的主要内容如下。

(1)突发事件总体情况。包括突发公共事件发生的时间、地点、原因、性质，涉及的人员、财产损失以及事件分类、分级等情况。

(2)应急报告情况。包括接报时间、初次报告时间和阶段报告等情况。

(3)应急处置情况。包括预案启动时间、数量、名称情况，开展应急处置的领导、部门、人员和设备，接报和到场时间、领导的指示，采取的主要措施等情况，事件影响的范围、控制和发展状况。

(4)善后处理情况。包括人员救护，受损财物的赔偿补偿、恢复重建，相关责任单位、责任人的处置、处理和相应的措施等情况。

总结报送的目的主要在于汇总应急管理经验教训，督促相关机构、部门及时修订存在的问题，推动相关应急工作机制滚动、递进式发展及完善，不断提高应急处置能力水平。此外，突发事件情况的总结报送情况还可作为应急管理数据库的信息来源之一，为相关事件的处置提供参考和借鉴。

为规范信息报送内容体系，道路运输突发事件信息报送内容可采用如表 7-1 及表 7-2 所示的形式进行。

道路运输突发事件信息报送表 表 7-1

初报□ 续报□(次)

<table>
<tr><td rowspan="12">突发事件基本信息</td><td colspan="2">发生时间</td><td colspan="5">____年____月____日____时____分</td></tr>
<tr><td colspan="2">发生地点</td><td colspan="5"></td></tr>
<tr><td colspan="2">事件类别</td><td colspan="2"></td><td>事件等级</td><td colspan="2"></td></tr>
<tr><td colspan="2">事件原因、基本过程</td><td colspan="5"></td></tr>
<tr><td colspan="2">造成的后果、影响范围</td><td colspan="5"></td></tr>
<tr><td colspan="2">采取的措施、下一步打算</td><td colspan="5"></td></tr>
<tr><td colspan="2">事态发展趋势</td><td colspan="5"></td></tr>
<tr><td colspan="2">简要舆情</td><td colspan="5"></td></tr>
<tr><td colspan="7">道路运输事故加填以下项目:(根据实际选填)</td></tr>
<tr><td>车牌号</td><td></td><td>起讫地</td><td></td><td>运行线路、类型</td><td colspan="2"></td></tr>
<tr><td>核载</td><td></td><td>实载</td><td></td><td>运输品</td><td colspan="2"></td></tr>
<tr><td>驾驶员</td><td></td><td>从业资格、证号</td><td></td><td>所属单位、资质</td><td colspan="2"></td></tr>
<tr><td rowspan="3">信息源</td><td colspan="2">最初报告单位、人员</td><td colspan="2"></td><td>联系电话</td><td colspan="2"></td></tr>
<tr><td colspan="2">最初报告时间</td><td colspan="5">____年____月____日____时____分</td></tr>
<tr><td colspan="2">发现时基本情况</td><td colspan="5"></td></tr>
<tr><td rowspan="4">上报信息</td><td colspan="2">填报单位(签章)</td><td colspan="2"></td><td>联系电话</td><td colspan="2"></td></tr>
<tr><td colspan="2">填报时间</td><td colspan="5">____年____月____日____时____分</td></tr>
<tr><td colspan="2">签发人(职务)</td><td colspan="2"></td><td>联系电话</td><td colspan="2"></td></tr>
<tr><td colspan="2">处理建议或需要协助解决的问题</td><td colspan="5"></td></tr>
<tr><td rowspan="4">信息接收处理情况</td><td colspan="2">接报单位、人员</td><td colspan="2"></td><td>联系电话</td><td colspan="2"></td></tr>
<tr><td colspan="2">接报时间</td><td colspan="5">____年____月____日____时____分</td></tr>
<tr><td>处理措施</td><td colspan="6"></td></tr>
<tr><td>领导批示</td><td colspan="6"></td></tr>
</table>

道路运输突发事件信息总结报送表　　表 7-2

<table>
<tr><td rowspan="7">突发事件基本信息</td><td>事件名称</td><td colspan="3"></td></tr>
<tr><td>发生时间</td><td colspan="3">____年____月____日____时____分</td></tr>
<tr><td>发生地点</td><td colspan="3"></td></tr>
<tr><td>事件类别</td><td></td><td>事件等级</td><td></td></tr>
<tr><td>造成的损失</td><td colspan="3"></td></tr>
<tr><td>事件原因</td><td colspan="3"></td></tr>
<tr><td>事件发展、变化过程</td><td colspan="3"></td></tr>
<tr><td rowspan="5">处置过程及经验教训</td><td>处置程序</td><td colspan="3"></td></tr>
<tr><td>采取的措施</td><td colspan="3"></td></tr>
<tr><td>责任认定及处理</td><td colspan="3"></td></tr>
<tr><td>好的经验</td><td colspan="3"></td></tr>
<tr><td>存在不足与教训</td><td colspan="3"></td></tr>
<tr><td colspan="2">签发人及职务</td><td></td><td colspan="2" rowspan="2">填报单位(签章)
____年____月____日</td></tr>
<tr><td colspan="2">单位联系方式</td><td></td></tr>
</table>

7.3 情况通报

道路运输突发事件的破坏性具有一定的综合性和复杂性,会对道路运输系统外部相关机构产生一定的影响,在应急管理处置过程中也往往需要其他部门共同参与、协同应对。此外,社会公众和媒体的反应也会在一定程度上对突发事件的管理与应对产生影响。因此,道路运输应急管理部门在顺畅内部信息报送及互动机制的同时,还应与应急管理和应对相关的新闻媒体、交通警察、公安、消防、气象、通信、地震、安监、民政、国土、卫生防疫等部门建立良好的信息通报机制,形成纵向顺畅、横向交织的信息互动局面,推动各职能部门及社会公众密切配合、有效协同,形成突发事件管理与应对的良好合力。

在信息通报和共享过程中,为增强针对性和有效性,除突发事件基本信息外还应针对不同部门的职能和应急处置需要提出具体的处置要求或建议,同时注意信息的反馈与汇总工作。

7.3.1 情况通报的原则

根据有关规定以及突发事件应急管理的目标、要求,在突发事件相关情况通报中应遵循以下原则。

1. 统一性原则

情况通报的内容必须具有一致性,做到数据统一、口径一致。否则,有关机构和部门会产生种种疑虑,无所适从。当然,突发事件具有很强的不确定性,在信息搜集与报送的过程中存在出现偏差的可能性。但当偏差矫正之后,应在后续的通报过程中予以说明和解释。

2. 真实、准确原则

信息的真实、准确是基本要求。要做到真实、准确,应注意通报信息的客观性及全面性,即通报的信息能实事求是地反映突发事件的事实真相,不主观修饰,同时信息要完整,没有避重就轻或断章取义。

3. 及时性原则

信息的价值随着时间的流逝而递减。突发事件的情况通报必须迅速、及时、高效。否则,就不能起到应有的作用,还会错失应急处置的有利时机。

4. 连续性原则

应急管理是一个连续的过程。突发事件往往持续时间短,且发展态势瞬息万变。因此,在情况通报的过程中要注意保持信息的连续性,定期或不定期通报相关情况。

5. 导向性原则

突发事件的情况通报应准确明了、对应急处置各方具有一定的指导作用,使通报对象准确领会通报主体意图、明确工作目标和任务。

7.3.2 情况通报流程

在道路运输应急管理的全过程中,各级道路交通应急管理机构及相关业务处室是道路运输应急相关信息的汇总和处置中心,是道路运输应急信息收集、发布的一线组织。按照应急管理的相关规定、要求,道路交通应急管理机构在接到有关信息后,一方面要及时核实、通报相关信息以便系统内应急处置相关部门采取行动,如道路运输企业、应急储备单位等;另一方面,根据应急处置需要及相关规定对可能涉及的其他政府部门及机构要及时通报、共享信息,提高联合处置能力,如交警、公安、消防、气象、通信、地震、安监、民政、国土、卫生等部门。此外,还应将相关信息及时向新闻媒体和社会公众公布,以减少伤害、避免不必要的恐慌、提高应急应对能力。

突发事件相关信息的收集、通报是一个双向互动的过程,在情况通报的过程中,道路交通应急管理机构还应加强沟通和协调、收集各方面反馈的信息,以全面了解、总体把握突发事件相关情况。

道路运输应急管理情况通报机构及通报对象如图 7-6 所示。

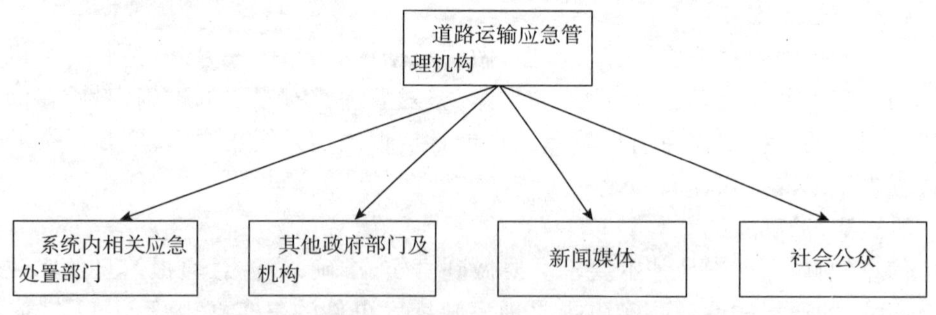

图 7-6　道路运输应急管理情况通报机构及通报对象

道路运输应急情况通报的流程包括以下四个关键性的环节:①收集、整理与分析、核实突发事件相关信息,确保信息客观、准确、全面;②根据通报对象及应急处置需要,确定通报的具体内容等;③根据各级政府部门制定的突发事件信息报告和处理办法、相关预案以及各部门的职责划分,按照有关规定及既定方式通报相关信息;④根据突发事件发展变化情况或相关需要,进行突发事件情况的后续通报或补充通报。

道路运输应急情况通报流程如 7-7 所示。

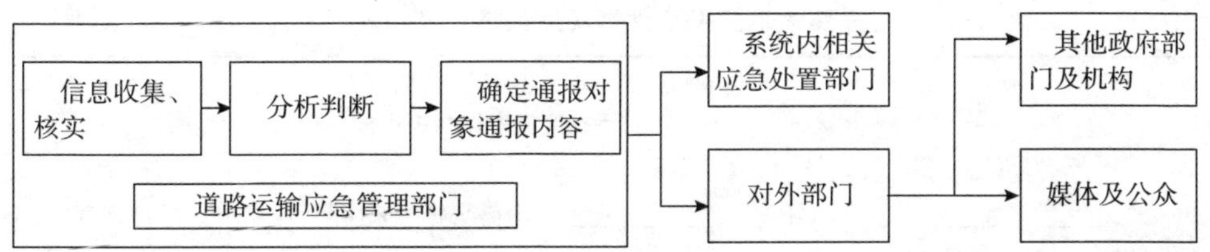

图 7-7　道路运输应急情况通报流程

7.3.3　情况通报的内容

按照突发事件演进的顺序,应急管理由预防与应急准备、监测与预警、应急处置与救援、恢复重建四个主要阶段组成。情况通报应贯穿应急管理的全过程,同时,针对不同的阶段、不同的通报对象有不同的信息需求等客观现实,情况通报的内容应有所侧重。

1. 预防与应急准备阶段情况通报的内容

在预防与应急准备阶段,情况通报的内容主要包括与突发公共事件相关的法律、法规、规章制度、突发事件应急预案等。这些信息发布的目的是:明确相关机构、部门和公众在应急管理处置中的职责、权利与义务;知晓相关危险源、风险度、预防措施及在处置中的角色定位以及处置的程序、要求。

2. 监测与预警阶段情况通报的内容

在监测与预警阶段,情况通报的内容主要是风险发展变化情况、预警信息等。其目的是:敦促相关机构、部门及公众采取相应的措施,按照应急预案及相关规定,及时启动应急预案,做好相关防范工作。

3. 应急处置与救援阶段情况通报的内容

在应急处置与救援阶段,情况通报的内容主要包括:突发事件的性质、程度和范围,初步判明的原因,已经和正在采取的措施,事态发展趋势及相关处置要求等。这些信息发布的目的是:统一思想,使相关机构、部门及媒体、社会公众进一步了解真相、统一认识;进一步明确各自工作职责,形成合力、共同应对突发事件。

4. 恢复重建阶段情况通报的内容

在恢复重建阶段,情况通报的内容主要包括:突发事件总体情况、相关责任的调查处理情况等。这些信息发布的目的是:及时宣布紧急状态结束,促进社会公众及相关部门正常秩序和状态的有效恢复。

为规范、统一,可采用如下通报格式进行(含情况通报附表)。在应急处置救援和恢复重建阶段道路运输突发事件情况通报的格式、内容等信息报送具有一定的相似性,可采用表 7-3 的格式和内容进行通报。预防与应急准备和监测与预警阶段的情况通报附表可根据实际情况调整或直接以附件形式进行,但应满足简洁、清晰、全面等要求。

道路运输突发事件情况通报格式及内容　　表 7-3

××省(××市)道路运输突发事件情况通报

______________:

根据______________,为做好______________工作,现将有关情况(详见附表)通报你处,请配合做好相关工作。

特此通报。

××省(××市)道路运输管理局(处)

年　月　日　时

附件:《道路运输突发事件情况通报附表》

道路运输突发事件情况通报附表

<table>
<tr><td rowspan="12">突发事件基本信息</td><td>发生时间</td><td colspan="5">____年____月____日____时____分</td></tr>
<tr><td>发生地点</td><td colspan="5"></td></tr>
<tr><td>事件类别</td><td colspan="2"></td><td>事件等级</td><td colspan="2"></td></tr>
<tr><td>事件原因、基本过程</td><td colspan="5"></td></tr>
<tr><td>造成的后果、影响范围</td><td colspan="5"></td></tr>
<tr><td>采取的措施、下一步打算</td><td colspan="5"></td></tr>
<tr><td>事态发展趋势</td><td colspan="5"></td></tr>
<tr><td>简要舆情</td><td colspan="5"></td></tr>
<tr><td colspan="6">道路运输事故加填以下项目:(根据实际选填)</td></tr>
<tr><td>车牌号</td><td></td><td>起讫地</td><td></td><td>运行线路、类型</td><td></td></tr>
<tr><td>核载</td><td></td><td>实载</td><td></td><td>运输品</td><td></td></tr>
<tr><td>驾驶员</td><td></td><td>从业资格、证号</td><td></td><td>所属单位、资质</td><td></td></tr>
<tr><td rowspan="4">通报情况</td><td colspan="2">填报单位(签章)</td><td colspan="2"></td><td>联系电话</td><td></td></tr>
<tr><td colspan="2">填报时间</td><td colspan="4">____年____月____日____时____分</td></tr>
<tr><td colspan="2">签发人(职务)</td><td colspan="2"></td><td>联系电话</td><td></td></tr>
<tr><td colspan="2">处理建议或需要协助解决的问题</td><td colspan="4"></td></tr>
</table>

7.4 舆情监控引导

舆情监控引导就是对社会公众舆情信息的监测、汇集、分析及舆论导向的控制与引导。舆情监控引导的作用和意义主要体现在两个方面:一方面舆情监控有助于应急管理机构查找应急管理存在的疏漏和不足,及时矫正突发事件应对中的不当或失当行为。由于突发事件的不确定性,应急准备工作难以万无一失,尤其是当突发事件来临时,管理决策者在资源和信息紧缺、时间和心理压力巨大的形势下进行应急指挥与决策,难免百密一疏。通过舆情监控,相关机构可以集思广益,在应急准备工作中及时发现应急管理存在的盲点和死角,在应急处置中可结合公众反响及时矫正不恰当的应急行为,有效弥补应急决策理性的有限性。另一方面,当前,突发事件受人类活动影响的程度越来越大,特别是在危机事态下,社会公众极易受不准确或不良信息的干扰,进而做出过激反应或不当行为,甚至引发衍生事件,给应急管理带来极大的挑战。加强舆情监控可及时发现不良信息苗头,便于及时控制不良舆论导向、有针对性地进行引导和干预。同时,通过沟通交流还有利于开启民智,将社会公众的合理建议吸纳到应急管理工作之中。鉴于此,舆情监控引导工作应贯穿于突发事件应急管理的全过程,并积极发挥其优势作用推动应急管理常态与非常态良好结合。

舆情信息具有政治性、群体性、演变性、互动性和偏差性等特点。舆情信息的政治性主要表现为社会公众对应急管理政策、措施及效能的政治态度。群体性主要表现为舆情信息是一定数量社会公众对应急预防与处置的情绪、意见和要求。演变性表现为舆情信息是动态变化的,有一个产生、发展和削弱的过程。互动性是指社会公众通过网络、电视等媒体就突发事件及应急管理发表见解和意见,相互探讨、鼓励、碰撞与交锋。偏差性是指社会公众关于突发事件的观点不一定是突发事件及应急管理的科学认识,需要进行去粗存精、去伪存真,进行仔细的比较、分析、鉴别以及控制和引导。因此,在舆情监控引导过程中要注重研究分析和科学判别,积极主动采集信息、分析信息,及时掌握舆论导向并有针对性地发布有关信息,而不仅仅是被动接纳信息、主观通报突发事件有关情况。

舆情监控引导工作主要包括舆情监测与收集、分析与挖掘以及控制与引导三个步骤,其相关工作内容主要是:①监测与收集。在可能发生突发事件或突发事件发生后,及时开展调查与访谈工作,关注报刊、广播、电视、网络等媒体信息,通过多种方式与群众沟通互动,广泛收集舆情信息,及时、动态地了解和掌握有关突发事件舆情的进展。特别是涉及敏感时间、敏感地点、敏感事件的舆情信息,要实施重点监测与收集。②分析与挖掘。对所收集到的舆情信息进行比较、鉴别、筛选、总结、归纳、分类,同时要善于拓展舆情的深度,从中挖掘出有价值的信息,编写、报送高质量的舆情快报,及时提供给应急管理决策者参考和吸纳。③控制与引导。舆情具有一定的传染性。对于那些不准确、不全面可能引发不良负面影响或对应急管理不利的舆情,以及故意编造发布不良信息,借机蛊惑人心或借突发事件玷污政府及国家形象的舆情,应采取必要的控制措施。同时,及时主动通过网络、短信、报纸、电视等媒体通报和发布有关信息,避免谣言传播、及时消除不实信息带来的负面影响,并对应急处置工作中涌现出的先进事迹和典型进行广泛宣传,积极营造良好的舆论导向。

在舆情监控引导工作中,积极发挥媒体机构的作用和影响,同时充分构建与社会公众的沟通和互动渠道是行之有效的方式。在当前信息网络高度发达、即时通信和传媒大为兴起的形势下,应急管理机构应顺势而为、积极作为,不断加强研究和相关建设,构建顺畅、高效的舆情监控引导工作机制,掌握舆论信息主动权。具体可从以下几个方面加以完善:①建立由应急管理部门、媒体和社会组织等共同参与的多层次传媒网络。在应急宣传教育及突发事件报道中,积极引导媒体、社会组织等参与其中,同时用法规、政策文件等形式明确各部门在舆论引导上应承担的责任和义务。在充分运用社会力量完善危机应对宣传体系,营造和谐传媒环境的同时,强化对传媒机构的监督和管理,真正发挥传媒机构在危机意识教育、氛围营造引导中的积极作用。②进一步完善信息公开制度,主动作为,变“堵”为“疏”。新闻发言人、新闻发布会、公众意见征询会等信息公开制度是实践证明科学有效、积极主动的宣传策略。一方面可通过权威信息的发布充分掌控和引导舆论传播导向;另一方面也是管理机构与媒体和公众进行互动沟通、增加相互理解的有效方式。③牢牢掌握主流媒体,进行正确的舆论引导。主流媒体具有巨大的社会影响力,其对公众的号召和影响不容忽视。因此,应加强与主流媒体的沟通协作,并对其行为进行必要的约束,强化对危机管理活动的正面报道,通过主流媒体的声音,树立应急管理机构的良好形象并鼓励公众团结一致共同应对危机。

8 预测预警机制

预测预警机制的构建旨在通过一系列功能作用的发挥在突发事件发生前昭示风险前兆、掌握发展趋势,并及时为相关机构、社会公众提供警示、督促采取相应避险行动,以降低突发事件造成的损失。根据职能定位,道路运输应急管理机构主要负责对系统内部或可能直接对正常的道路运输产生冲击的风险进行预测预警,其他可能引发道路运输应急保障需求的风险事件预测预警由相应部门实施。预测预警与信息监测、分析研判等工作相辅相成,其工作步骤主要包括突发事件预测、预警研判以及预警信息发布三个方面。

8.1 预测预警的内涵

8.1.1 预测预警的概念

突发事件的预测是指根据历史经验和当前掌握的情况,综合运用科学方法、知识智慧以及相关经验等,对危机是否发生、在哪里发生、怎样发生以及会引发何种状况等进行预见,并推测相关风险、事件发展变化趋势。突发事件预警主要是指在潜在危险(致灾因子)尚没有转变为突发事件之前或危机事态升级等发展变化时,将有关风险信息及时告知可能的受影响者,促使其采取必要的措施,做好应对的准备。

预测与预警是迥然不同的事情,预测解决的是将要发生什么的问题,而预警则是一种警示和对应的行动建议,它们之间主要是前因后果的关系,预测的结果是预警的原因,预警行为是对预测结果的反应。但同时,突发事件的预测与预警又是相辅相成、互为统一的整体。一方面,科学的预测是精确预警的基础和前提;另一方面,只有通过有效的预警才能将预测结果及时传递给受众,达成预测的目的。从内涵上来看,预警包括对预警对象现状的综合评定和对预警对象未来状况的预测分析,其内涵比预测广。

预测预警工作主要包括以下内容和环节:获取丰富、有效的实时信息为突发事件预测提供全面支撑;确定发布预警信息的临界点;通过多种途径和有效渠道采用受众容易接受的预警方式将警报发送给有关公众及应急响应者;教育、培训公众,使其有能力采取适当的行动;动态评估预测预警的效能及时完善等。总体而言,预测预警工作的主要内容和关键环节主要有以下几个方面。

(1)危险源监测。通过多种方式和有效手段对危险源或危机事态苗头进行实时、持续监测,并及时将相关数据和信息传输给应急管理者。该工作在信息沟通机制章节已明确阐述,在本章节不再赘述。

(2)风险预测评估。即根据掌握的相关信息,对风险的发展变化趋势等进行科学研判。

(3)确定不同级别预警启动的临界点。预警启动是突发事件应对由静态准备转入动态处置的关键转折点,预警启动临界点的科学确立对应急管理质量和效益具有重要影响,是防止"过犹不及"和"狼来了"问题的关键。临界点的确定主要有两种途径:一是根据风险评估结果,进一步将不同等级的风险情况进行定量或定性深化细化,作为判断是否启动预警响应、采取应对行动的指标;二是对事前没有明确或情况复杂、较为异常的风险事态,在出现事故苗头或情况异常变化时,应及时组织有关人员开展研究分析、综合评判等工作,为预警工作的开展提供科学指导。可见,风险评估工作尤其是风险等级的科学划分对预警工作具有直接指导作用和重要影响,为提高预警工作的规范性、标准性,风险等级划分应尽可能全面细致、明确具体。

(4)预警信息发布。当风险程度达到相关临界点,可能对社会公众产生重要影响时,应通过预定方式或渠道将有关信息清晰、简洁、有效地传播给相关者。如果准确的风险判断和预测信息不能够及时、有效地传递给目标受众,则预测预警就失去了其意义。

(5)激发响应行动。预测预警工作要能够促使社会公众和相关管理者迅速采取适当的响应行动以规避风险。如果受众接收到警报,但不理解警报的内容、不知晓警情严重性或不采取所期望的响应行动,则预测预警也不能达到其最终目的。

8.1.2 预测预警的功能

预测预警完整的工作内容是对突发事件风险进行持续、全面的监控,同时对相关警情进行科学、客观的研判、预测,如果预测结果显示突发事件不会发生,则返回继续监测;如果预测结果显示突发事件将要发生或有升级的可能时,则及时向公众、管理者等发布警示信息,当目标受众采取期望的响应行动后,预测预警的流程结束。预测预警的最终目的是使目标受众采取响应行动,减少突发事件的不利影响。总体而言,预测预警的功能主要包括以下几个方面。

1. 预测功能

预测是预测预警的首要功能,其他功能的实现皆以科学、准确的预测为基础和前提。

2. 警示功能

通过对危机或风险的预测,将突发事件发生的概率、发展变化趋势以及可能造成的社会危害等做出科学评判,相关机构据此向涉及部门或社会公众发出警示,提前做好应对。

3. 化解、缓解危机功能

预测预警对危机的化解、缓解功能主要体现在两个方面:首先,预测预警的目标就是提前做好应对、化解危机、阻止突发事件的发生。在突发事件出现征兆的时候就通过一系列活动来了解可能出现的事态、发出警示引导大家积极采取有效措施,将突发事件扼杀在萌芽状态。其次,某些突发事件从出现征兆到爆发的时间很短(如交通事故),来不及应对,或难以规避(如自然灾害),相关机构及时发出警示,提醒人们规避危险,就可以缓解危机带来的伤害,起到缓解作用。

4. 信息沟通、发布功能

预测预警的另一个功能就是信息沟通、发布功能。通过预警信息的发布。一方面可以使政府部门、社会团体及利益相关者之间进行有效的信息沟通,加强统一指挥,提高不同主体间的协同配合力度;另一方面,预警信息的发布不仅保障了公众的知情权,而且还可在一定程度上安抚人心,维持正常的社会秩序。

一段时间以来,部分公众甚至有的应急管理者对预测预警的功能存在着一定的错误认识。一是认为预测预警向社会公众披露可能发生突发事件的信息,会引发社会公众的恐慌,反而对应急管理不利。事实上,如果突发事件真的发生,当公众在接受不到信息或信息不充分的情况下,更容易产生过度恐慌。相反,人们对于确知的危险具有很强的适应能力,往往能够理性地面对。二是"狼来了"的误解,即认为一旦预测预警的信息不准确,社会公众就会对将来的警报听而不闻。由于风险的不确定性,预警又需要一定时间的提前量,不实预警信息的发出是难以避免的。但只要其原因是风险的不确定性,而非人为因素导致,同时加强教育引导,增强公众科学素养,"狼来了"的情况就不会出现。三是"信息过度"的误解,即认为频繁的预测预警会使社会公众对有关信息产生倦怠、麻木的情况。事实证明,人们总希望获得与自身安全更多的相关信息,特别是在面对不确定性极强的重大事件时,充足的信息有利于增强行为的可预期性,提高应对的实效性。

8.1.3 预测预警机制构建中应注意的有关事项

当前,科学技术水平的不断提升和相关科技产品的投入使用为预测预警体系建设完善提供了坚实的知识基础,极大地提升了预测预警的准确度和及时性。因此,在预测预警体系建设中要注重加强科技投入和技术完善。但同时对预测预警作用效果发挥具有重要影响的制度和社会维度等因素也不容忽视。因为,如果警报的内容难以被理解或接受、人们的风险意识薄弱或决策产生偏差等,就会使响应行动的质量效果大打折扣,预测预警的最终目的也就无从实现。因此,预测预警机制构建中应突出目标导向,坚持以响应质量和行动水平建设为核心。

为确保预测预警实效,使公众在接到预警信息后及时采取恰当的行动,在预测预警系统构建过程中,除注重加强体系搭建、技术投入、运行完善等方面的工作外,还要特别注意做好以下三个方面的工作。

(1)做好功能统筹和规划。在系统搭建规划阶段,应急管理者要研究明确需要针对何种风险或危机事件发出警报,发布警报的权威部门及途径、装备是什么,相关的技术标准、运行规范是什么,公众对警报做出响应的措施建议是什么,如何、何时对社会公众发出警报,等等。

(2)提前做好充分的公共教育。公众并不会自动对警报进行响应。如果事先缺少足够的相关教育,公众就会漠视警报或者慌乱无措。因此一定要加强相关公共安全教育,使公众充分了解警报的形式与含义、可以获取信息的地点以及应该采取的响应行动。

(3)做好检验评估工作。通过模拟运行等检验评估工作,一方面可使公众在灾前低压力环境中体验预警行为,以便在真正接到突发事件警报时从容不迫,提高响应行动效果;另一方面,还可对预测预警系统的运行质量、效果发挥等进行检验,以及时发现存在的问题,不断加以完善,确保关键时刻用得了、有实效。

8.2 突发事件预测

突发事件预测的目的在于准确把握风险或危机事态的发展变化脉络,为突发事件的防范、响应等工作提供明确依据。

8.2.1 突发事件预测的主要内容

突发事件预测的主要工作内容及所要实现的职能主要包括以下几个方面:

(1)通过一系列科学研究,提前或在风险向危机转化的临界点,敏锐发现危机有关征兆,并根据对征兆的分析,得出或验证有关危机演进的初步判断。

(2)及时预测危机的发展速度、变化趋势以及影响程度和范围等,为危机应对有关的方案制定、原则确立、实施计划等提供依据。

(3)调查了解利害关系者的态度和行为,及时发现主要矛盾、重大损害和紧迫问题等,以制定针对性措施,实现突发事件应对的重点突破。

(4)追踪预测舆论导向,研究分析舆论形成的原因、传播机制和变化趋向等,为舆论导向的引导、转化提供决策资讯。

(5)收集和研究与危机密切相关的信息,如类似案例的经验教训、法规政策与管理制度、应急管理基础条件以及危机预警的相关知识等,为危机的有效应对提供对策建议。

8.2.2 突发事件预测的基本步骤

突发事件预测的基本步骤可概括为三个阶段,即突发事件信息整理、突发事件预测方法选择和突发事件事态评估。

1. 突发事件信息收集、整理

刚开始获取的突发事件原始信息通常是杂乱无序、真假混合的,需要进行信息分析整理,使预测结果更加准确。突发事件信息分析整理主要包括两个方面的内容:一是通过相关知识判断(已有经验、常识等)、信息的内在逻辑、信息网络综合分析以及信息来源渠道判断等方式进行信息的真假甄别;二是结合突发事件的分类、级别划分等原则和规定,对突发事件信息进行分类定级。

2. 突发事件预测方法选择

突发事件预测方法的选择既是准确评判突发事件各要素的关键,也是突发事件应急管理后续工作的基础。突发事件预测方法主要分为定性预测和定量预测两大类。

(1)定性预测方法。定性预测方法主要是运用预测人员已有经验和相关知识进行判断预测。定性预测方法适用于缺乏或难以获取足够信息资源的突发事件。由于大部分突发事件的信息采集都存在不完整性、片面性等缺陷,因而定性预测方法在突发事件预测中被广泛应用。常用的定性预测方法主要有头脑风暴法、德尔菲法、管理人员判断预测法、专家意见综合法、群众评议法等。每种方法有其不同的特点和适应性,在实际工作中,应结合预测人员的预测结果、事态紧急程度等综合评定、科学选择。

(2)定量预测方法。定量预测方法是指运用数学模型进行预测的方法。进行定量预测必须有足够可靠的信息数据为前提。常见的定量预测方法有时间序列法、回归分析法、计量学模型以及专项预测模型(如地震预测模型、海啸预测模型、烟雾预测模型等)。定量预测方法具有客观性强、精确度高等特点,但其对数据的依赖性较高,当信息不完整或不全面时,会严重影响预测结果的准确度。

当前,在突发事件预测实践中,多采用以经验为主的定性预测方法,定量预测运用还不够充分、深入。然而定性预测与定量预测各有优势,只有配合使用、取长补短,才能优势互补,提高突发事件预测的精准度。

3. 突发事件事态评估

即对突发事件可能引发的后果、发展变化规律、应对措施等进行研究评估。突发事件事态评估主要从相关性、相似性和共同性三个方面着手进行。

首先,根据突发事件的相关性进行事态预测。事物与事物之间存在着千丝万缕的联系,突发事件的发生、发展、蔓延之间也都存在一定相关性。因此,可以从与风险或危机状况相关的事物入手对突发事件进行分析研究,预测突发事件发生的概率、评估突发事件的性质、分析其可能造成的后果等。

其次,根据突发事件的相似性进行事件预测。尽管各类突发事件、甚至同一类型的突发事件都有其特殊性,但突发事件的发生、发展、变化等有其一定的规律性和相似性,同类事件更是在某些方面有着很强的一致性。据此,可有效捕捉突发事件的征兆,预测突发事件的发展趋势,提前采取针对性措施开展预防、控制或制止等工作。

最后,根据突发事件的共同性进行事态评估。任何突发事件都具有时间、地点、类型、范围、过程、规模、性质、危害性以及有效防范措施等基本要素,呈现出一定的共同性。采用共同性对照分析等方法可对突发事件事先进行充分估计,针对性采取积极措施,有利于选择最佳应对策略。

突发事件预测是应急管理中的一个重点难点问题。针对前兆比较明显的突发事件,借助历史数据、突发事件研判标准以及恰当的预测方法就可对其进行有效识别和预测。但对前兆不明显或较为复杂的突发事件,则需要通过专业机构或专业人员进行预测分析。因此,应通过专业机构的建立完善或专家储备等方式提高突发事件预测的能力水平。

8.3 突发事件预警

道路运输突发事件预警是针对将要或可能发生的突发事件,根据其对正常道路运输生产活动可能产生的影响和应急运输需求的基本判断,启动相应级别的预警并采取相应的预警行动。对难以确定的风险或危机及时上报并继续监控,在预警过程中,如果发现突发事件扩大,超过本级预警范围,应及时报告上级应急管理部门,根据需要提高预警等级。

预警的要素主要包括警情、警源、警兆、警度、警限。警情,就是社会中出现的异常情况,如地震、交通事故等。警源,指某种警情发生的根源,是应急管理中预警的基础。警兆,是能够提供预警信号的指标或具体情况。警度,即警情的轻重程度,也称警级。警区和警点统称警限,警区就是警兆指标的变化范围;警点即突发事件由量变转化为质变的临界点。在预警工作中需要对以上内容进行明确。

结合社会对突发事件风险的承受能力,通常将风险划分为以下三个等级:第一个等级为可接受风险,风险基本不会对社会造成威胁,但需要持续关注;第二个等级为可容忍风险,社会会受到一定程度的扰动,但可以依靠自身能力加以修补和矫正;第三个等级为不可容忍风险,社会会受到严重影响,需要采取特别手段进行紧急处置。当风险达到第三个等级时,预警系统就要立即响应判断,及时发出警报。

预警决策是突发事件预警的中心工作。其任务主要是根据突发事件预测结果,对照预警指标或通过研究分析明确相关预警要素,决定是否发出危机警报,同时向预警信息发布系统发出指令。因此,预测级别以及各级别之间临界点的准确判定对预警工作质效有重要影响,也是预警决策的重难点。

预警工作的内容主要包括预警级别及相关指标确定、预警启动及终止决策等。

8.3.1 预警级别及相关指标

涉及道路运输突发事件预警的风险类型主要包括恶劣天候、地震、地质灾害、洪水、海啸、重大突发公共卫生事件、环境污染事件、重大恶性交通事故、紧急物资运输需求,公路损毁、中断、阻塞以及旅客滞留等需要提供应急运输保障的风险事件。详尽内容《公路交通突发事件应急预案》已作明确阐述,在此不予重述。

根据国家交通运输部颁发的《公路交通突发事件应急预案》,综合考虑突发事件发生时对公路交通的影响和需要的运输能力等因素,道路运输突发事件预警分为四级,分别为Ⅰ级预警(特别严重预警)、Ⅱ级预警(严重预警)、Ⅲ级预警(较重预警)和Ⅳ级预警(一般预警),分别用红色、橙色、黄色和蓝色来表示,各预警级别对应的突发事件情形如表8-1所示。

不同层级的应急管理机构对应不同级别的预警启动权限。其中,交通运输部负责Ⅰ级预警的启动和发布,省、市、县交通运输主管部门分别负责Ⅱ级、Ⅲ级和Ⅳ级预警的启动和发布。

道路运输突发事件预警级别 表8-1

预警级别	级别划分	颜色标示	事件情形
Ⅰ级	特别严重	红色	因突发事件可能导致国家干线公路交通毁坏、中断、阻塞或者大量车辆积压、人员滞留,通行能力影响周边省份,抢修、处置时间预计在24小时以上时; 因突发事件可能导致重要客运枢纽运行中断,造成大量旅客滞留,恢复运行及人员疏散预计在48小时以上时; 发生因重要物资缺乏、价格大幅波动可能严重影响全国或者大片区域经济整体运行和人民正常生活,超出省级交通运输主管部门运力组织能力时; 其他可能需要由交通运输部提供应急保障时
Ⅱ级	严重	橙色	因突发事件可能导致国家干线公路交通毁坏、中断、阻塞或者大量车辆积压、人员滞留,抢修、处置时间预计在12小时以上时;因突发事件可能导致重要客运枢纽运行中断,造成大量旅客滞留,恢复运行及人员疏散预计在24小时以上时; 发生因重要物资缺乏、价格大幅波动可能严重影响省域内经济整体运行和人民正常生活时; 其他可能需要由省级交通运输主管部门提供应急保障时

续上表

预警级别	级别划分	颜色标示	事件情形
III级	较重	黄色	因突发事件可能导致国家干线公路交通毁坏、中断、阻塞或者大量车辆积压、人员滞留,抢修、处置时间预计在6小时以上时; 因突发事件可能导致重要客运枢纽运行中断,造成大量旅客滞留,恢复运行及人员疏散预计在12小时以上时; 发生因重要物资缺乏、价格大幅波动可能严重影响市域内经济整体运行和人民正常生活时; 其他可能需要由市级交通运输主管部门提供应急保障时
IV级	一般	蓝色	因突发事件可能导致国家干线公路交通毁坏、中断、阻塞或者大量车辆积压、人员滞留,抢修、处置时间预计在3小时以上时; 因突发事件可能导致重要客运枢纽运行中断,造成大量旅客滞留,恢复运行及人员疏散预计在6小时以上时; 发生因重要物资缺乏、价格大幅波动可能严重影响县域内经济整体运行和人民正常生活时; 其他可能需要由县级交通运输主管部门提供应急保障时

在预警工作实践中,应急管理机构应进一步对各级别预警对应的事件情形进行细化和明确,尤其加强对客货运企业、公路局等单位的指导和帮带,结合实际情况确定易懂、易判、易行的预警临界点,增强预警工作的规范性、科学性。上述预警事件情形主要针对征兆较为明显、情况较易判断的突发事件或风险类型。当风险或危机事态较为复杂,对事态发展变化规律及可能产生的影响等难以掌握、判断时,应急管理机构应及时通过专业机构或召集专家进行分析研判。

就道路运输系统内部而言,相关客货运企业、道路桥梁管理部门等作为一线单位,对自身应急能力、风险影响情况等较为熟悉,应积极立足自身,自力自强、主动作为,将应急预警进一步向下延伸。在全面掌握自身应急能力底数的基础上,科学细致制定完善相关应急响应指标,充分、及时做好应急响应和准备工作,力争在本级范围内妥善处理各种应急事件,避免事件扩大、引发其他突发事件或造成不良社会影响。当应急需求超出本级能力范围或事件超出本级职能时,及时上报有关情况、报请上级支援。

8.3.2 预警启动流程

预警启动包括两个方面的内容和含义:一是对外的预警警报;二是自身应急筹备工作的响应。对于系统外部突发事件风险可能引发道路运输应急保障需求的情形,道路运输应急管理机构根据上级机构或政府部门的预警指令及时启动本级预警响应行动即可。

针对道路运输系统内部的突发事件预警启动情形,则预警警报发布和应急响应行动两个方面的工作都要涉及。参照交通运输部公路交通突发事件Ⅰ级预警启动程序和内容,明确Ⅱ级预警启动的工作步骤及内容。主要包括以下几个方面。

(1)当突发事件达到预警指标临界点或根据实际情况判断应该启动预警时,省级道路运输主管部门应急办向应急领导小组提出Ⅱ级预警状态启动建议。

(2)应急领导小组在2小时内决定是否启动Ⅱ级道路运输突发事件预警,如同意启动,则正式签发Ⅱ级预警启动文件(为简化工作内容和表单),预警启动文件可采用道路运输突发事件信息报送表(详见表7-1道路运输突发事件信息报送表)的形式进行,只需在表中的"采取的措施、下一步打算"栏内突出注明"启动Ⅱ级道路运输突发事件预警"即可,并及时报送相应政府应急管理部门和上级道路运输应急管理部门、通报突发事件涉及部门,同时以电话进行确认。

(3)Ⅱ级预警启动文件签发后1小时内,由道路运输主管部门应急办负责向相关市级应急管理机构下发,并电话确认接收。

(4)应急领导小组在8小时之内根据对社会秩序、公众生活的影响程度等实际情况决定是否将预警信息向社会发布,如决定发布则向预警信息发布机构下达相关指令。

(5)应急信息监测机构加强应急监测和应急信息专项报送工作,随时掌握并定时报告事态进展情况,并根据应急领导小组要求增加预警报告频率。

(6)相关道路运输主管部门应急工作组着手开展应急筹备工作,运输保障组开展应急物资的征用准备。

(7)如发现事态扩大,超过本级预警条件或本级道路运输主管部门的处置能力,应及时报告上一级道路运输主管部门,建议提高预警等级。

在预警启动期间,应急管理机构应采取相应的预防、警示或劝导性措施等对突发事件的应对进行积极准备,着重做好以下工作。

(1)积极与应急处置相关部门进行沟通、协调,明确一旦发生突发事件,相互之间如何协作,共同应对危机。

(2)责令有关部门、专业机构、监测网点等及时收集、报告有关信息,充分进行事态分析研判,全面加强对突发事件发生、发展情况的监控、预测和预警等工作。

(3)组织有关部门和机构协同专业技术人员、有关专家学者,持续对突发事件信息进行分析评估,预测突发事件发生的概率、强度以及可能造成影响的范围和程度等。

(4)对社会公众舆情进行监测,根据需要及时、定期、持续向社会发布事态信息、预测评估结果、措施建议等,引导和营造良好的舆论氛围。

道路运输突发事件Ⅱ级预警启动流程如图8-1所示。其他级别的预警启动流程和工作内容结合实际情况参照此细化完善,相关时限等要求可根据实际情况科学调整。

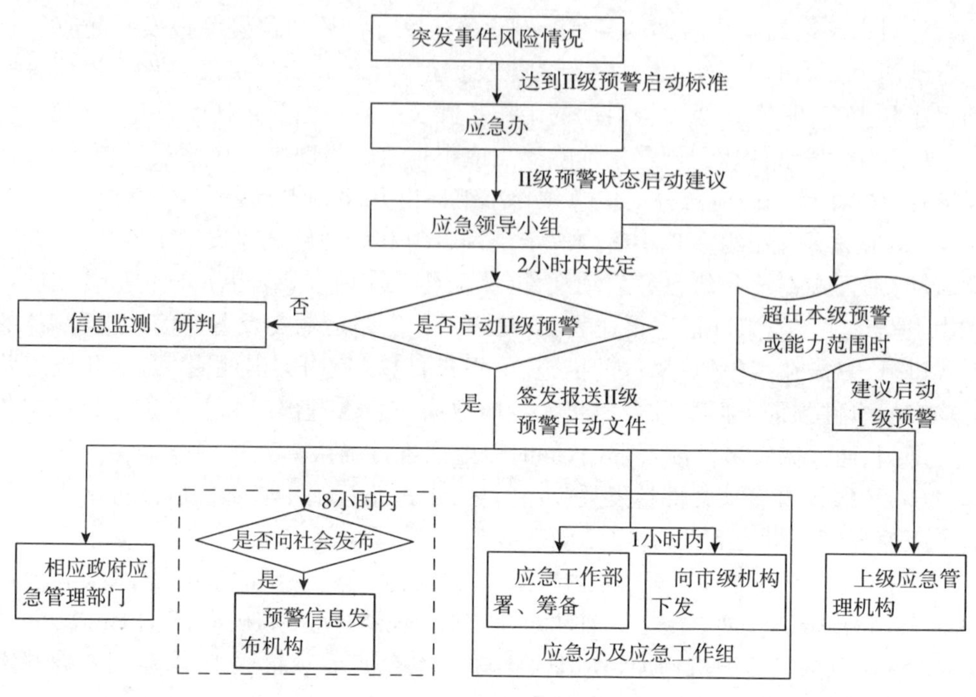

图 8-1　II 级预警启动流程

8.3.3　预警终止程序

在预警响应过程中,如突发事件风险威胁降低或消除不满足相关预警条件时,应及时启动预警终止程序,停止相关应急准备投入和响应行动,尽快恢复正常的生产生活秩序。

对于系统外部的风险预警降级或撤销情形,道路运输应急管理机构应根据上级机构或政府部门的相关指令具体执行。

针对道路运输系统内部的突发事件预警终止情形,参照交通运输部 I 级预警降级或撤销工作程序及内容,明确 II 级预警终止的工作步骤及内容如下。

(1)省级道路运输主管部门应急办根据监测信息、分析研判结果,确认预警涉及的道路运输突发事件已不满足 II 级预警启动标准,需降级转化或撤销时,向应急领导小组提出 II 级预警状态终止建议。

(2)应急领导小组在同意终止后,正式签发 II 级预警终止文件,同样采用道路运输突发事件信息报送表(详见表 7-1 道路运输突发事件信息报送表)的形式进行,在“采取的措施、下一步打算”栏内突出注明“终止 II 级道路运输突发事件预警,以及相关降级或直接撤销的后续处理指令”,应急办于 12 小时内报送相应政府应急管理部门、上级道路运输应急管理部门以及通报 II 级预警涉及的部门和单位,同时以电话进行确认。

(3)如预警降级为 III 级,省级道路运输主管部门应急办负责在 1 小时内通知 III 级预警涉及的市级道路运输主管部门,相关市级道路运输主管部门在 6 小时内按照预先明确的启动规定程序和内容启动 III 级预警。

(4)如预警降级为Ⅳ级,省级道路运输主管部门应急办负责在 1 小时内通知Ⅳ级预警涉及的县级道路运输主管部门,相关县级道路运输主管部门在 4 小时内按照预先明确的启动规定程序和内容启动Ⅳ级预警。

(5)如预警直接撤销,省级道路运输主管部门应急办负责在 2 小时内向发布过 II 级预警启动文件的部门和单位发送预警终止文件。

(6)II 级预警终止文件正式签发后,省级道路运输主管部门各应急工作组自行撤销,相关涉及部门和单位在接到 II 级预警终止文件后,根据预警实际情况转化工作状态。

道路运输突发事件 II 级预警终止流程如图 8-2 所示。其他级别的预警终止流程和工作内容结合实际情况参照此细化完善,相关时限等要求可根据实际情况科学调整。

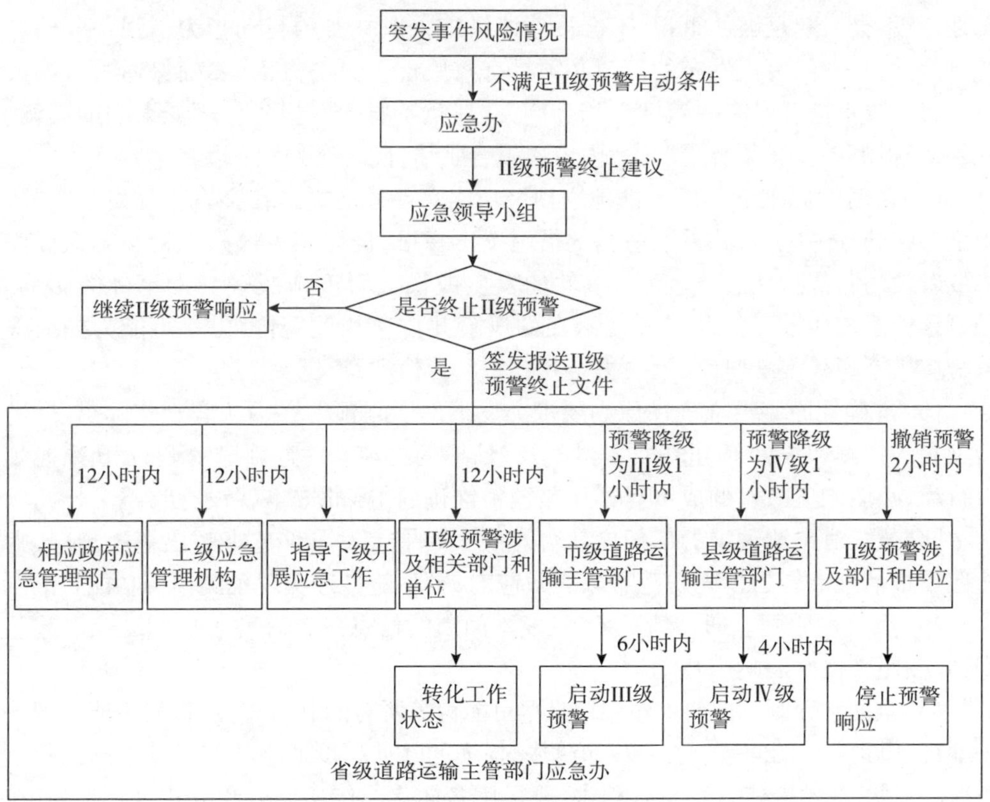

图 8-2　II 级预警终止流程

8.4 预警信息发布

预警信息发布的目的是向社会公众和相关部门提供权威的信息，警示风险变化，督促公众和相关部门采取期望的响应行动。预测预警能否真正发挥作用，不仅取决于所传递预警信息的准确性，还取决于警情传播的有效性和快捷性。因此，预警信息发布也是预测预警工作的一个关键环节。

为确保预警实效，在预警信息的编制、发布途径选择过程中，要特出突出以受众为导向，结合预期受众的文化教育、社会属性、性别、语言特点、教育程度等差异，充分考虑不同目标受众对信息的可接受度、价值判断、利益需求等因素，采用简洁易懂的语言、通过多样实效的途径，将突发事件可能带来的危害、影响范围、持续时间、应对措施建议等清晰明了、迅速及时地传递给目标受众。总体而言，预警信息的发布应遵循以下原则。

(1)可信性原则。即预警信息必须容易取信于人。如果受众不相信警报的真实性，就不会引起足够的重视，不会按建议措施采取必要的行动。为增强预警信息的可信性，一方面警报发布的部门必须具有权威性。另一方面，要确保通过各种渠道发布的警报信息具有一致性。相互冲突、甚至矛盾的警报只会遭受人们的质疑。此外，警报的语言必须合乎逻辑、内容必须合乎情理。

(2)及时性原则。突发事件预测预警功能实现的前提是在突发事件发生之前，识别存在的各种威胁，并采取适当的措施发出警报，督促相关部门和社会公众提前采取有效的防范行动，避免突发事件的发生或最大限度地减轻突发事件的影响。预测预警系统如果不能及时发现潜在的风险并传递相关警情，也就不能为提前采取响应措施赢得宝贵时间，就失去了其存在的价值和意义。

(3)准确性原则。准确性原则要求突发事件预测预警必须从客观实际出发，进行准确的预测和报警，防止“过”与“不及”情形的出现。一旦警报发出，公众采取相应行动，必然产生一定的成本。如果预警不准确，付出的成本就没有收益。长此以往，社会公众对预测预警的信任度就会降低。如果突发事件危害超出警报预想，则按照警报信息进行的预先防范难以有效应对，也不能良好实现预测预警功能目的。

(4)重复性原则。通常情况下，反复不间断的信息发布有助于目标受众引起重视，并按照警报开展响应行动。

(5)全面性原则。即要求预警信息尽可能覆盖所有的利益相关者，而不能出现缺一漏百、顾此失彼的问题。在突发事件中，损失的降低程度通常与获得警报的人数成正比。为此，在预警信息发布过程中，要采用多样化的传递渠道和方式进行传播，在充分运用现代化信息手段(如客户端、广播、互联网、手机等)的同时，也要兼顾传统的预警方式(如高音喇叭、鸣锣敲鼓、奔走相告等)。此外,预警信息传播中还要特别关注弱势群体,如残疾人、语言不通的外国人、老人、儿童等人群的信息接收问题。

(6)易懂性原则。即预警信息要能够被受众读懂、理解和接受。为此,警报必须采用通俗易懂的语言,必须是受众能准确理解的语言层次,必须与公众的教育水平相适应。

预警信息发布的流程主要包括以下几个方面:一是根据应急领导小组或应急办的指令,明确信息发布内容、目标受众,及时撰写需要发布的信息内容、制定信息发布方案;二是将起草的信息内容及相应的发布渠道、方式等提交应急领导小组或应急办审议,如审议通过则按照预定计划及时进行信息发布,否则根据反馈的情况、要求等进一步修改完善,并再次提交审议,直至通过;三是信息发布后,加强与受众群体的交流沟通,及时对有关部门反馈或反映的情况进行解答、汇总并报送给上级,同时,持续关注舆情反映情况,根据需要积极介入引导。预警信息发布工作流程如图 8-3 所示。

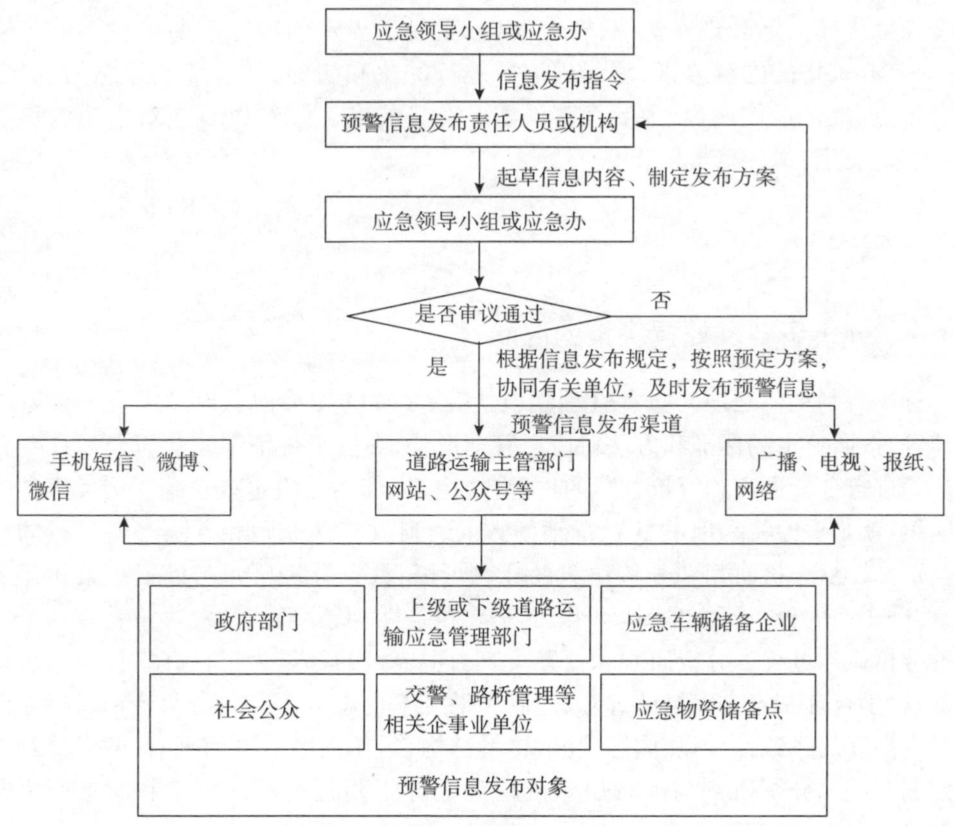

图 8-3　预警信息发布工作流程

9 分析研判及处置决策机制

突发事件发展演变迅速，具有很强的不确定性，如果态势认识不清晰、研究分析不到位、情况判断不准确、决策指挥不科学、处置应对不及时，就会错失处置良机甚至步入认识误区，严重影响应急管理的质量和效果。但在应急管理实践中，分析研判及处置决策受到时间紧迫性、信息有限性、资源稀缺性等诸多不良因素的干扰和制约，应急管理者的能力素质以及相关机制的科学完备程度对研判的准确性和决策的科学性具有重要影响。分析研判及处置决策机制的研究构建旨在通过进一步准确把握内涵、明确作用要义，针对存在的问题和不足，基于应急保障工作实际和现实情况，在全面梳理、科学界定内容体系明确关键的基础上，对核心工作的内容要素、流程规范等进行优化和明确，以理清工作脉络、突出内容要点、优化运作流程，为突发事件情况态势的准确评判以及应对措施的科学及时制定奠定良好基础。

9.1 概述

9.1.1 分析研判及处置决策的内涵

分析研判主要是根据应急管理建设情况、掌握的相关信息以及突发事件基本规律等，按照一定的标准和方法对应急管理形势、突发事件情况态势以及发展变化趋势等进行分析预测和评价判断的过程。"决策"即做出决定或选择。突发事件处置决策，就是对即将采取的处置行动的方向、目标、实现原则和方法等所进行的分析与选择。从分析研判和处置决策的概念可以看出，分析研判与处置决策相伴相随，准确全面的分析研判是科学决策的基础和条件，突发事件处置决策就是一个完整的分析研判过程。分析研判和处置决策的主要目的都是为了良好掌控应急管理态势、科学合理制定方案措施、高效遏制和平息不良态势，可以说，两者在目标取向上具有高度的一致性，但从内容属性、体系结构、运作程序等方面来看，两者又存在一定的不同。分析研判与处置决策的内涵差异主要是由不同环境和事态所决定的，具体可分为以下两种情况。

在预防准备和恢复重建阶段，分析研判和处置决策的时间充分性、信息完善性等相对较为宽松,充分研究、全面分析、反复评判、制定规范的环境和条件较好。分析研判的主要内容是查找分析应急管理中存在的各种问题和不足、研究总结突发事件基本规律、科学评判突发事件应急管理形势,以明确标准、确立原则、建章立制,为应急管理工作的科学规范运作和不断完善优化奠定基础,分析研判工作一旦完成相应的处置决策即非常清晰、具体。处置决策与其他情形下的常规决策差别不大,分析研判工作开展得好甚至可在一定程度上实现处置决策的快速化、流程化、规范化操作。因此,分析研判的质量和效果在很大程度上决定着应急预防准备工作的完备性、实效性,同时对推动应急管理体系的不断发展完善具有重要作用和意义。

在监测预警尤其是处置救援阶段,突发事件具有很强的不确定性,应急管理形势极其不稳定,情况变化迅速、相关信息难以及时全面掌握,处置应对的时间紧迫性、信息不对称性、资源条件有限性等十分突出,处置决策的要求严、挑战大、难度高,且结果难以预料和掌控。该情形下,对应急管理决策者的能力素质提出了较高要求。同时,受各种客观因素的影响和制约,处置决策很难建立在充分全面的分析研判基础之上,甚至难以进行充分的问题认定和方案分析等常规决策必需的内容环节,措施制定、方法明确往往无法一次完成和准确到位,需要随着信息的逐步充分、情况的逐渐明朗以及效果的反馈显现等进行不断的修正和完善。决策质量直接决定着处置应对的效果,并对后续一系列工作产生深远影响。在此过程中,对突发事件态势的高效研判以及对处置决策质量效果的准确分析尤为重要,分析研判的主要工作是迅速判明突发事件性质类型、趋势影响为快速决策打好基础,同时实时跟进分析判断并及时反馈处置效果,为纠正决策偏差、完善应对方案提供依据。

总体上,突发事件应急管理中分析研判及处置决策主要面临以下不利因素:一是事态严峻性和时间紧迫性。突发事件破坏力强,对社会各项秩序干扰非常大,应急管理中面临的问题比正常状态下需要处理的问题要严重棘手得多,加之突发事件演变迅速,应急处置不能有丝毫懈怠和半点迟疑,应急管理者面临巨大的时间和心理压力。二是目标多元性和信息模糊性。突发事件处置应对中各方面的问题、任务往往蜂拥而至,各有关群体视角不一、诉求有异,目标界定难以面面俱到实现统一明确,需要根据实际情况不断变换和调整。实践中,应急管理所追求的往往是令人满意的目标而不是最优的目标。加之信息来源杂乱,往往既模糊不清又残缺不齐还变动不定,分析研判和处置决策环境十分不利,即使目标确立完美无缺也会对决策质量造成不良影响。三是资源有限性和方法简单性。应急状态下,处置应对所需的人力、物力、财力等各种资源往往难以准备充分,囿于可调用资源的有限性,分析研判和处置决策的空间、范围也变得十分有限,相关工作开展面临"无米之炊"的困境。加之时间紧迫、条件不足等的影响,相关工作的程序、方法、技术支撑等与常规状态相比均存在很大程度的简化,分析研判质量和处置决策效果的可预期性和可控性显著降低,结果和影响难以预料,存在极大的未知风险。

9.1.2 分析研判及处置决策机制构建在应急管理中的重要性

"管理即决策",处置决策贯穿于应急管理的全过程,分析研判蕴含在应急管理活动的每一环节和各项工作之中。可以说,应急管理中的每一项工作都与分析研判和处置决策工作紧密相随,分析研判情况直接影响着处置决策的质量,处置决策质量则在很大程度上决定着应急管理的成败。诚然,突发事件应急管理中分析研判和处置决策面临着诸多不确定因素和不利条件,应急管理者的临机决断和灵活应变能力十分重要,但这并不意味着事前相关工作机制的构建及预案设计没有意义。相反,相关工作机制的科学构建对于提升工作质效、保障相关工作的制度化规范化开展具有重要作用和意义,具体体现在以下几个方面。

一是分析研判和处置决策机制的研究构建,有利于理清工作思路、明确工作要点、提高工作效率。虽然现实情况很少能与事先计划契合一致,但通过对应急管理各阶段分析研判和处置决策工作的总结梳理以及对处置应对经验教训的借鉴整合,有助于明确分析研判关键内容、明晰处置决策核心要素、预设相应的条件支撑渠道等,并对处置决策目标的选择排序和均衡方案设计以及分析研判标准依据等行之有效的突发事件应对方法和策略做出预先安排,为应急管理者提供方法思路和知识经验上的指引,使分析研判和处置决策有案可依、有据可循,起到缓解心理压力、缩短工作时间、规范迅速工作的作用。

二是分析研判和处置决策机制的研究构建,有助于强化认识和理解,推动应急管理工作前置化设计、全程化完善。突发事件应急管理中的分析研判和处置决策工作面临很多困难和不利因素,如果事先缺乏充分有效的准备,应急状态下工作效果就会大打折扣。相关工作机制的研究构建,有助于应急管理者和工作人员充分认清可能遇到的不利情形,有针对性地做足准备工作,从而推动应急管理重心前移。加之,分析研判和处置决策工作涉及应急管理的全过程,很多工作环环相扣、互为支撑,相关工作机制的构建完善对促进突发事件全程管理,推动应急管理工作全程优化和整体完善具有积极作用。

三是分析研判和处置决策机制的研究构建,对促进应急管理工作制度化、规范化建设具有重要影响。一方面,分析研判涵盖应急管理的各个方面,处置决策又是应急管理的核心环节,在应急管理中地位重要、作用突出,分析研判和处置决策本身就是应急管理工作制度化、规范化建设的重要方面;另一方面,如前所述,突发事件应急管理分析研判和处置决策过程中"人"的主观因素具有重要影响,其中应急管理者的价值判断和行为取向又是核心影响因素。相关工作机制的科学构建可对分析研判和处置决策的总体思路、根本原则和核心目标等进行统一规范，对“人为空间”进行有效限制和科学规范，避免“因人而异”导致工作缺乏连续性、统一性等问题。

9.2 分析研判及处置决策机制现状

9.2.1 发展建设情况

分析研判及处置决策涵盖范围较广，涉及应急管理不同阶段和各环节的工作内容，在应急管理体系建设中很少将其作为独立的内容体系进行研究建设，但作为应急管理的基础内容和核心环节，在应急管理体系建设的各个方面均得以体现，且经过多年的发展建设，分析研判和处置决策的内容体系、功能结构等不断完善细化，为突发事件的有效应对奠定了坚实基础。

分析研判机制建设情况综合体现在突发事件风险评估、应急管理信息处理、预测预警机制建设、调查评估等工作之中。其中突发事件信息管理是分析研判工作的重点，为此，交通运输部结合工作实际专门研究制定了《交通运输突发事件信息报告和处理办法》《交通运输突发事件信息处理程序》等有关规定对相关工作进行具体规范和明确。风险评估、预测预警、调查评估等分析研判具体工作在相应机制中进行了详细阐述，在此不再赘述。

处置决策机制建设情况主要体现在预警决策和应急处置工作之中，《公路交通突发事件应急预案》对相关工作流程、标准条件、主要内容及实施方法等都进行了具体规定和明确，为科学决策、规范实施提供了依据。

当前，道路运输应急管理分析研判和处置决策机制的内容架构、功能体系建设不断深化细化，良好地推动了道路运输应急管理体系的发展完善，在发展建设过程中，呈现出思路清晰、方向明确、重点突出、科学规范等特点。《公路交通突发事件应急预案》作为交通运输突发事件应急管理体系建设的综合体现，分析研判和处置决策发展建设情况从中可见一斑。《公路交通突发事件应急预案》对预测预警、信息保障、应急处置等分析研判和处置决策的关键内容都进行了具体明确，对相关工作的具体内容、分级标准、工作程序做出了详细规定和要求，紧贴应急管理实际和现实处置需求。相关管理规定、预案还对各种突发事件的分类分级标准、依据以及预警响应条件、程序等进行了定量化明确和流程化设计，边界清晰、标准明确，对针对性提高分析研判效率、实现快速决策大有裨益。在配套措施和相关保障体系建设方面，针对分析研判和处置决策专业性强等特点，在应急组织体系中明确要求组建“专家咨询组”，对应急准备、应急行动方案以及应急响应终止和后期分析评估等关键工作提供专业咨询和决策建议,可在一定程度上提升研判准确度、降低应急决策风险。对于"突发事件信息"这一核心资源和基础条件,结合工作实际和需要,从组织体制、工作流程、标准要求、技术支撑、保障措施、责任追究等方面进行了整体规范和全面设计,为分析研判和处置决策工作的顺畅开展奠定了良好基础。同时,各级应急管理机构对相关工作高度重视、积极作为,不断研究解决工作中存在的突出问题、矛盾掣肘等。早在2012年,交通运输部就广泛深入地开展了"交通运输应急管理'机制创新年'活动",对应急管理形势分析、突发事件规律研究、风险分析及排查整改、处置评估、预测预警等分析研判和处置决策的重要内容和主要环节进行了构建完善,极大地推动了相关工作不断深化细化、积极发挥作用和实效。

总体上,随着应急管理体系的不断发展完善,分析研判及处置决策的内容体系不断细化完善,功能结构不断丰富发展,分析研判及处置决策的内涵和外延在不同环节、诸多工作中都得以体现和完善。

9.2.2 存在的问题和不足

由分析研判及处置决策机制的发展建设情况可以看出,虽然核心内容、关键环节在应急管理体系建设和机制完善中都有所体现,但由于涉及不同阶段和多种性质的具体工作等原因,分析研判和处置决策机制的系统性不强、整体性较差,需要根据不同阶段的工作属性以及不同性质的工作内容进行具体分析和精细设计。总体上,分析研判及处置决策机制的构建完善还需在功能结构、保障措施、整体完善等方面进一步下功夫。

分析研判机制建设方面。一是内容体系还不够完善。相关工作机制建设主要体现在预测预警、应急响应及应急处置等突发事件显现作用阶段的应急管理之中,虽然对应急准备阶段的风险评估和恢复重建阶段的处置评估等突发事件"静默状态"下的分析研判工作也有所涉及,但相对而言较为原则和笼统,需要进一步完善和细化。同时,对应急管理形势分析、突发事件基本规律以及事态研判等重要内容的研究和落实还比较欠缺。二是标准化建设和定量化规范还有待进一步加强。虽然突发事件存在一定的差异化和个性化特征,即使是同一属性、相同烈度的突发事件作用在不同时节或不同地域,其作用效果都可能会存在显著差异,但总体上均存在一个普遍的临界点或变化边界,即通常所说的评判指标或区分依据。相关指标和标准依据的明确对提高分析研判的效率和质量,促使分析研判工作从"应急状态"走向"常规状态"具有重要作用。对这一问题,虽然应急管理各方都比较重视,但除事件分类分级标准以及预警级别指标外,其他分析评判工作的标准化建设和定量化研究还比较滞后,难以满足应急管理现实需要和发展需求。

处置决策机制建设方面。一是科学决策体系建设还有待进一步加强。突发事件处置的非常规性对决策者的果断与创新、前瞻与应变等综合能力素质提出了较高要求,可以说应急管理决策者的综合素质和能力水平对决策质量及实际处置效果具有直接的决定性作用。但当前,应急处置决策过程中单纯依靠习惯和经验做决定、管理者个人拍板等特征还比较明显,这与突发事件的复杂演变性以及处置应对的综合性明显不符,相关工作机制对应急管理者能力素质学习培训体系建设以及协同决策机制发展缺乏必要考虑。二是保障支撑体系还需进一步完善。随着科学技术的迅速发展,辅助决策和智能管理等信息化系统建设已比较完备,在很多发达国家的应急管理实践中已得到广泛运用。但在我国,相关技术的研发运用还亟待加强,甚至在处置决策的资源准备、信息支撑、通信保障等基础支撑体系建设方面还存在落实不力、重视不够、衔接不善等问题,对处置决策空间及力度等产生严重影响和制约。在决策支持方面,虽然在应急组织体系中明确要求组建“专家咨询组”并对其职责进行了明确,但对参与决策和提供咨询的程序、要求、保障措施等缺乏实质性规定,在应急管理实践中往往形同虚设难以发挥作用。

此外,作为应急管理体系的基础工作和重要环节,在应急管理体制建设、运行机制完善以及法制保障等总体工作中对分析研判及处置决策还存在重视不够、融合不足等问题,对应急管理体系整体建设质量的提升产生不良影响。

9.3 分析研判及处置决策机制优化

9.3.1 改进和完善的思路与对策

突发事件应急处置应对中的特殊形势、有限条件和复杂因素等会对分析研判的精确度充分性以及处置决策的科学性完备性造成不利影响,但对此并非束手无策。例如,对于信息模糊性和资源有限性的问题,可通过加强信息监测体系建设、完善通信保障支撑以及精细化进行物资储备、针对性提高应急征用效率等方法措施进行改进和解决;对于目标多元性和方法简单性等问题可通过事先研究理清工作重点、目标排序等方式提高研判及决策的针对性、有效性,同时通过流程优化设计、重点保证及指标量化等措施提升研判科学性和决策规范性;对于事态严峻性和时间紧迫性等客观问题,可通过教育培训、模拟演练等方式提高应急管理者素质和处置应对能力,同时在清晰研判重点、明确应对关键的基础上简化工作程序、统一运作模式,提高研判速度和决策效率。总体思路就是通过前置化研究、定量化明确、程序化规范、针对性准备等方法措施,最大限度地将“突击研判和应急决策”转变为“标准分析和常规处置”。具体而言,分析研判及处置决策机制的发展建设可从以下方面加以改进和完善。

一是在基础条件夯实和保障支撑体系建设完善方面。分析研判及处置决策对于基础条件和保障支撑体系的需求具有高度的一致性,核心内容都是信息、资源以及相关技术支撑,相关工作和要求在信息沟通、应急物资储备、应急征用、应急通信及信息化建设等对应机制或体系建设中已作阐述,在此不再赘述。但针对分析研判及处置决策具体工作和实际需要,在协同性、融合性等方面还需进一步优化完善和科学对接。此外还要加强专业人才培养使用力度,落实专职岗位设置,提高分析研判和决策支持专业化、体系化程度。同时,进一步加强法规制度和配套政策建设,以法制约束、制度规范以及政策支持推动相关工作有效落实。

二是在分析研判机制优化完善方面。要立足平时建设,基于全程管理,针对现实需求,促进分析研判内容体系不断丰富、细化和完善,同时加强定量化、标准化研究,建立完善应急分析研判和决策参考指标体系。内容体系方面,在进一步细化完善风险评估管理、预测分析、预警响应、信息研判、事态分析、处置效果判断等工作的同时,还要积极研究建立应急管理形势及突发事件事态分析研判制度。由道路运输应急管理机构组织相关业务部门、运输企业以及应急协作部门等突发事件有关各方,定期或在重点时节、关键时期,通过研讨、交流协商等形式,对应急管理形势、突发事件特征、应急能力建设情况、风险隐患、薄弱环节等进行具体分析和综合汇总,研究方法措施、部署应对工作,共同协商解决存在的各种矛盾和问题,以形成共识、强化协同,不断夯实突发事件的应对基础和能力储备。同时,重视和加强事后分析研判工作,坚持问题导向,在突发事件处置结束后,从应急管理的全过程、各层次、多角度对存在的问题以及突发事件基本规律进行梳理、总结,及时修正问题、改进不足,同时不断深化对突发事件的认识、理解和规律掌握,促进应急管理能力水平全面提升。标准规范方面,一要深入研究、总结凝练、科学设计,对应急管理重点工作和关键环节的分析研判内容、原则及工作流程,处置决策中需要重点关注和解决的问题、决策依据及准则等进行明确;二要进一步细化指标、明确标准,结合道路运输应急管理实际和处置需要,在案例研究分析、科学调查研究的基础上,对突发事件分类分级标准、风险源判定依据及等级指标、不同层级预警及应急响应指征、应急结束情形等进行进一步科学界定和细化完善,使分析研判和处置决策运作规范、程序明了、方法科学、指标具体、边界明确,提高相关工作的制度化、标准化、规范化建设水平。

三是在处置决策机制优化完善方面。一要建立完善应急管理者素质培养和能力提升机制。虽然通过定量化明确、程序化规范等方法措施可在一定程度上将危机决策转变为指标对照、制度化操作的过程,但由于突发事件的复杂性、演变性,尤其是在非常规突发事件或综合型、复杂性突发事件应对中,预定方案、预设指标等往往难以适用,很多时候需要采用非常规决策模式进行应对,决策者的能力素质对于决策质量和处置效果就显得极为重要。为此,要通过定期进修、学习培训、演练锻炼等方式,丰富决策者知识,提升危机决策所需的决断创新、前瞻推理、灵活应变能力以及全局战略意识,提高决策质量水平。二要针对性加强危机决策研究和标准原则制定。为避免处置应对和危机决策中管理决策者单纯靠经验和习惯开展工作造成方案不适用、重点把握不准等问题,应结合道路运输突发事件规律特点以及不同事件应急处置重点,对各级各类突发事件危机决策中需要注意的事项、重点解决的问题、决策原则、方案方式以及标准要求等分门别类进行深入研究和具体明确,指导危机决策工作的规范化、科学化、快速化开展。三要不断强化危机决策技术支持。当前,对应急保障决策支持信息系统的研究开发已较为成熟并在实践中得到一定的运用。通常,应急保障决策支持信息系统主要由应急预案数据库、应急处置案例数据库、专家数据库以及相应的管理系统组成。应急预案数据库主要是存储各种突发事件应急预案,包括应急预案的全部信息、应急处置关键问题、处置流程等;应急处置案例数据库主要存储各种突发事件应急保障过程的全记录,应急结束后总结梳理成功的经验、失败的教训等;专家数据库主要存储咨询专家相关信息,如姓名、研究领域或特长、联系方式等;管理系统则支持建立、维护及修改数据库信息,突发事件发生时查找应急预案及类似案例,或根据输入的突发事件信息推导处置方案、生成决策建议、显示需要关注和解决的重点问题等,为处置应对提供决策支持。在道路运输应急决策体系建设中,应充分借鉴和积极引进相关技术和系统,提高应急决策的科技水平和效率。四要进一步完善科学决策机制。首先,在完善专家咨询组织建设的基础上,进一步明确专家参与应急决策和相关研判咨询的程序、要求以及必要的保障措施等,提高分析研判和处置决策的专业性、科学性和准确度。其次,建立健全危机决策授权及问责机制,从法规制度层面对各级行政首长和应急管理者在各级各类突发事件中的决策权利、职责范围等进行明确,同时针对违法决策、消极决策、决策失误、推卸责任等制定责任追究的相关细则。既为决策者灵活应变处置留有必要的自主裁量空间,也为决策者划出红线、亮明底线,达到合法决策与灵活应对的良好平衡。再次,针对应急处置应对中多主体参与、多部门协作的情况,为更加全面准确地切合实际情况、更好地均衡各方利益,在分析研判和处置决策体系建设中,应积极采用各种方式方法,实现突发事件实时联动研判和应急处置应对动态协同决策,以强化决策适用性和执行力,形成高效协同、协调联动应对突发事件的良好态势。

9.3.2 分析研判及处置决策的内容体系和工作流程

分析研判作为应急管理的一项基础性工作,涉及应急管理各阶段、不同环节的具体工作,且在应急管理的不同阶段其工作内容、体系结构等有所不同。处置决策虽然在应急管理各项工作之中也有所体现,但根据决策阶段和模式的不同,其主要分为事前决策和事中决策两种,分别对应预防与应急准备阶段以及应急处置与救援阶段中的处置决策工作。由于预测预警机制和调查评估机制的内容体系中已分别涵盖了监测与预警阶段、恢复重建阶段分析研判及处置决策的主要工作,在此不再赘述。这里主要就预防与应急准备阶段、应急处置与救援阶段的分析研判及处置决策的内容体系和工作流程做以下分析。

1. 预防与应急准备阶段

该阶段分析研判工作的内容体系及要点主要如下。

(1)突发事件基本规律研究。主要包括突发事件的生命周期、发展变化规律、事件属性分类、分级标准体系及定量化指标、可能造成的影响及危害等。

(2)处置应对基础体系,即应急保障基础支撑体系建设。主要包括应急管理组织、应急力量构成、资源支撑、信息和通信保障、后勤保障、宣传教育及演练培训等,具体内容详见本书第五章。

(3)风险评估及风险管理。主要包括致灾因子分析、社会脆弱性分析评价、公众容忍度研究分析、风险源判定依据、风险等级评判、应急准备工作情况及存在不足等。

(4)应急管理形势研判。主要包括应急管理形势特点、突发事件情况态势及主要风险隐患、应急能力水平、应急管理中存在的薄弱环节以及改进措施、应急各方协同方案等。

(5)应急响应降级、升级或结束的具体情形、指征体系及具体标准。

该阶段处置决策即事前决策,与常规决策模式基本一致,其工作内容及要点在本级应急预案之中均有所体现,主要是在分析研判的基础上对可能面临的突发事件进行科学界定,明确应急处置需求并对应急资源部署、相关准备工作、应对方案措施和响应行动基本程序、保障措施等做出合理计划和安排。当前对相关内容体系和工作流程的研究已较为充分,本书在应急预案建设等章节也有所论述,在此不再重复。

2. 应急处置与救援阶段

该阶段分析研判工作的内容体系及要点主要有以下几点。

(1)突发事件信息研判。主要包括突发事件的属性定位(类型、级别等)、事件发生原因及影响范围、已造成的损失(人员伤亡情况、财产损失)、公众反应及社会秩序情况、事件发展趋势等。

(2)应急处置需求研判。主要包括应急响应级别、资源需求种类及数量、应急运输需求(运力规模、运输路线及道路交通状况)、公众关切及迫切需求等。

(3)处置应对实时状态研判。在应急处置应对中及时对处置效果、实时事态变化情况、社会秩序恢复和福利保障情况、舆论导向及形势等进行动态分析研判并及时反馈。

(4)应急保障机制运转情况。主要包括社会动员形势、协同联动情况、资源征用需求及效果、存在的问题和矛盾等。

该阶段处置决策即事中决策的内容体系及工作要点主要有以下几点。

(1)明确处置应对的重点内容和核心关键。

(2)按照有关规定及预定方案,结合实际情况、应对需要指挥部署应急行动。

(3)科学评判处置效果及形势事态,并根据实际情况进行响应升级、降级或结束应急响应状态。

(4)决策修订和完善。根据实际需要和形势变化等及时对处置方案、应对重点、方法措施等进行调整和科学安排。

应急管理实践中,各种不利因素、制约条件等相互作用、互相掣肘,分析研判及处置决策的内容体系、运作流程、需要关注和解决的矛盾问题等更为复杂,还需在理清思路、把握关键的基础上灵活应对、机动处置。

总体上,分析研判及处置决策机制的内容体系、工作流程如图 9-1 所示。

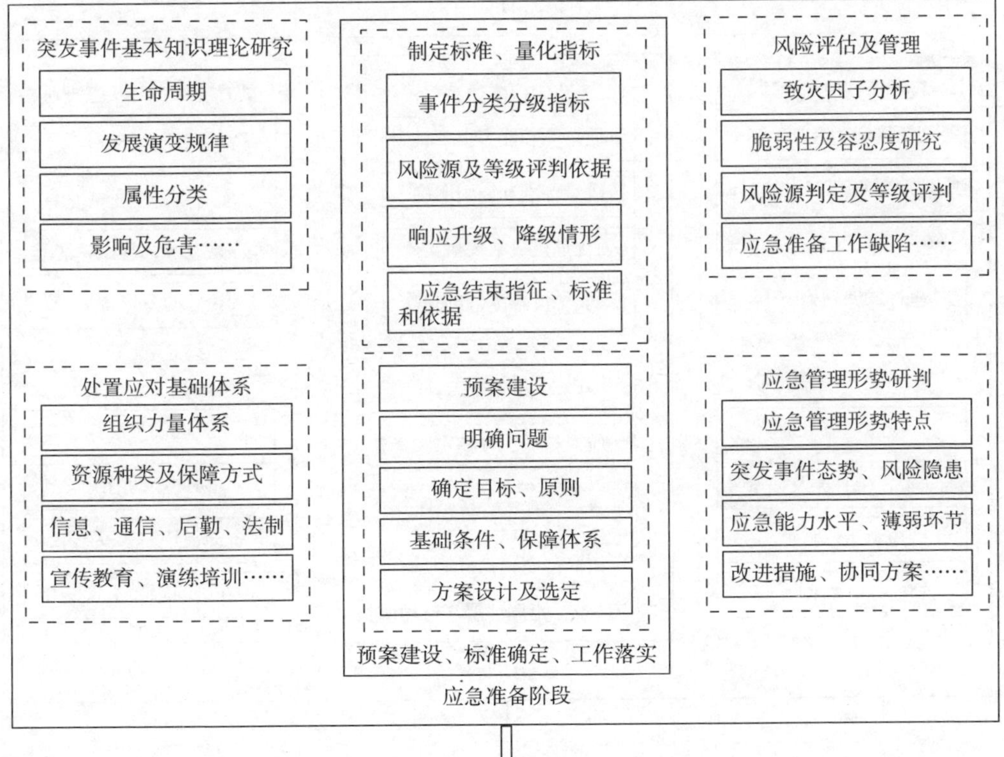

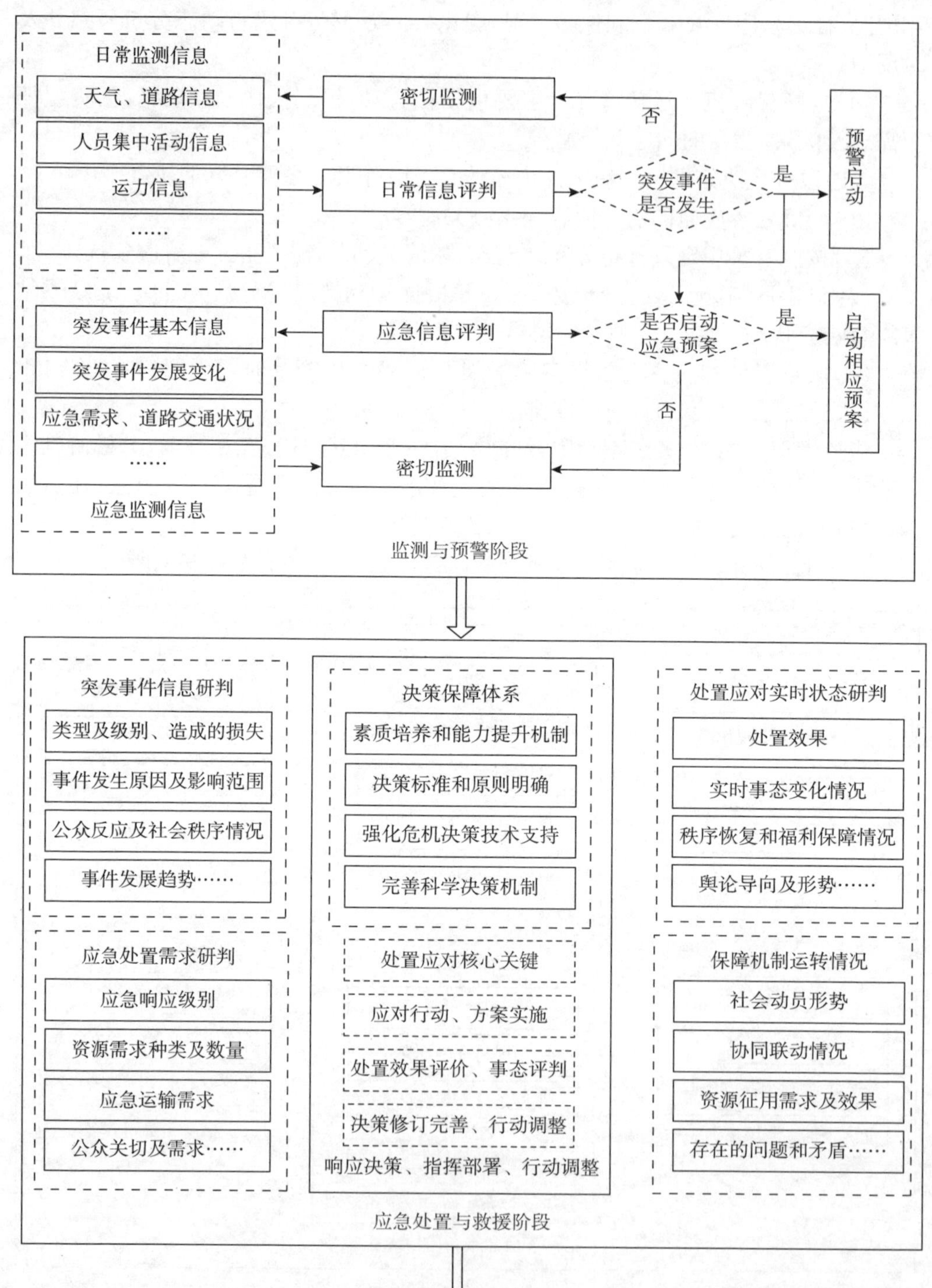
日常监测信息
天气、道路信息
人员集中活动信息
运力信息
……
密切监测
否
日常信息评判
突发事件是否发生
是
预警启动
突发事件基本信息
突发事件发展变化
应急需求、道路交通状况
……
应急监测信息
应急信息评判
是否启动应急预案
是
启动相应预案
否
密切监测
监测与预警阶段
突发事件信息研判
类型及级别、造成的损失
事件发生原因及影响范围
公众反应及社会秩序情况
事件发展趋势……
应急处置需求研判
应急响应级别
资源需求种类及数量
应急运输需求
公众关切及需求……
决策保障体系
素质培养和能力提升机制
决策标准和原则明确
强化危机决策技术支持
完善科学决策机制
处置应对核心关键
应对行动、方案实施
处置效果评价、事态评判
决策修订完善、行动调整
响应决策、指挥部署、行动调整
处置应对实时状态研判
处置效果
实时事态变化情况
秩序恢复和福利保障情况
舆论导向及形势……
保障机制运转情况
社会动员形势
协同联动情况
资源征用需求及效果
存在的问题和矛盾……
应急处置与救援阶段

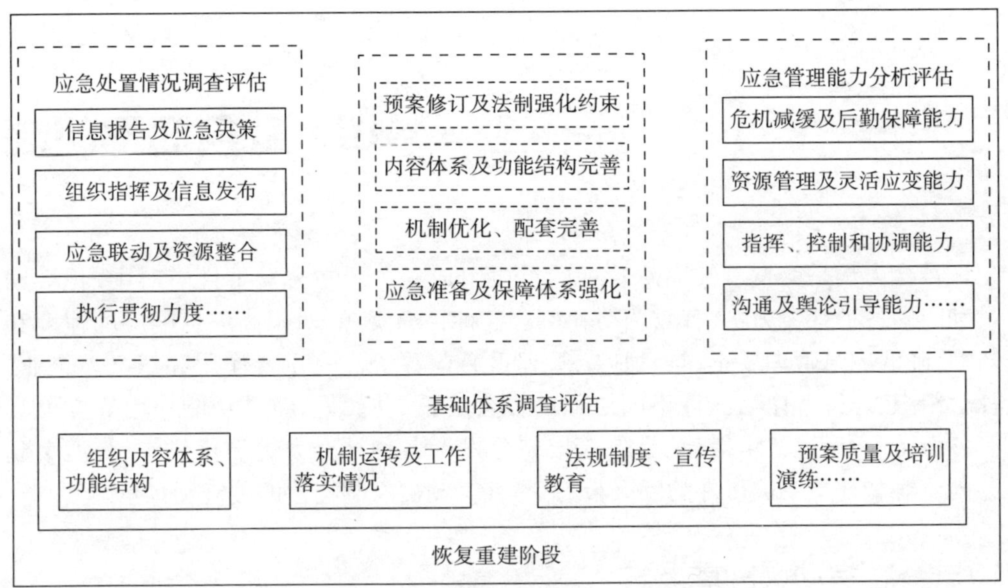

图 9-1　分析研判及处置决策机制内容体系和工作流程

10　社会动员机制

社会力量是突发事件应急管理的重要组成部分。在突发事件应对中,积极动员和吸纳各种社会力量,有效调动和整合各种社会资源,对提高应急响应的速度和效率、降低应急管理成本、推动应急管理重心前移等具有重要作用和意义。企业、社会组织、志愿者作为三种不同层面的社会力量,在属性特征、功能作用等方面具有各自特性,通过科学搭建、有效衔接充分发挥各种社会力量的优势作用,汇聚起共同应对和处置突发事件的巨大合力,是社会动员机制构建的关键和难点。

10.1　社会动员的重要性

应急社会动员,主要是指为预防和应对突发事件,各级政府、应急管理机构等发动非政府资源进行处置的行为过程。在应急社会动员过程中,各级政府、应急管理机构通过一系列行政、法律、经济措施等,充分调动和发挥社会团体、企业组织、公民个人等非政府力量资源效用,必要时调动武装力量,整合全社会人力、物力和财力,形成强大的应急合力,以有效预防和应对突发事件。

应急社会动员具有以下特点:一是广泛参与性。应急管理为社会提供的是公共安全服务,与每一名社会公众、每一个企业组织、每一个社会团体都息息相关。虽然政府在应急管理体系中占据着主导地位,但只有将各种社会力量纳入应急管理体系之中,发动全社会的广泛参与,才能形成合理分工、科学配置,实现公共安全利益最大化的应急管理网络体系。二是目的明确性。应急社会动员是为实现特定目标进行的一种社会群体性行为,政府管理机构作为应急管理核心主体,必须按照既定目标积极主动、有创造性地组织各种旨在发动和引导公众参与的应急管理活动,才能使应急管理工作得到公众认可、理解、支持与合作。三是秩序有序性。突发事件会给正常的社会秩序带来很大的冲击,维持和恢复正常的社会秩序本身就是应急管理的重要内容,应急社会动员必须有组织、有秩序地进行,要有利于秩序恢复,而不能杂乱无章、失去控制。

从应急管理实践来看,社会动员在突发事件应对中的重要地位及作用效果越来越突出,其作用和意义主要体现在以下几个方面。

(1)有助于突发事件的高效处置。突发事件应急处置是一项内容复杂、紧急性强的系统工程，往往具有规模大、影响深、资源消耗大等特征，会在一定程度上超出应急管理机构控制和管理的能力范围。吸纳和动员社会各种力量，是短时间内迅速调整和整合各种可用资源，形成共同应对和处置突发事件巨大合力的有效途径。

(2)有助于实现公共效益与经济利益的良好平衡。突发事件的不确定性决定了应急管理机构对应急资源需求难以做出精确计算和充分准备。而且应急需求在常态与非常态之间有着较大的起伏与波动，当突发事件骤然降临或者急剧蔓延时，应急需求大幅度增加；当突发事件结束或回落时，应急需求大幅度减少。一个理性的管理机构一般不会不计成本地在平时储备过多的物资、设备等应急资源，借助社会动员可有效平复应急需求在常态与非常态之间的波动，实现经济效益与公共安全效益的双赢。

(3)有助于将社会应急潜力转化为应急能力，降低应急管理成本。突发事件的发生往往会扰乱正常的社会运行秩序，在此情形下仅依靠政府应对，质量效率可能会大打折扣。有效的社会动员能够充分调动和发挥社会所蕴藏的可用于应急管理的一切人力、物力和财力等“应急潜力”，降低应急管理成本。同时，通过高效整合力量、科学配置资源，提高应急管理效率，增强应对各种突发事件的能力。

(4)有助于实现应急管理的关口前移与重心下移。科学有效的社会动员能够调动社会团体、企业组织以及公民个人等社会力量的积极性，增强其应急意识和突发事件防范应对能力，降低突发事件发生的概率、减少造成的损失和影响。此外，基层作为应急管理的关键，是社会动员的重点，社会动员的广泛深入开展，有助于下移应急管理重心，使突发事件得以及时发现并在萌芽或者始发阶段就得到有力控制。

(5)有助于增进管理机构与社会各界的理解互信、增强社会凝聚力。一方面，深入广泛动员社会公众、单位组织参与应急管理活动，是管理部门民主意识的充分体现，也是其决策可信度和可参与度提高的充分体现，通过积极参与、沟通协同、相互了解，更容易使各方在一系列问题上取得共识，减少相互之间的离心因素，从而增强社会凝聚力，实现有效的合作互助。另一方面，社会各界参与应急管理，有助于激发和强化其自豪感、社会责任感以及爱国热情，同时，实现应急管理的全社会参与，也是有效提高应急管理透明度、公信力的有效手段和途径，对坚定社会各方对管理机构的信心，主动支持、配合管理行动，增强应急管理部门公信力以及社会满意度大有裨益。

为进一步培育和形成社会动员的肥沃土壤，并为社会动员的科学、规范、有序开展提供有力依据，《中华人民共和国宪法》《中华人民共和国突发事件应对法》《国家突发公共事件总体应急预案》《公路交通突发事件应急预案》以及其他法律法规对社会动员的相关要求、程序、责任等做出了规定和明确。

10.2 社会动员的类型与原则

10.2.1 社会动员的类型

根据不同的角度，社会动员主要分为以下几种类型。

（1）根据动员对象的不同，可以分为应急人力动员、应急物资动员、应急财力动员、应急避难场所动员、应急交通运输动员等。应急人力动员是指为应对和处置突发事件，对社会上可满足应急需求的人力资源进行挖掘、分配、利用的活动。应急物资动员是指为应对突发事件，对社会上可满足应急需求的物资进行集中储藏、征收、调配、使用的活动。应急财力动员是指在突发事件应对中筹集、拨付应急所需资金的活动。应急避难场所动员是指在突发事件来临时，开放既定的应急避难场所并根据需要对可能或者可以被开辟为应急避难场所的建筑物进行征用。应急交通运输动员是指为应对突发事件，提高交通运输应急保障能力，组织和利用各种交通运输保障力量，及时运送应急人员、应急装备、应急物资等，包括运力资源、公路抢通装备等的动员。

（2）根据动员规模的不同，可以分为局部动员和整体动员。局部动员是指针对某一范围内的部分地区或部分物资、人员等资源所实施的社会动员，而整体动员则是在某一范围内的整个地区所实施的社会动员。相对而言，整体动员适用于危害性大、不确定性强、涉及范围广、影响强烈的突发事件。

（3）根据动员对应突发事件生命周期时序的不同，可以分为前期动员、中期动员、后期动员。前期动员，是指在突发事件发生之前，动员各种社会力量，预先采取措施，消除或减弱突发事件风险，做好应急响应及后果管理的准备，如应急管理机构、企事业单位等组织开展的应急知识宣传培训和各种形式的演练活动等。中期动员，是指在突发事件发生时或发生后，动员各种社会力量，及时采取措施，以最大限度降低突发事件带来的损失，如国家利用红十字组织、慈善机构等为灾民提供医疗服务、物资保障等。后期动员，即恢复动员，是指在突发事件发生后，动员社会力量，采取相关措施，使社会状况及秩序及时恢复到可以接受的水平，如动用非政府组织力量，组织给灾民捐款、捐物，为其提供必要的基本生活条件，对其进行事后心理干预等。

（4）根据动员手段的不同，可以分为“软动员”和“硬动员”。“软动员”即常态社会动员，主要是指应急宣传教育、演练培训活动等，其主要作用在于向社会公众宣讲、普及应急知识，传播公共安全文化，提高其在紧急状态下逃生避险、自救互救的技能，明确自身在应急管理中的权利、义务与角色。“硬动员”就是非常态社会动员，主要指政府以一定的强制力为基础，综合利用非政府力量的应急资源，以有效应对突发事件。“软动员”不仅是“硬动员”的基础，还是应急动员的力量“倍增器”。

10.2.2 社会动员的原则

在社会动员实施过程中应遵循以下基本原则。

1. 以人为本原则

在突发事件应对过程中，应急管理者往往面临多重、复杂的价值选择，但应急管理的根本宗旨是保护广大公众的生命健康与财产免受突发事件的侵害和影响，其综合考虑的核心是人，应急管理活动必须体现以人为本的原则。社会动员作为应急管理工作的有机组成部分，也必须体现以人为本的原则，确保社会动员为了公众，依靠公众。

2. 依法动员原则

应急管理是社会管理与公共服务的重要内容，必须贯彻执行依法治国、依法行政的总体要求。依法动员，就是在社会动员的实施过程中要以国家现行的法律、法规为根本依据，确保社会动员行为的合法性，同时要充分尊重和保护相关者合法权益，做到在有效处置突发公共事件的同时，使社会公众的权益得到最大程度的保障。

3. 相对强制原则

在应急管理过程中，有时要牺牲局部利益以保障整体利益、牺牲少数人的利益以保障大多数人的利益、牺牲眼前利益以保障长远利益，因此，应急管理需要以行政机关相对的合法强制力为最终保障。社会动员也不例外，但这种强制性不是无限制的，而是相对的、有条件的，只有在不强制不足以维护最广大社会公众的公共安全，不强制不足以维护社会正常运行的情况下才体现其强制性特征。

4. 合理补偿原则

对于因应急所需的社会动员，特别是强制性社会动员措施而给企业、家庭或公民个人所造成的物质、经济等损失，应急管理机构应根据市场经济原则，在科学评估的基础上，给予合理的补偿，以保护和调动社会力量参与应急管理的主动性和积极性。否则，社会动员就有失公允，也是不可持续的。

5. 平战结合原则

社会动员作为最低层级的动员形式，是国防动员的基础，社会动员机制的充分完善有助于推动国防动员质量水平深入发展。因此，社会动员机制的构建完善要立足长远，主动为国防动员打基础、做铺垫。同时，在社会动员过程中也要充分借鉴和运用国防动员的优势作用，实现相互促进、共同发展。

10.3 社会动员经验借鉴

在应急管理实践中,美国、日本、俄罗斯、澳大利亚、英国等国家积累了丰富的社会动员经验。对此,我们可充分借鉴其优势,结合我国相关工作实际有比较、有鉴别地吸收和采纳,推动我国社会动员工作快速发展。

1. 以社区为基层单元引导和动员参与应急管理

社区是美国应急管理的基层单元,也是美国应急社会动员的重点。美国在应急管理中通过建设"防灾型社区"、开展社区灾害评估、推行社区"可持续减灾计划"、实施"市民梯队计划"、完善社区安全制度等措施来培养社区在应急管理中的参与意识、增强社区的参与能力,取得了较好的成效。

(1)建设防灾型社区。防灾型社区建设的特点和思路主要体现在以下几个方面:突出救援通道规划建设,当发生灾害时确保救援人员能顺利进入并协助社区救援而不受阻碍;在社区自救能力建设方面,确保在无专业机构人员协助下,也能独立进行灾害应对;在恢复重建工作方面,提前筹划,确保灾后能够依照灾前形式或依照灾前所共同规划的模式进行快速重建。同时,在恢复筹建中加强抗灾能力建设确保在未来数年内能够不再重蹈覆辙。

(2)定期开展社区灾害评估。主要任务是查找、清理社区内可能存在的各种致灾隐患,研究明确相应的灾害防范范围,制作相关社区地图明确发生相关灾害时可利用的现有公共资源和渠道等。

(3)推行社区可持续减灾计划。主要内容是明确社区所在位置的潜在自然灾害,检查居民房屋建筑的安全性以及建设必要的避难场所,在社区内设置相关灾害预警、示警以及通信中断后的紧急报告系统,在社区内配备紧急救助设备并进行日常检查维护。

(4)完善社区安全制度。建立完善邻里守望制度、街区守护者制度等一系列安全管理制度。邻里守望制度使社区的每个居民都在注意自身安全的同时,关注社区内其他成员的安全,强调对他人的人文关怀,该制度在有效维护社区安全和秩序的同时也对整个社会的安全起到了积极的推动作用。街区守护者制度主要是征集志愿者主动参加街区守护队伍,并通过一定的培训、训练,提高其观察能力和安全防范意识能力,当发现犯罪行为或其他危机情形时,能够及时向有关机构报告并采取一定的应对措施。

(5)实施市民梯队计划。通过市民梯队行动委员会等组织,查明当地社区中所有受过危机应对训练的专业人士,组建"社区应急响应团队"等机构,通过协调、演练等,与接受过训练的志愿者通力合作,形成一个市民、邻里和社区与政府共同组成的危机应对体系。

美国以社区为基层单元的社会动员体系建设和应急管理模式启示我们,在道路运输应急管理和社会动员中,要从基层单位、企业等入手,培养其独立应对突发事件以及配合专业部门应对突发事件的能力和意识。同时,要深入开展风险评估及管理等工作,加强交通基础设施抗灾能力和灾后恢复能力规划建设。

2. 积极发挥企业的重要作用

一方面,要明确企业在应急管理中的责任和定位,引导企业建立和完善危机应对体系。在日本,明确要求企业建立自己的自卫消防队等应急救援力量,制订应急规划,编写应急手册,储备必要的应急物资和装备,定期进行应急演练等。同时,还要与市民防灾组织合作,主动参与外部单位的应急处置等工作。

另一方面,要充分发挥保险企业的主要功能作用。保险是控制和分担风险的有效途径。在应急管理的过程中,发达国家非常重视保险业分担风险、转移风险的作用,并以此作为国家灾害损失补偿的重要补充手段。在美国,政府特别注重利用保险及再保险机制来分担灾害所导致的后果,减轻自身所承受的沉重负担。在澳大利亚,绝大多数财产均参加灾害保险,保险公司将保费的部分交给政府,经批准后,返回给消防部门作为预算经费使用。保险行业的介入使政府有效地向市场分散了风险,同时也推动了保险公司宣传公共安全文化的积极性。公众安全意识增强后,又会更加积极地购买保险,从而进入一个不断强化危机应对能力的良性循环体系。

针对道路运输体系中危险货物及客货运输事故易引发突发事件的情况,应着力引导相关企业完善安全管理防范制度、建立自身事故应对力量,同时积极引导相关企业购买社会保险,增强风险应对和抵抗能力。

3. 充分利用社会组织资源力量

在应急管理中,美国十分注重发挥国际红十字会、红新月会、救世军等慈善性非政府组织的作用。例如,早在1905年,美国红十字会就得到国会的授权,成为全美应急响应的协调机构。在1906年旧金山发生的里氏8.3级大地震中,红十字会首次开展了有效的救灾协助工作,取得较好反响。目前,美国在应急管理中借助红十字会覆盖全国的组织网络体系,高效开展各种灾害与灾难的防范和应对工作。在俄罗斯,东正教教会在应急管理中发挥了重要作用。在精神救助方面,教会人员深入灾区、医院等,通过对受害者讲解关于生、老、病、死的教义,缓解受害者痛苦,激发生活热情;在物质方面,教会积极为受害者提供资金支持,如发生"别斯兰人质事件"后,莫斯科的教会就迅速拿出150多万卢布慈善资金,救助在医院治疗的受害者。

在道路运输应急管理工作中,应急管理者也可积极协同慈善机构、志愿者组织、专业院校等社会组织资源，积极利用其专业优势开展应急后勤保障、交通秩序维护、救援通道维持等工作。

4. 高效调动志愿者积极性

在日本，应急管理体系建设积极将各种防灾志愿者组织纳入其中，并引导其主动承担很多责任和任务，如普及应急知识、在突发事件发生后进行必要的先期处置、储备基本的救灾工具和应急食品、进行防灾演练，引导其与政府、企业等应急管理主体进行合作等。在澳大利亚，志愿消防员由社会公众自愿报名，经过选拔、培训、考试、体检等程序，符合要求才能担任。在担任志愿者期间享受政府给予的火灾伤害保险，每周利用业余时间进行一定的训练，并负责维护和保养消防装备。如果参加火灾扑救，原单位不得扣发工资，如在灭火救援中负伤，工资照发，医疗费则由保险公司支付。而且，所有志愿消防站均由政府按照规划建设营房和配备车辆，极大地激发了志愿者参与热情。

5. 将公共安全纳入学校教育体系

在日本，中小学生每年都要按照相关规定完成一定课时的公共安全教育课程。针对地震等灾害频发的实际，日本的教育部门还专门组织编写相关防灾教材，并向各个学校发放。2000 年，编写了一套面向小学低年级的教材——《思考我们的生命和安全》。在俄罗斯，为了提高中小学学生的安全意识与自救能力，莫斯科市的部分学校相继开设了《生命安全基础》课，并积极向全国推广。

通过安全教育体系的有效建立，可广泛深入地提高全民安全意识和防护能力，并为高效的社会动员打下坚实基础。

6. 增强社会公众自救、互救的意识与能力

社会动员的终极目标在于建立深入有效的全民灾害应对体系。日本通过广泛深入的应急社会动员教育培训等工作，形成了“自救、互救与公救”相结合的应急救援模式。一是小灾靠自救、中灾靠互救、大灾靠公救；二是灾害来临时，首先由公民进行自救，其次是社区与邻里开展互救，并在自救与互救过程中等待政府公救，极大地提升了灾害应急救援能力水平。同时，日本在应急社会动员中特别强调社会公众参与的自主性。东京都为了强化公民自我保护意识以及提高全民应急救护知识和技能，政府派出消防管理专家及消防队员向社会公众宣传、普及救护知识，增强社会公众自我救护、相互救护的技能。在澳大利亚，政府非常重视公众的防灾、救灾、自救培训教育，通过利用各种资源渠道，广泛建立防灾教育基地、应急救援学校等开展公共安全教育，确保公众具备在遇险时保护生命和财产所必需的常识和能力。

7. 提高家庭与个人的应急能力

日本特别强调公民个人和家庭在应急准备与响应中的责任，地方政府要求公民平时做好防范工作,准备好灭火器以及水、食品、药物等防灾用品,并预先确定地震等灾害发生时家庭成员的内部分工、避难方式及联络方法。此外,明确公民有义务参加各种类别的防灾应急演练,并积极融入社区合作机制当中。

在英国,为了让市民充分了解发生火灾时的自救常识,伦敦消防部门2004 年期间进行了2.5 万次居民家访,并对这些家庭的防灾能力进行评估。同年,英国政府还为每个家庭发放了一本用16 种语言编写的反恐怖手册,其中明确了紧急救援建议措施、联系电话和实际操作等信息。此外,英国政府还为60 岁以上的公民建立了专门的火灾求助热线,同时积极对青少年进行防火教育。

在美国,联邦应急管理署(FEMA)向公民发放长达400 多页的应急手册《你准备好了吗》,其内容非常具体,对公民灾前了解风险和危险信号,购买保险,制订实用的应急计划,配备应急包,在灾害中志愿帮助他人,按照应急部门的指示开展应急行动,灾后整理受损财产等都进行了明确和细化。

8. 借助军事资源应急

美国的应急社会动员最早就起源于民防。近年来,美国从国家战略的高度出发,积极整合国防动员与应急社会动员资源,充分利用军事资源开展应急行动,有时甚至应急与应战不作区分。作为美军的战略卫生体系,美国的"国家灾害医疗系统"由上千家民间医院在自愿的基础上组成,可以在灾时或战时提供10 万张床位,极大地提高了美国的灾难救援和医疗救助能力。

2005 年,美国在"卡崔娜"飓风袭击中损失惨重,应急救援不利。其中一个重要的原因就是路易斯安那州和密西西比州的国民警卫队大部分被派往阿富汗和伊拉克参加反恐战争,同时军队也没有在第一时间发挥好应急救援功能。

在我国突发事件应对实践中,有效的应急社会动员历来是克服困难、战胜危机的重要法宝。经过多年建设,应急动员体系不断发展完善,尤其是历经1998 年抗洪、2003 年抗击"非典"、2008 年南方特大雨雪冰冻灾害以及汶川地震、青海玉树地震等社会动员经验的丰富积累,广泛、深入地建立完善了从经济、科技、舆论、社区到人民武装力量等全方位、多角度的社会动员体系,为各种突发事件的有效应对提供了坚强后盾。但总体上,我国的应急社会动员模式大多还是一种政治动员模式,这一模式尽管在应对处置各种突发事件过程中发挥了举足轻重的作用,但也存在代价高、遗留问题多、可持续性差等不足。尤其政治动员的方式、手段一般比较激烈,在政治动员的强大政治压力下,有可能出现极端化行为;此外,政治动员往往是以非制度化、群众性运动方式进行的,对国家的法治化进程会产生一定消极影响。因此,应积极探索、努力构建、推动我国应急社会动员由政治动员为主向以社会自主动员为主快速转变和发展。

10.4 社会动员机制构建及完善

借鉴相关经验结合实际情况,在我国应急社会动员机制构建过程中应注重搞好"两个结合"。一是"自上而下"与"自下而上"相结合。从我国国情来看,以政府及其相关部门为动员主体,各种社会组织及公众为动员对象的"自上而下"动员模式依然占据主导地位。但从应急管理实际和发展趋势来看,政府及其相关部门有责任和必要对各种社会组织主动、有序参与应急管理进行充分的教育引导,做到"自上而下"动员与"自下而上"主动作为相结合,推动应急社会动员科学发展。二是"常态动员"与"非常态动员"相结合。既要重点研究各类突发事件针对性搞好社会动员方案,也要着眼于长远与长效,在平时就开展好社会动员工作,做好应急准备,克服运动式、突击式动员的缺陷与弊端,并积极通过应急知识宣传教育及演练培训等工作,为非常态下政府进行社会动员奠定基础。同时,要着力从社区、企业、非政府组织以及志愿者等不同层面,针对性制定具体适用方法措施、搭建长效运行机制,进一步完善应急社会动员体系。

10.4.1 社区层面

基层是应急管理的重要基石,搞好基层应急动员对建设覆盖全社会的应急网络、推动应急管理不断扎实深入具有重要意义。一方面,构建覆盖全社会的应急社会动员网络,必须重心下移、面向基层,切实加强社区应急管理。社区和乡村作为最基层的组织几乎覆盖所有的居民而不留有空白点,加强社区应急动员是应急管理重心下移的有效途径,可将行政权力末梢不断引向深入,甚至触及每个家庭和个人。另一方面,作为基层组织社区具有覆盖面广、接近公众等特点,抓住社区引导公众不断增强危机防范意识和能力,可在一定程度上将问题消灭在萌芽状态,防止隐患变为事故、事故变为事件、一般性突发事件演变为重大突发事件,即使发生问题,基层也可以在第一时间内及时发现、及时报告、及时应对。

在西方国家,应急管理早已成为社区建设和管理的重要内容之一,但在我国,社区动员和参与应急管理还需要从观念到措施等的一系列转变,需要从以下几个方面加以改进和强化。

(1)进一步加强社区应急教育。预防在应急管理中具有十分重要的地位和作用,但我国的突发事件预防能力和体系建设还比较薄弱,一个重要的原因就是应急教育不到位。社区作为一种公众自我教育、自我管理的组织,其管理的主体与客体均为公众,因而,社区建设和管理贴近公众生活,具有很强的亲和力。为此,应积极发挥此优势将应急宣传教育工作纳入社区管理建设体系,推动应急管理工作不断走向深入、不断全面发展。

(2)进一步改善社区组织结构,积极探索符合我国具体国情的基层应急社会动员途径和方式。从国外经验来看,社区之所以能够在应急管理中发挥巨大作用,与其相对独立于政府机构、公众高度自治紧密相关。但在我国,政府主导在社区管理建设中较为明显,尤其作为社区重要机构的居民委员会很大程度上也演变为政府领导下的一级组织,致使单一的行政主体与社区管理的多元化需求之间存在一定矛盾,而且现实中问题的解决方式往往是牺牲社区自治,强化政府职能。这不但导致了高额的行政成本,也影响了基层社区组织的正常发育,一定程度上泯灭了社区及公众自发参与应急管理的热情。因此,在强调社区参与应急管理的同时,还应当改善社区组织结构。此外,依托社区开展应急动员在充分借鉴的基础上还应立足国情、深接地气。例如,在乡村,村民的同质性强,乡规民约、民间礼俗起着相当大的作用,相关工作人员在进行社会动员时必须了解、遵循乡规民约及民间礼俗,才能产生一呼百应的效果。城市社区居民之间则异质性较强,而且我国城市正不断从礼俗社会向法理社会转型,相关工作人员在进行动员时既要尊重社区公众的自主意识、参与意识、维权意识,也要通过热情服务取得他们的信任,并促进社区居民之间的了解、密切居民之间的联系与互动。

(3)探索建立社区应急机制。每个社区都具有一定的特征,在基层应急动员和管理工作中,相关应急管理机构应加强指导和协助,针对社区具体情况,进行科学的风险分析与预测,根据风险情况配备一定的应急基础设施,编制具体的应急预案并通过演练不断加以修订完善。同时,借鉴相关经验,成立社区应急领导组织避免突发事件来临时群龙无首,积极组建救援队伍并教育引导居民积极开展灾害互助等。

(4)注重常态下的社会动员准备工作,打牢应急动员实施基础。应急动员需要一定的应急素养和应急意识作为基础,否则仅仅依靠政治动员或临时动员难以取得较好的效果或者往往难以为继。因此,在社区应急动员实施过程中,应突出常态下的经常性、持续性教育管理工作,加强宣传教育、技能培训、应急演练以及应急准备等各项工作,从思想、组织、物资等各方面全面夯实应急动员实施的基础和条件。

但需要注意的是,社区参与应急管理并非表明社区可以参与突发事件的所有救援工作,应在充分挖掘其潜能的基础上,根据功能层次划分、组织体系特点等,科学界定、合理组织,避免超出其自身能力、造成不必要的伤害或引发次生事件。就道路运输应急管理工作而言,在社区层面可从宣传教育和道路运输信息收集及发布等工作着手增强社区动员能力。例如,加强宣传教育,引导社区民众不占用、自觉维护应急运输通道畅通;培养、选拔基层信息报告员;将道路交通状况、应急信息等接入社区进行交通分流、引导等。

10.4.2 企业层面

根据《中华人民共和国突发事件应对法》的规定,动员企业参与应急管理既是政府的职权,也是企业承担法律及社会责任的一个重要内涵。作为现代社会最重要的组织形式之一,企业是社会系统的有机组成部分。社会的发展离不开企业,企业的发展同样也离不开社会。企业往往具有强大的经济实力,蕴藏着宝贵的人才资源、救灾装备和救援物资等,具有参与应急管理的优势。积极动员企业参与各项应急管理活动、承担起一定的社会责任,不仅有利于降低自身风险,保证企业的正常运行,也有助于提高自身声誉、促进发展。同时也可以提高企业资源的共享度,发挥其社会效益,造福社会公众,促进社会的和谐发展。

企业参与应急管理的形式是多样的,主要包括以下几个方面。

(1)遵守相关法律、法规、规章和制度。突发事件发生后,企业不得囤积居奇、哄抬物价,应积极利用自身的储存、生产优势及时提供或扩大生产紧缺物品,避免因为急需物品短缺而引起社会动荡。此外,在事件中受损的企业应努力恢复生产,提供高质量的产品与服务,为灾害应对提供便利。

(2)奉献爱心,捐献财物。我国自古就有互助救济、扶弱济困的优良传统,企业应将开展慈善事业的社会责任与发扬优良传统相结合,在突发事件发生后,积极奉献爱心,向灾区民众捐款、捐物,推动事件处置应对和恢复重建工作有力发展。

(3)凭靠相关技术和产品,直接参与救灾。企业在参与应急管理方面具有独特优势。首先,很多企业的产品或装备可直接用于救灾,如运输企业的客货运车辆、测绘公司的航拍测绘装备、大型工程建设或生产企业的工程装备等。其次,企业拥有很多可用于救灾的技术和保障人员,如无线通信技术人员、车辆及工程机械保障人员等。此外,有些企业自身就建有应急救援队伍可直接参与应急救援,如矿业企业的应急救援队伍,物流企业的车辆维护队伍,路桥公司的道路抢通队伍等。在实际运作中,政府及相关机构可按照市场规律,积极引导企业参与减灾救灾,充分壮大减灾救灾力量。

(4)开展金融服务分担风险。突发事件会使人们的生命财产遭受损失,而保险是一种分担风险、降低损失的有效途径。保险企业可积极开发各种灾害保险产品,减少人们的损失,分担政府的压力。此外,金融企业也可以开发相关金融产品,为突发事件救助服务。如公益信托产品等。

在动员、引导企业参与应急管理的过程中,应注意做好以下工作。

(1)做好应急预案的衔接。应急管理机构应加强指导,引导相关企业在制定应急预案时,找准自身的角色定位,明确自身可以通过何种途径发挥作用以及如何发挥企业自身的优势。在此基础上,加强管理部门应急体系规划和应急预案体系的兼容,在条件允许的情况下,带动企业直接参与政府应急体系规划编制和应急预案的编制工作。

(2)建立有效的突发事件信息沟通联络机制。一方面,企业内部一旦发生安全事故或者其他可能危及单位或居民的突发事件,应当立即通报可能受到损害的单位和居民,并向当地和上级有关部门报告,以便有关部门及时采取措施,保障公众的生命与财产安全;另一方面,应急管理机构要主动建立与相关企业的长效沟通机制,引导企业发挥自身优势积极参与应急管理活动。

(3)加强演练与救援协作。企业不仅要组织内部进行应急演练,还应该与所在社区居民、涉及部门等进行联合演练。例如,危险货物运输、储备企业有义务向附近居民宣传相关知识,制定重大安全生产事故发生后居民疏散预案,并进行联合演练。同时,突发事件处置需要多个部门配合,应急管理机构在组织相关演练、开展应急救援等工作过程中,可根据实际情况组织、动员企业进行联合应急演练,提高应急合成能力。

(4)大力发展应急产业。在发达国家,应急产业是仅次于银行、邮电、保险业之后的第四大服务产业,可以在政府的委托下,开展应急有偿服务,是政府应急的有效补充。近年来,我国对应急产业发展高度重视,2014 年 12 月 8 日国务院办公厅印发了《关于加快应急产业发展的意见》,为应急产业的科学发展和积极推动创造了良好条件。但总体上,我国的应急产业发展还比较滞后,在政策环境、标准和规范等行业体系建设、研发与生产、应急产品市场完善、应急产业总体规划建设等方面还有很大的发展空间。为此,政府及相关部门应进一步加强规划建设,完善政策及行业规范体系,充分运用保险、税费、信贷、政府采购等经济手段,引导企业积极参与应急产品的研发和制造,不断推动我国应急产业快速发展。

10.4.3 非政府组织层面

非政府组织参与应急管理是有益而必要的补充。尤其是随着社会的发展进步,在政府不断从"全能政府"向"有限政府"转变的趋势下,协会、社会团体、基金会、慈善机构、非营利公司及其他法人机构等非政府组织因其不以营利为目的,还具有公共性、志愿性、自治性和民间性等特征,在社会治理和应急管理中发挥的作用越来越受到重视。非政府组织在应急管理中的重要作用和意义主要体现在以下几个方面。

(1)非政府组织可以有效反映社会公众在紧急状态下的利益诉求,防止发生次生、衍生灾害。突发事件发生后,既有的利益分配矛盾等社会问题会因资源紧缺等因素被放大。非政府组织的参与为及时传递和表达社会各个阶层的利益诉求提供了有效渠道,同时,非政府组织成员来自社会的方方面面,可对突发事件进行有效、全面的监控,及时发现问题的征兆,有利于将可能出现的问题化解在萌芽状态。尤其是一些非政府组织,如红十字会具有“中立”“人道主义”色彩,在应对某些突发事件时往往具有政府所不具备的谈判和调节能力。不仅如此,非政府组织还以社会公益为导向,具有常态化的工作机制,在弱势群体关怀、公众心理干预等方面可以做到持之以恒。

(2)非政府组织可为应急管理提供宝贵的人力资源。非政府组织往往汇集着大量在某些方面具有一定思想共识、兴趣特长或专业技能等应急管理所需的人员或技术。在突发事件处置中,通过相关非政府组织可高效组织、及时输送大批应急救援所需专业人员,有利于突发事件应急处置工作的快速、高效展开。

(3)非政府组织反应灵敏而迅速,与政府机构正好优势互补。政府在应急管理中最大的优势是掌控着大量人力、物力和财力资源,最大的劣势是缺少足够的灵活性,响应速度较慢。而非政府组织正好可以弥补政府的不足,充分发挥其反应灵敏而迅速的特点。我国可集中人力、物力、财力办大事,但在应急管理中响应层次过高,社会参与力量不足,经常会出现“响应速度慢、处置效率高”的情况。为此,要在保持既有体制优势的前提下,注重发挥非政府组织在突发事件应对中的积极作用,不断降低应急管理重心,进一步提高应急响应质量水平。

(4)非政府组织的介入参与有助于应急管理全球化。由于非政府组织的特殊性质,在应急管理参与中,可以借助国际网络争取更多的国际援助,有助于引进国外先进的应急装备、技术和理念,提高突发事件应对工作的效率。从汶川地震、玉树地震等救援工作来看,非政府组织发挥了巨大作用,推动应急管理全球化迈出了坚实的步伐。

长期以来,出于国家安全等方面的考虑,我国对非政府组织的成立设置了较高的门槛。但公民社会的发育和成长是一个不可遏制的潮流。我们自己不发展非政府组织,西方国家势必会以提供资金等方式进行扶植,反而会对我国的国家安全、精神文明建设等构成挑战。近年来,随着我国经济社会的快速发展以及文化软实力的不断提升,非政府组织体系快速发展,在推动社会治理和应急管理能力不断发展进步的同时,也向全世界展示出了一个成熟、自信的大国姿态。在道路运输应急管理工作中可充分发挥非政府组织在物资装卸、转运、发放,以及信息整合、人员征集、后勤保障等方面的优势作用,努力提升应急管理效率和质量。

10.4.4 志愿者层面

在应急管理行动中,志愿者具有结构多元、人数众多、反应灵敏、行动迅速等诸多优势,是应急力量的重要组成部分。近年来,我国志愿组织及相关事业蓬勃发展,广大志愿者积极活跃在抗震救灾、环境保护、人文关怀等诸多领域,为相关工作的快速推动注入了生机和活力。但总体上,我国志愿者参与应急管理还存在以下问题。

(1)组织化程度不高。实践表明,组织化程度越高的志愿者行动往往更加专业、更有力量、更有效率、更具持久性。而组织化程度不高往往会导致志愿者行动的后勤保障不足、协同困难等问题,不利于志愿者活动的持续进行。当前,我国志愿者在参与应急管理中表现出高度的热情,但组织化程度不高的问题也较为突出。例如,汶川地震后,很多个人志愿者主动到达灾区,想从事志愿者服务,但由于缺乏有效组织,却往往无从下手,加之自身保障不足、灾区本身就缺乏保障资源,反而为救援增添麻烦。同时由于难以有效协调和统一指挥等,还会导致资源分配不均匀,影响救援效率。

(2)专业化程度不够。应急救援是一项专业化程度较高的工作,非经过专业培训或应急救援知识和技能掌握不足的人员往往很难胜任。在参与应急救援的过程中,很多志愿者仅凭一腔热情就前往灾区参与志愿活动,但很多由于缺乏专业的知识和技能,辗转到达灾区时却发现能胜任的工作很少,最终无功而返。其实,灾区并非不缺志愿者,而是缺少专业的志愿者,如在抗震救灾工作中医护人员、心理干预人员、建筑机械操作人员等专业性志愿者往往都极其紧缺。

(3)可持续潜力有待进一步挖掘。志愿者参与应急管理是一个长期的过程,志愿活动需要的不是一蹴而就,而是持之以恒。然而,由于组织化程度不高、志愿精神不足等原因,目前一些志愿活动的可持续潜力还有待进一步挖掘。现实中,志愿者参与应急准备各项工作的积极性、广泛性还有待进一步提升,应急处置中很多志愿者往往由于一时感情冲动而去灾区进行志愿服务,缺乏长期服务的志愿和规划,往往造成前期志愿者过剩、中后期人员锐减的情况,对应急工作的有效衔接和持续开展十分不利。

(4)志愿精神有待进一步弘扬。志愿精神是一种基于某种道义、信念、良知、同情心或责任感,而自愿的、不为报酬和收入参与的,积极贡献个人时间及精力为社会提供服务的公益事业。一个具备良好志愿精神的志愿者应当是理性的、具有一定精神素养并做好相关准备工作的。然而,在我国当前的一些志愿行动中,还存在部分志愿者对相关活动缺乏了解、各项准备不充分等情况,有的甚至思想、态度都不够端正,立足于去一下、拍拍照等,很多工作干不了、干得了的又不愿干。因此,在加强志愿行动组织化、专业化建设的同时,还要进一步强化志愿精神的培育和锻炼。

针对以上问题和不足,在动员志愿者积极参与应急管理活动,充分发挥应有作用的过程中还应加强以下方面的工作。

(1)加强引导和扶持。随着志愿行动的发展壮大,分工化、专业化日趋明显。

传统志愿行动进入门槛较低,专业化组织化程度与应急管理需要还有一定的差距。我国是一个政府主导型社会,实现志愿行动的专业化,不能完全寄希望于社会的自发力量,还要加强政府的引导与扶植,积极通过各种途径组建专门化的应急志愿行动队伍,确保应急志愿者具有参与应急管理所需的基本素质和技能,提高应急志愿行动质量水平。

(2)实行注册登记和统一服务认证制度,规范和激励志愿行动。注册登记和统一服务认证是加强志愿者队伍建设的一个重要途径,也是世界上许多国家志愿者管理的通行做法。根据志愿者专业知识和专业技能进行分类注册,并建立相应的志愿者数据库,有助于有应急需要时快速动员、及时响应,针对性提升应急动员质量。服务认证制度是对志愿者从事志愿工作的记录,是志愿者组织及服务对象对志愿者工作的认可。注册登记制度是统一服务认证制度的基础,而统一服务认证制度则是志愿者激励机制的基础。建立统一服务认证制度后,可以在志愿者数据库中记录志愿者从事志愿工作的时间及次数,为志愿者激励提供依据。

(3)成立应急志愿行动的专门协调机构,强化应急力量协同。志愿行动开展过程中缺乏协调和配合,导致志愿组织和志愿者之间各自为战、各行其是,只会带来混乱的秩序和低下的效率。为确保应急行动高效统一,有必要在志愿者组织之间及政府与志愿者组织间成立专门的协调机构。相关协同工作主要包括:志愿者组织参与应急管理时应当遵守政府应急管理部门的统一部署,志愿者组织及政府机构之间要及时共享信息、沟通协作,合理分配人力、物力资源等。同时,相关管理部门应建立志愿者服务站,为志愿者开展工作创造条件、提供保障,包括为志愿者、志愿者组织和需要志愿者服务的对象提供必要的信息服务等。

(4)制订联合行动预案,积极开展联合培训和演练等活动加强协作磨合。在应急动员机制建设中应急管理者应积极推动专业应急机构与应急志愿组织的沟通协作,就应急管理中各自的分工协同及合作形式等制订相关方案。政府及有关部门在应急预案中应就相关法律、法规中关于志愿行动的规定进行明确和细化,对应急志愿行动的介入和相关工作开展做出具体安排,以提高应急志愿者的参与能力、促进彼此间的有效合作。同时,应急管理机构应积极对志愿者组织及队伍建设进行相关业务指导,联合应急志愿力量广泛开展培训、演练等活动,以不断理顺工作机制、增进默契配合、加强合作协同。

针对道路运输应急管理工作专业性强的实际,在志愿者队伍建设中可依托相关高校、行业协会以及运输企业等进行针对性动员,充分发挥志愿者队伍在应急通道抢修保通、运输秩序维护、应急运力征集等工作中的巨大潜力。

11 协同联动机制

随着社会分工的不断细化，社会治理的专业化程度也不断提升，很多工作都需要多个部门、很多人员的协同、配合才能完成。突发事件应急管理作为一项综合性、复合型工作，同样涉及众多部门，需要不同机构和人员的共同努力才能取得较好的效果。尤其是道路运输作为社会的一个基础性、支撑性行业，其突发事件通常具有很强的综合性、演化性和跨地域等特性，因而，道路运输应急保障工作在参与主体的多元性以及互动关系的复杂性等方面与其他应急管理工作相比有过之而无不及。

结合道路运输体系的功能定位以及应急管理实际，道路运输应急保障协同联动工作主要包括两个层面的内容。当发生影响较大的综合性突发事件时（如等级较强的地震、洪水等），作为国家应急体系的重要组成部分，道路运输体系主要是在政府应急管理机构的统一组织和指挥下，为各项应急工作的开展提供有力的应急运输保障和服务工作，涉及道路运输应急管理机构的协同联动工作主要是系统内部的统一协同和有效运作、应急运力的组织和调配以及与系统外部机构之间的对接和沟通等工作。当道路运输系统内部发生突发事件或突发事件影响到道路运输系统的正常运转时（如影响较大的交通事故、严重的旅客滞留事件、危货运输突发事件等），道路运输应急管理机构作为突发事件应对的主导者，在负责内部力量的组织协同和维护体系正常运转的同时，还要积极寻求事件处置有关的政府机构、业务部门等的支持和配合，才能形成统一高效的整体，更加科学、有效地应对突发事件。

11.1 协同联动机制的内涵

11.1.1 协同联动的概念

早在20世纪60时代，在司法部的建议和倡导下，美国政府就建立了相关应急联动系统，取缔存在多个特殊服务号码的状态，采用统一的号码用于公众报告紧急事件和紧急求助，市民的任何报警、急救、求助等情况只需拨打同一个号码，应急联动中心即可根据处置需要调度相应机构或人员进行处置，极大地提高了处置效率和服务效能，应急联动理念深入人心、快速发展。当前，在职能分工不断细化、对应急处置质效需求不断提升的情况下,危机事态处置中,如何充分利用有限资源、迅速组织各方力量、高效协同动作及时应对突发事件是应急管理中亟待解决的问题,也为应急协同联动建设提出了更高要求。

根据《辞海》的解释,"协同"指各方互相配合、协助,"联动"指若干个相关联的事物,一个运动或变化时,其他的也跟着运动或变化。"协同联动"即有关各方为实现共同目标或完成某项工作,根据实际情况、目标需求等及时调整策略、转变行动,互相配合、积极协助、共同推动目标任务良好达成的过程。道路运输应急保障协同联动机制即在为突发事件的应对和处置提供道路运输服务保障,以及消除或减轻突发事件影响确保道路运输系统正常运转的过程中,道路运输应急管理部门在各级政府及上级道路运输应急管理机构的共同领导下,协同相关部门、社会团体、各级各类组织及个人等多方应对主体,积极进行组织整合、资源整合、信息整合和行动整合等,以形成统一应对、协调处理各种危机的规律性工作方法和运作模式。

随着社会的发展进步,突发事件的综合性、全能型处置需求与社会分工的精细化、专业化发展趋势之间的矛盾愈发突出,在突发事件应对中,多主体、多部门共同参与,跨区域、跨领域共同处置的特征和需求不断凸显,积极整合应急处置所需的各种资源、力量、信息等,实现应急管理和处置的统一指挥、分工协作、协同动作迫在眉睫。道路运输应急保障协同联动机制的研究构建旨在明确应急保障中协同联动的主要内容和影响因素,理顺道路运输应急保障涉及部门之间关系,立足实际情况、结合处置需求、把握特点规律,实现道路运输应急保障协同联动工作的顺畅运行、规范运作、高效运转。

在应急协同联动机制中政府及其相关部门无疑占据主导地位,但是由于突发事件的"综合性""系统性"等特征,突发事件不仅仅是对政府机构或某一部门的考验,还是对全社会整体能力的全方位考验。由于道路运输应急保障过程中涉及运输线路、应急运力、运输组织、后勤保障等诸多环节,加之道路运输保障的全方位、多适用性等特点,道路运输应急保障过程中协同联动的涉及面较广、复杂程度较高,具体体现在以下几个方面。一是指挥协调主体的差异性和复杂性。从当前情况来看,我国主要实行的是国务院统一领导、分部门分类别对各种突发公共事件进行具体管理的应急管理模式。国务院作为应急管理的最高行政领导机关,主要负责突发事件应对的研究、决策和部署等工作,在具体实践中则以部门为"龙头",根据突发事件的性质、类别等由对口主管部门为主负责预防和处置工作,其他相关政府部门配合参与。作为基础性、支撑性行业,大多数突发事件的处置应对工作都需要道路运输的积极参与和保障,而且道路运输本身也是一个突发事件易发、频发的行业。因此,道路运输应急管理部门既可能是突发事件应对的主体部门也可能是配合部门,一些复杂情况下甚至在组织指挥系统内部应急管理工作的同时还要配合其他部门提供应急运输保障工作。二是参与主体的多元性和跨越性。由于道路运输的涉及面较广，并且往往进行跨区域运输作业，使得道路运输突发事件的牵扯面较广、影响较大，尤其是一些道路运输重大突发事件的处置，需要多部门、多方力量的协同配合，如危险货物运输事故的处置就需要事发地政府、消防、环保机构、专业人员、运输企业、事发地受污染单位和人员等的共同配合才能有效应对。三是信息共享性与决策整合性。信息共享是实现应急管理协同联动的基础和前提，只有相关信息在涉及部门之间及时有效传递和反馈，才能做到及时响应、相互配合、积极协同。决策的整合性则指，在应急管理决策中要充分考虑各参与方的实际情况、综合各方意见建议、有效整合多方资源力量，才能形成共识，增强突发事件应对的科学性、积极性、实效性。

11.1.2 协同联动在突发事件应对中的重要性

道路运输应急保障协同联动机制的研究构建既是突发事件应对的综合性现实需要，也是部门主管、分工负责应急管理模式下的客观必然，同时还是提升应急管理质量水平的重要途径。只有构建完善的协同联动机制，才能有效整合应急力量和资源，实现资源整合、信息沟通、共同行动、协调处置，使应急管理活动能够统一指挥、科学部署、高效开展。协同联动在突发事件应对中的重要性主要体现在以下几个方面。

(1)有利于充分发挥各方优势，实现应急资源力量的良好整合。在专业化分工愈发细致的情况下，建立综合性应急管理部门全权负责突发事件的应对处置工作既不现实也无必要。在分工负责的客观现实条件下，应急所需的专业人员、物资等力量和资源分属不同部门和机构，呈碎片化布置，较为分散，但专业化程度较高，利于专项能力水平的快速培养和提升。建设完善的协同联动机制，一方面可有效避免各部门在应急力量和资源等方面的重复建设、重复投资，造成不必要的人力、物力、资金以及各种资源的浪费；另一方面可充分发挥各方的专业优势和能力特长，丰富和增强应急主体力量，形成突发事件应对的强大合力。同时，在此过程中，还可不断强化各方的功能作用和职能定位，有效调动各方参与应急的主动性、积极性。

(2)有利于信息的及时沟通和共享，提高应急响应质量和效率。如前所述，充分、有效的信息沟通和共享是应急管理协同联动的基础和前提。通过协同联动机制的良好构建，一方面可充分检验信息沟通机制的完备性和实效性，及时发现信息传递、信息共享中存在的问题和不足，推动和促进信息沟通机制的不断完善和进步。另一方面，有利于打破信息的“部门”壁垒，强化信息共享的主动性、针对性、及时性、实效性。通过互联互通信息网络的积极搭建，可充分整合各方信息资源，使离散的数据和信息得以联通和共享,不断丰富和完善应急相关信息来源渠道,提高应急信息的准确性、完备性、充分性,为及时响应以及应急决策和共同行动等打下良好基础。同时,通过在应急应对过程中的相互配合和磨合,有利于各部门之间相互了解和明确各方所需的应急信息和资源等情况,提高信息传递和共享过程中的针对性、及时性、实效性。

(3)有利于增强相互学习和借鉴,促进应急管理能力水平快速提升。协同联动机制的科学构建和有效运作,既可有效促进应急参与各方的协调和配合,也为相关各方的交流学习创造了机会、搭建了平台。通过交流沟通、学习协作等,有助于好的管理方法、先进管理理念、科学应急措施等快速传播、丰富完善,推动应急管理能力水平相互促进、共同提高、快速发展。

(4)有利于应急管理活动的科学组织,降低或避免突发事件应对的无序和混乱。一方面,协同联动机制的有效构建目的在于及时高效整合各方力量和资源,可有效避免突发事件应对中孤军奋战、应接不暇的不利局面,有利于突发事态的及时控制和消除,促进正常秩序的快速恢复;另一方面,可有效强化应急统一指挥和协调配合,推动应急管理有关各方统一行动、主动配合、相互帮助、积极协同,使应急管理各项活动能够科学开展、有序推进,避免多头指挥、各行其是等造成的混乱和资源浪费。

11.2 协同联动机制概况

11.2.1 道路运输应急保障协同联动的内容及涉及部门

根据应急处置需要以及协同联动群体属性分类,道路运输应急保障实践中应注重加强以下几个方面的协同联动。

(1)系统内部的协同优化和联动设计。道路运输系统是一个较为复杂的系统,体系正常运转就涉及道路保通、运力保障、路线规划、运输组织、后勤保障等诸多工作和内容,业务分类较多、分别由不同机构负责且各自的专业性均较强,维系自身体系的正常运转本身就需要各环节紧密衔接、各项工作互相支撑协同。在道路运输应急保障中,时间紧、标准高、要求严,其中任何一个环节出现问题都会极大地干扰应急保障工作的正常开展,影响应急保障质效。因此,协同联动机制的构建要从自身入手,紧盯应急保障任务要求,梳理应急保障内容环节、明确协同联动关键要素,立足体系建设现实情况,科学统筹顺畅协同路径、精细设计强化联动互动。

(2)部门及条块之间的协作配合。在常态情况下,各项工作分属不同部门管理和负责,有利于提高工作效率、促进质量水平有效提升。但在应急管理过程中,部门分割、条块分离易造成分兵把守、各自为战等情况,不利于突发事件的综合应对和有效处置,是应急管理的大忌。作为基础性业务机构,道路运输部门受属地政府及上级运输管理部门双重管理,应急运输保障过程中很多工作还与其他业务部门紧密相关。因此,协同联动机制的构建要有助于打破行业壁垒、跳出部门界限,明确互相支持配合、积极协作应对的思路和理念,通过强化集中统一指挥、科学区分职责任务、建立健全协同渠道途径、加强沟通协同和演练磨合、严格责任追究等方式,密切部门之间、条块之间的合作关系、协同效率和联动质量,充分形成突发事件应对的良好合力和整体优势。

(3)地域、行政区划之间的协同联动。一方面,道路运输工作的跨行政区划、跨地域特性非常明显,尤其是在突发事件应急处置中,应急运力的组织征集、应急救援人员的输送、应急物资的运输等往往需要跨越多个行政区划和不同地域。另一方面,突发事件往往会影响到多个行政区域或由发生地扩散到其他行政区域。由于各行政区划之间在应急管理能力水平、思路方法、政策措施等方面可能存在一定差异,不同地域的地理环境、气候条件等可能对道路运输工作的影响和条件有所差异(如平原与高原、南北方冬季运输条件等)。如果事先缺乏有效沟通和协调处置,往往会因为措施不一致、条件不适应等影响处置效率甚至引发新的问题(如在2008年南方特大雨雪冰冻灾害期间,有的省份高速公路开放,而有的省份高速公路则封闭,严重影响了人员和物资的流动,加剧了某些地域旅客和车辆的滞留程度和处置难度,给应急处置工作带来新的压力和问题)。因此,要加强研究分析和协调沟通,根据实际需要积极构建完善区域协同联动机制,尤其是在相邻省市、相邻地区之间应加强协调互助,充分整合各方资源、实现明确处置措施、发挥各方优势完善对口支援机制,不断提高突发事件应对能力和效率。

(4)加强军民、军地协同联动,充分借助和发挥武装力量保障优势,同时积极为国防动员夯实基础。武装力量是我国突发事件处置及应对的骨干和突击力量。在道路运输应急保障工作方面,人民解放军、武警官兵和民兵预备役部队等在运输人员和车辆保障、道路快速抢修保通、后勤服务保障、运输组织指挥等方面具备强大优势和丰富资源,其组织响应效率和保障标准质量是地方力量难以比拟的。特别是在巨灾条件下,武装力量往往更能临危受命、力挽狂澜。因此,在确保国家安全的前提下,应充分发挥武装力量的优势作用,积极引导协同武装力量参与到应急运输保障工作之中。在实际工作中,军民、军地协同联动主要面临军地双重领导的障碍,与部门、条块及地域之间的协同联动相比难度较大。为实现军民、军地的良好协同和高效联动,必须在现有体制下深入探讨军地合作机制,从体制、组织、制度等方面层层破解、畅通渠道、形成制度,使军地、军民在合作互助共同应对突发事件中顺畅进行、高效运转。

(5)跨国协同联动机制的建立完善。一方面,突发事件没有边界、不分国别,在边疆地区突发事件往往会跨越国界,需要加强信息交流、进行沟通协调以及跨国处置等。另一方面,我国陆地边境线长达2.2万多公里,与十多个国家接壤。在经济全球化时代,边境贸易蓬勃发展,人员、经济往来愈发密切,跨国道路旅客及物资运输发展迅速,各种应急风险隐患随之增加,建立完善跨国应急协同联动机制十分必要。因此,要未雨绸缪,及时深入开展国际道路运输应急风险评估工作,结合工作实际及应急需求,积极通过外交途径,与相邻国家和地区建立沟通联络机制和应急处置合作关系。

(6)社会力量的组织与协同。包括社区、企业、非政府组织、志愿者等力量的科学组织与有效协同,相关内容在社会动员机制构建及完善中已有论述,在此不再赘述。

总体上,道路运输应急保障虽然涉及多个方面的协同联动,但在具体实践中应对不同突发事件需要协同联动的部门不尽相同,还要根据突发事件类型、事件的影响范围及程度,应急处置具体环节的工作内容以及处置应对实际需要等具体明确和实施。但应事先结合协同联动涉及的不同主体属性进行深入研究和科学设计,对协同联动的时机、内容、程序、渠道及保障措施等进行明确,确保需要时不掉链子。

政府机构作为突发事件应对的核心主体,在各项应急管理活动中处于主导地位,是应急协同联动的主要方面。根据应急管理工作实际,不同类型突发事件对道路运输的影响及应急处置中需要协同联动的主要政府部门如表11-1所示。

不同类型突发事件对道路运输的影响及应急处置应对中需要协同联动的主要政府部门

表11-1

突发事件类型	造成的主要影响	道路运输应急保障工作重点	需要协同联动的主要政府部门	
			系统内部	系统外部
自然灾害	人员伤亡;道路、运输场站等交通设施损坏;运输中断、运力损失	人员救援;交通设施抢修;应急运力保障;物资运送	货管处;客管处;运输企业;信息中心;公路局	政府机构、地震、民政、通信、气象、国土等部门
事故灾难	人员伤亡;运输中断;旅客积压;危险品泄漏	人员救援;运输线路调整;运力保障	客管处;货运处;运输企业;信息中心;公路局	政府、医疗、交警、质监局、气象、消防等部门
公共卫生事件	人员身体健康受威胁;运输场站及运输过程中车辆消毒、人员检验免疫及疑似人员处置等组织实施工作增加、难度大	协助开展消毒、免疫工作;疑似人员报送、处置;运力保障	客管处;货运处;运输企业;运输场站;路政管理	政府、卫生、防疫、交警等部门

续上表

突发事件类型	造成的主要影响	道路运输应急保障工作重点	需要协同联动的主要政府部门	
			系统内部	系统外部
社会安全事件	运输场站关闭;各种秩序混乱;旅客积压	运力保障;确定临时运输场站;运营组织;事态控制	运输企业;运输场站;运政部门;客管处;货运处	政府、公安、交通、武警、安监、城建等部门

需要协同联动的政府外部部门或组织主要有解放军及武警等武装力量(如交通武警、工程兵部队、后勤保障机构等)、运输及相关企业(如物流企业、客运公司等)、社会团体及志愿者等。在政府外部部门及各类组织方面,因涉及的内容较多且不确定性较大,协同联动机制构建过程中难以面面俱到、细致全面,但应制定有相关方案、明确通用操作方法措施等,以备不时之需。

11.2.2 道路运输应急保障协同联动机制现状

近年来,各级对道路运输应急保障协同联动工作高度重视,积极从法规制度规范、组织功能完善、信息沟通共享、技术体系支撑等方面不断加强协同联动体系建设,道路运输应急保障协同联动工作进步明显、成效显著。主要体现在以下几个方面。

(1)法规制度保障体系不断丰富发展。法规制度对协同联动机制的快速建立和发展具有很好的推动作用,对确保应急协同联动工作规范运作、有序开展具有重要作用和意义。《交通运输突发事件应急管理规定》第四条规定:“交通运输突发事件应对活动应当遵循属地管理原则,在各级地方人民政府的统一领导下,建立分级负责、分类管理、协调联动的交通运输应急管理体制。”第五条明确指出:“县级以上各级交通运输主管部门应当会同有关部门建立应急联动协作机制,共同加强交通运输突发事件应急管理工作。”为道路运输应急保障协同联动机制的构建提供了指导和依据。此外,《公路交通突发事件应急预案》对公路交通突发事件处置应对中的信息通报与联动响应以及联动处置机制等都做了相关要求和总体部署。《关于加强道路运输应急保障工作的若干意见》对全国联动、管理联动以及部门联动的程序、内容等做了明确和细化。交通部、卫生部还共同制定了《突发公共卫生事件交通应急规定》。虽然相关法规制度还不够细致和明确,但一系列法规制度的制定和完善,有力地推动了道路运输应急保障协同联动工作健康、快速发展,为协同联动机制的科学构建提供了有力支撑和重要保障。

(2)协同联动组织功能不断建立完善。《公路交通突发事件应急预案》对应急组织体系的构成、各方组织体系职能、应急协作部门职责等做了具体规定,明确提出设立公路网管理与应急处置中心(“路网中心”),作为国家级公路交通应急日常管理机构。同时,"路网中心"还是一个综合信息处理中心,为协同联动各项工作的组织和开展创造了良好条件。通过从上至下的推动和引导,省、市、县各级道路运输应急管理机构也积极建立,并在应急管理实践中不断发展和完善。组织体系的建立完善和功能作用的积极发挥良好地理顺了系统内部关系,确保了道路运输应急管理机构自身的高效运转。在系统外部协同联动组织建设方面,以政府应急管理机构的领导和组织为依托,常态化、制度化的应急形势分析、应急研讨协商等工作深入开展,一些政府还主导成立了应急联合指挥中心,为应急协同联动工作的开展创造了良好条件。但同时,协同联动组织建设的临时性特点还比较突出,不利于协同联动工作的常态化、深入化、平稳化开展。

(3)信息沟通及协商机制不断优化提升。信息是应急协同联动各方的纽带和桥梁,良好的信息沟通和共享是实现应急协同联动的基础和前提。为此,各级政府和部门的预案、应急管理规定等对信息报送、信息共享等工作做了明确规定,对信息报送的内容、时限以及信息共享中的责任义务等提出了明确规定和具体要求。总体上,在道路运输应急保障协同联动工作中,信息的来源渠道不断丰富多元、信息传递的可靠性及时性不断提升、信息沟通联络的科学性有效性不断增强,有力地促进了协同联动工作科学发展。但是,由于缺乏必要的演练和具体协商等,在实践中,特别是在与系统外部部门的沟通协调中还存在一些不尽如人意的地方,需要进一步改进和完善。

(4)科技投入及运用不断增强。各种资源的高效征集、科学使用是应急保障协同联动工作的核心和关键。通过增加科技投入、建设综合性应急平台,实现资源、力量的可视化呈现以及高效指挥调动,可极大提升协同联动质量和效能。近年来,随着智能交通技术的不断研究发展和投入应用,应急指挥调度和联动处置质量效能不断增强。例如,车辆定位技术可显著提升应急运力的征集调用和运输保障效率、实时路况和交通控制系统可为应急运输路线规划以及应急通道保障等提供科学依据和有力支撑。但是在综合指挥平台搭建、基础信息监测与处理系统建设等方面还不够深入,全面性、可靠性等还有待进一步提升和加强。

11.2.3 存在的问题和不足

虽然发展迅速、进步明显,但由于领导体制、组织体系等多方面的原因,道路运输应急保障协同联动机制建设中还存在以下问题和不足,需要进一步改进和完善。

(1)指挥管理方面,存在临时性强、职责不清、多头管理等问题。在突发事件处置应对中,我国多以临时建立指挥部进行组织指挥的模式进行,突发事件处置完毕后即解散,这对协同联动造成的不利影响主要体现在两个方面。一是临时指挥机构往往缺乏既定工作规则和制度保障,主要依靠指挥者个人推动,加之人员之间缺乏沟通磨合,会对协调统一效率造成不利影响。二是成立临时指挥机构的模式重点在事件发生之后的处置和恢复重建,容易造成预防准备工作的弱化甚至无视,并且难以形成稳定成熟的应急管理队伍,不利于应急管理的经验积累和能力提升。此外,道路运输应急管理工作涉及应急运力和人员征集、运输路线保障、运输组织管理以及后勤保障等多个环节的工作和内容,各项工作分别由不同的业务机构负责管理,而且还存在同一工作由多个部门管理的权限重叠等问题(如运输线路根据性质等不同涉及公路局、高速公路管理局等不同主体;同一条高速公路跨界时分属不同管理部门,一路多制等问题突出,等等),协调主体较多极大增加了协同联动难度,并且还存在职责不清、界限不明、政策不一等问题,导致落实工作时互相推诿、涉及利益时互相争执、承担责任时互相扯皮等,很容易贻误处置良机、影响整体大局。

(2)部门协作方面,主要依靠上下纵向联动,横向联动建设不足。纵向联动方面,我国已建立了由国家级(交通运输部)、省级(省级交通运输主管部门)、市级(市级交通运输主管部门)和县级(县级交通运输主管部门)四级应急管理机构组成的道路运输应急管理体系。《公路交通突发事件应急预案》还对相关管理机构的组成、职能等进行了明确,总体上组织结构完善、功能完整、职能清晰,还有等级化从属关系和相关制度为保障,经过多年的实践磨合,运转已较为顺畅。但在横向联动建设方面,应急保障参与单位的行动普遍侧重于自身职责范围内的明哲保身,除外部制度环境或完成本职工作需要的压力之外,普遍缺乏协同联动的动力和积极性,信息沟通不畅、行动配合不力,往往致使应急行动缺乏统筹安排、资源整合不充分、形成合力有限等。尤其是在跨区域的应急处置应对工作中,由于层级不对等、隶属关系错位等原因,沟通协调环节更加复杂、不确定影响因素更加众多,应急协同联动更加艰难、效率更加低下。

(3)技术手段方面,标准不一信息整合不充分,综合指挥平台和相关体系建设滞后、科学决策不足。近年来,通过层层推动,应急管理技术投入大幅增加、信息化建设水平不断增强。但在工作实践中,一方面缺乏总体规划和体系设计,导致标准不统一、布局不合理,重复建设、兼容性差等问题较为突出。另一方面,各机构、各部门在建设、管理、运营中往往各自为战,更有甚者,故意制造障碍、设置瓶颈,致使各种信息资源难以有效整合、综合处理,严重影响信息质量和传输效率,制约了道路运输应急保障协同联动机制的科学高效构建。此外,由于技术标准不统一等造成的系统和数据割裂等问题广泛存在,加之缺乏统一有效的组织指挥体系,综合应急管理指挥平台建设滞后,互联互通困难、信息难以有效共享,严重影响系统综合效益的发挥和信息质量水平,导致决策依据不足,影响决策的科学性、充分性、合理性、全面性。

(4)资源力量方面,分布较散、组织协调难度大。一方面,我国的道路运输管理体制本身较为复杂分散,交通运输主管部门下设道路建设、路政管理、运输管理等多个机构,相互之间专业性强、相对较为独立,且各项工作环环相扣、联系紧密,衔接不良往往会相互掣肘。另一方面,道路运输应急保障工作具有一定的综合性,但我国分领域、分部门的管理模式,易造成应急所需资源储备管理主体多、分布广,应急力量过于分散、技能单一等问题。不利于应急处置中的力量充分整合和资源高效调度。

11.3 道路运输应急保障协同联动机制优化与完善

11.3.1 应急协同联动机制建设经验借鉴

当前,很多发达国家已经建立了较为完善的突发事件应急管理机制,形成了一系列卓有成效的协同联动模式,虽然国情、国力、体制、环境等各不相同,应急管理协同联动模式也各有所异,但总体上,较为完善有效的协同联动模式都具有“政府主导、法制规范、平台集中、权责清晰”等特点。通过研究分析、借鉴融合,对促进我国道路运输应急保障协同联动机制的快速发展和全面优化具有积极作用。

(1)政府主导强化权威,确保协同联动协调统一。为强化突发事件应对的统一指挥、提高应急处置效率,很多发达国家都在不同层级成立了常设机构,作为指挥中枢和协同联动组织,对应急涉及各方进行统一指挥和有效协同。例如,在国家层面,美国明确国土安全部和联邦紧急事件管理署、日本指定内阁官房、英国在内阁办公室设立国民紧急事务秘书处作为突发事件应对的指挥和协同机构;在地方政府层面,美国各级政府设立应急处理小组或应急处理委员会、英国通过“地方恢复力论坛”进行协同,日本则直接明确地方政府在应急处置中享有自治权。同时,上述国家还通过立法等手段对相关机构在突发事件应对中的主导地位和指挥权力进行了强化和明确,有力促进了集中组织领导,确保危机事态时有关各方能够迅速响应、有效联动、协调动作。

(2)法制规范明确权责,确保协同联动有效落实。在应急管理各项工作中,发达国家一贯注重法制建设,通过制定标准、明确程序、强化权责使应急管理各项工作有章可循、有据可依,同时也对应急有关各方的行动、义务等进行有力约束,确保事先明确的各项工作内容能够有效落实,危机事态时能够科学高效运转。除完善的法制体系外,还在各级预案、协同联动方案、行动计划等中对协同联动相关事宜进行进一步细化和明确。例如,美国在各种突发事件预案中就对相关各方的行动内容、联动职责等进行事先明确并定期开展相关演练,对较为复杂或临时性工作在应急管理指挥机构的组织下协商制动相关行动计划进行规范;在区域联动方面,美国通过《州际应急管理互助协议》等积极开展协同配合和合作应对工作，日本通过综合防灾机构对各部门、专业力量等进行协调整合，确保协同联动各项工作有条不紊、紧密衔接。

(3)平台集中整合资源，确保协同联动优质高效。实践证明，先进技术手段的科学运用是提高应急联动效率、高效整合各方资源力量的有效途径，先进技术手段在应急管理中的功能作用通过应急指挥平台得以集中体现和良好展示。在应急平台建设中，很多发达国家通过集中领导、科学规划、统一标准等实现了应急指挥管理信息体系的体系化发展建设和综合性功能发挥。通过统一的应急指挥平台，可及时传输、汇总各方信息，综合显示各方资源力量分布和工作进度并进行指挥调度，还可在一定程度上实现信息的自动化处理和辅助决策等功能，极大地提高了信息沟通和共享质效，促进了应急行动的有效联动和资源力量的充分整合。同时，还有效地推动了应急管理从被动应对向主动防御的科学转变，从单项防灾向综合防灾的整体转化。

(4)多元互动整体应对，确保协同联动全面覆盖。发达国家在应急管理实践中主体多元化、危机应对网络化、合作协调区域化的特点十分明显，形成了人尽其力、物尽其用的危机应对良好局面。在民间组织、志愿者、企业等的协同联动中有以下几点尤其值得我们学习借鉴。首先，通过广泛深入的宣传教育，全面强化防灾意识、提高应急能力、激发参与动力。其次，科学界定、明确定位分工，并通过有效的组织领导和法规制度规范充分整合各方资源和力量，使各种应急力量能够各负其责、协同互助，各方资源得以有效调动、发挥作用。例如，美国通过民间社区灾难联防组织体系的建立和规范，对各级救灾组织、指挥体系的作业标准、工作流程等进行具体明确，确保各方行动高效统一；日本通过防灾法律和规划，指定民间组织、志愿者、企业等为相应公共防灾机构的协助者，直接参与政府应急管理工作；英国在《国民紧急事务法》中对私营部门的信息公开、资源共享等进行了明确，规定各类企业之间通过商业关系进行信息共享和应急协作。

此外，发达国家在应急资源的储备管理、专业力量和队伍建设管理等方面一般有专门机构或指定具体部门负责，权责清晰、集中统一，有利于集约管理和高效调度。

11.3.2 完善道路运输应急保障协同联动机制的思路与对策

针对存在的问题和不足，结合国内外发展建设经验以及应急保障需求，道路运输应急保障协同联动机制还应从以下方面加以进一步发展和完善。

1. 进一步加强协同联动组织建设，增强协同联动的权威性、综合性

针对道路运输应急保障协同联动工作实际，协同联动组织建设应从三个层面加以完善:道路运输系统内部的协同联动组织、综合性应急协同联动组织以及区域性协同联动组织。

(1)强化集中统一、优化职能配置,进一步顺畅道路运输系统内部的协同联动。根据《公路交通突发事件应急预案》有关规定,道路运输系统内部的应急协同联动工作由应急领导小组统一负责,但根据职责划分具体工作的实施日常状态下主要由公路网管理与应急处置中心负责、应急状态下则由综合协调小组负责。总体上,领导权威发挥不足、功能运作不够集中,平时协调不充分、应急状态下联动不同步等问题还在一定程度上存在。结合道路运输应急管理需要,应进一步提升和强化日常管理机构权威,可以“公路网管理与应急处置中心”为基础积极构建常态化的道路运输应急指挥中心,将协同联动相关工作前置化,不断夯实应急联动组织基础和运行机制,避免多头指挥、临时协调以及横向自主沟通等造成的运行不畅、效率不高、资源内耗等问题。

(2)坚持政府主导、立足平时建设,不断强化部门协作、顺畅横向联动。当前,平级业务部门之间的协同联动主要依靠突发事件对口负责部门的单方推动或应急状态下临时指挥机构下达行政命令的模式进行运作,成本较高、效果较差。对此,可借鉴发达国家经验,以政府为主在不同层级建立常设的综合应急指挥管理机构,以突发事件的高效应对为唯一目标导向、依据部门业务区分及职能定位,对应急准备、处置、恢复重建等各项工作进行统一筹划和科学部署,明确各部门协同联动的内容、职责及要求等,不断深化协同联动机制建设,搭建沟通网络、完善协同模式,确保各种资源科学高效配置使用、应急力量优势互补协同共进。

(3)科学统筹、纵横兼顾,积极构建区域应急协同联动合作机制。一方面,在国家级应急管理组织层面,要进一步调研汇总、明确规范,对协同联动中的一些共性、常态化等问题要统一标准、强力推进,如应急信息沟通及资源共享的相关要求和规范、区域性应急管理体系的研究构建以及应急运力、应急通道、应急资源储备等的统一建设和集中管理等。另一方面,在地方应急管理组织层面,在积极完善内部协同联动机制的同时,要通过自主协商、互助合作、上级牵线搭桥等方式,不断加强同周边政府、同级部门、武装力量之间的沟通协调,形成优势互补、合作共赢的应急管理良好局面。

2. 不断强化协同联动法制规范和保障,确保协同联动的约束性、规范性

在日常状态,不同部门和机构有着各自的工作职责,分别从事不同的业务工作、完成不同专业领域的任务,相互间的交涉和联系有限。当发生突发事件时,一方面相关部门要从日常工作状态转入紧急状态,原先的工作节奏和平衡状态被打破。另一方面应急处置工作的综合性、急迫性、复杂性和交互性使得相互间的工作界限不再泾渭分明。实践证明,制定和完善相应的法规制度对有关各方的行为进行必要的约束和规范,是高效统一各方行动路径、提升应急联动协调度的有效方式。针对道路运输应急保障工作实际,可从以下方面发力,规范协同联动运作机制、强化协同联动行动自觉。

(1)法规制度强制约束。对应急协同联动工作的基本原则和工作指导、协同联动路径及机制建设的责任主体、各部门和机构的责任义务以及相应的奖惩措施等应以法规制度的形式予以明确,以确保协同联动相关工作得以规范开展、快速推进。同时,还要深化相关工作标准和规范等的研究制定(如信息系统建设的层次标准、兼容性要求等),以加强工作指导、利于集中统一。

(2)应急预案衔接保障。应急预案是应急管理各方开展应急工作的具体指导和操作指南。具体、明确、可操作性强的应急预案在一定程度上可化应急管理为常规管理,极大地提升应急管理能力、水平和处置效率。因此,应急预案应对应急准备阶段协同联动的先期工作和基础条件落实,突发事件发生时应急响应单位和机构应采取的措施、处置程序,通报联动的具体单位、联动渠道和方式、配合完成的具体工作等做出明确和具体的规定,并指定具体负责的部门和人员。通过应急预案的体系化、整体化建设规范,保障应急行动的统一组织和协调开展。

(3)会商协议强化规范。部门之间以及部门与企业、非政府组织等相互间的工作衔接及配合、沟通渠道及方式、应急管理过程中协作的内容及义务以及联动协作的方式等应急协同联动中的具体问题,往往应时而变、应势而动,难以以一概之。因此,对法制约束、预案保障中的未尽事宜,要通过主动联络明确协同内容方案、由上级部门牵头组织相关部门定期会商应急形势等方式,综合利用各种有效渠道积极建立多边或双边合作关系,顺畅信息交流渠道,形成共商互助、紧密合作的良性循环机制。

(4)演练磨合促进。突发事件应急处置工作需要多个职能部门参与,指挥协调十分复杂,很难周全考虑整个应急过程中面临的所有问题。应急演练是检验应急管理体系的适应性、完备性和协同有效性的较好方式。定期进行应急演练,不仅可以强化相关人员的应急意识,提高参与者的快速反应能力和实战水平,又能暴露应急预案和管理体系中的不足,检测协同方案和联动路径是否有效、可行。同时,还可以减少应急行动中的人为错误,降低应急资源和响应时间的耗费。通过检验试错、修正完善、磨合提高,不断提升协同联动的科学性、完备性、高效性。

3. 大力加强科技投入和平台建设,提升协同质量和联动效率

技术支撑在协同联动尤其是信息沟通和组织指挥中的作用和意义显而易见。协同联动机制建设中,应从信息监测收集系统、信息传输处理系统以及信息平台体系三个方面加大科技投入,以信息整合推动行动合力。

(1)要建设丰富全面的基础信息监测、收集体系。应急管理活动中需要大量的历史、即时及预测等信息作为指挥决策和行动判断的依据,信息收集越全面丰富,情况判断就越真实充分,决策才能更准确适用,行动也才能更加坚决。为此,一方面要积极建设应急信息基础数据库,对历史数据、相关案例信息等进行收集、研究和分析,为相关事态应对和协同联动机制构建提供参考和借鉴;另一方面要加强实时信息监测体系建设,为应急处置决策和行动开展提供充分依据,提升应急协同联动的实效性和协同联动的主动性。在道路运输应急保障体系建设中,应着重加强实时路况、车辆运行状态以及客货运输供需情况等信息的监测和收集处理等,不断提升信息收集、处置效率和能力水平,不断增强应急管理及协同联动工作的可视度、实时性和计划性。

(2)要借助科技手段和途径增强信息沟通的可靠性、稳定性和有效性。信息是应急参与各方沟通、衔接的桥梁,是应急联动的前提和基本保证。很多突发事件会对信息通信体系造成影响和破坏,形成信息孤岛和行动盲区,使得协同联动困难、组织指挥乏力。为此,要准备充分,充分利用应急通信车、卫星通信系统、无线电通信技术、有线信息网络等多种技术手段积极搭建稳定、可靠的通信网络,确保应急时指挥得到、联系得上、沟通得了,避免应急应对的无序性和盲目性。

(3)要加强信息技术指挥平台建设,充分整合、运用好信息资源。由于道路运输系统涉及面广、影响因素多,应急保障所需信息较为分散,不利于信息资源效用发挥,影响和制约应急决策和协同联动的科学性、有效性。对此,可积极运用通信网络技术、数据库技术、计算机技术、信息可视化技术等,加大对道路运输应急管理的信息化、智能化建设力度,结合组织指挥体系区分不同层次、不同区域等建设综合性、集成化的信息处置和指挥平台,通过信息系统、辅助决策系统、通信联络系统等的科学运用,将应急力量和资源、突发事件现场、指挥决策中心、应急处置涉及各方等连成统一整体,形成透明、可视、动态、高效的应急协同和处置应对体系。

4. 整合应急力量和资源体系,把握协同联动核心关键

强有力的应急力量和资源体系既是协同联动的核心也是应急处置应对的关键。道路运输应急力量和资源体系建设要区分专业体系建设、社会力量和资源整合两个层次进行。当前,在专业体系建设层面,存在力量建设和资源储备分散管理、多头指挥等问题,如应急运力建设管理由道路运输管理机构负责、道路抢修保通队伍由道路建设或运营机构建设管理,相应的物资储备等也较为分散。对此,应结合常设性应急管理组织的优化建设,将专业应急保障力量体系建设、应急物资储备的管理建设权限等进行集中统一,减少不必要的沟通协调环节和组织指挥层级。同时,也有利于提升资源力量体系的专业化程度和能力素质。在社会力量和资源整合层面,一方面要对社会力量和公众资源在应急处置中的重要作用和地位正确看待、引起重视,确实发挥出社会力量和公众资源的巨大潜力,同时,要通过社会力量和资源的深入动员，推动全社会应急能力和意识的提升及强化；另一方面，要指定专门机构负责，科学搭建平台、充分完善参与渠道，在引导社会力量和公众资源积极进入的同时，做好衔接、管理和使用等工作，做到物尽其用、人尽其才，形成可持续、长效性的力量和资源补充机制。

5. 加强国际道路运输应急协同联动体系建设管理

国际道路运输应急管理处置工作政策性强、政治影响大、波及面广，一旦处置不当后果和影响难以意料。而且不同国家在管理方式、政策体制、文化背景、环境条件等方面存在一定差异，给应急处置工作带来一定难度。因此，在国际道路运输突发事件处置应对中，应按照涉外事件相关规定要求，协同外事部门积极、妥善解决。更重要的是，涉及国际道路运输应急保障的组织机构，要加强风险管理评估和应急准备各项工作。同时，要未雨绸缪，积极通过外交部门、民间组织等预先搭设沟通渠道和协同路径，定期进行会晤协商，建立长效性、常态化的应急合作互助关系。

12 应急征用及补偿机制

突发事件发生后,往往需要在短时间内集中大量的人力、物力、财力等进行应对,尽管政府及应急管理机构在应急准备阶段会有所储备,但由于主客观条件限制、基于成本及可行性方面的考虑等,有些物资可能无法事先储备或者储备不足又无法通过市场购买等渠道快速到位。因此,很多时候可能需要临时征用企业、社会组织或公民个人合法的私有财产才能满足应急处置需要,应急征用已经成为突发事件处置应对中资源配置的重要方式和有效手段。合法有序、稳定可靠、高效迅速地征集社会资源,对降低应急管理成本、提高应急管理效率具有十分重要的作用和意义。同时,也要建立和完善科学合理的补偿机制,积极维护被征用方的合法权益,才能确保应急征用工作顺利和可持续开展,真正提高应急效率,也才能有效维护政府及应急管理机构公信力和良好形象,促进社会和谐。

12.1 道路运输应急保障中征用资源的主要类别

应急征用与补偿是指在突发事件处置应对过程中,政府、部门及其应急管理机构等处于公共利益的需要,依照法规规定及相关授权,按照事先协议或强制征用等方式临时使用、占用公民、法人或其他组织的某些财产物资等,用于应急处置并给予补偿的活动。

由于突发事件的性质、属性、严重程度等不同以及应急处置需要和应急准备情况各异等,需要征用资源的内容也各不相同,具体需要的物资品种、类别、数量等往往因地而异、因事不同、因时各异。一般而言,在突发事件应急处置过程中,应急征用的资源种类主要有物资、设备、设施、场所等。结合道路运输应急保障要素及应急管理实际,道路运输应急保障中需要征用的资源主要包括保障运输线路畅通的工程机械、铺路设备以及沥青、标识标牌等物资,运输物资的车辆及驾驶人员(由于在运输过程中车辆及驾驶员具有很强的同一性和不可分割性,车辆及驾驶员通常一起征用,统称为应急运力。其中车辆是关键),供车辆集结、物资装卸以及人员集散的运输场地,应急运输组织过程中的车辆维修、油料补给、人员食宿等后勤服务保障,等等。应急运输保障中可能涉及的征用资源种类及内容如表 12-1 所示。

道路运输应急保障涉及的征用资源类型及内容　　表 12-1

资源类型	具体内容
物资	能源(水、电、油等)、车辆及道路防滑所需物资(防滑链、防滑剂等)、沥青和砂石等修路物资
设备	道路运输工具(客货运车辆等)、照明器材、通信设备、物资装卸机械、工程机械、道路建设和维护专用机械、车辆及机械维修设备
设施	车道及人员隔离设施;交通标识标牌、警示设施;附属于所征用场所或设备内,难以或不可移动的财物等
场所	广场、运输场站、建筑物(宾馆、机械维修点、油料站等)
其他资源	交通管制(限制其他车辆对应急通道的使用权)、车辆及机械维修人员、运输保障技术支援

道路运输应急保障所需资源类别多样、形态复杂,很多资源具有很强的专业性和一定的特殊性,因此,应急管理机构有必要对其建立相关目录进行科学分类、区别对待,根据实际情况进行预先储备、社会购买和应急征用等相结合的应急保障形式。从应急管理实际及客观现实等来看,道路管理维护有专门机构负责,并配备有相关机械及物资,可在一定程度上满足应急保障需求,开展应急征用的强度不大;照明、通信、防滑等物资设备已经建设有应急储备体系;应急物资装卸场所、应急运力集结场地等可利用现有运输场站进行功能转换或结合实际情况临时指定;油料、人员食宿等后勤服务主要依托购买社会化服务或政府统筹应急供给进行保障。由于储备难度大、成本高、质效比低等原因,道路运输应急保障中应急征用任务较重的主要是应急运力资源(包括车辆维修资源等)、道路抢修保通的工程机械等,其中又以应急运力征用最为复杂和困难。

由于应急处置的特殊性和差异性,被征用方可能涉及企事业单位、社会团体以及个人等,征用资源种类包括车辆、人员、物资等,还涉及维修、运输风险、后勤保障等一系列问题,应急征用与补偿工作具有一定的复杂性。同时,由于道路运输应急保障征用资源多为生产资料,会对正常的生产经营活动造成一定影响,应急征用与补偿利益敏感性较强。因此,建立一个科学、规范、合理的应急征用补偿机制具有很强的必要性和迫切性。

12.2 道路运输应急征用及补偿机制概况

12.2.1 应急征用及补偿机制的主要内容

应急征用及补偿是应急管理实践中一个非常重要也是非常复杂和棘手的问题,涉及法理均衡、利益平衡、实践运作等一系列问题。从国内外经验及相关研究成果来看,应急征用机制主要解决的是合法、高效、有序征用相关资源的问题,应急征用补偿机制主要解决的是对征用资源进行公平、合理、及时补偿,以促进应急征用健康、可持续发展的问题。总体上,应急征用机制涉及的内容主要包括征用的法理依据、应急征用实施主体、征用资源的内容体系、征用程序规范及相关保障制度等,应急征用补偿机制的内容主要包括补偿范围、补偿标准、相关程序及资金保障等。

1. 应急征用机制的主要内容

(1)应急征用的法制保障体系及相关法律授权。应急征用会在一定程度上限制、占用甚至临时剥夺被征用方对其财产权利的正常行使,与日常状态下对被征用方财产权利的承诺和保护存在一定冲突和矛盾。虽然毫无疑问应急征用是符合法治精神的、是紧急状态下最大限度维护公共利益的必要行为,但是,依然有必要发挥法制功能对应急征用的合法性和相关权利的行使进行明确和保障。这既是依法治国、依法行政的内在要求和精神体现也是构建和谐社会的现实需要和必然举措,更是确保应急征用工作顺利开展的基础保障和根本依据。因此,应急征用机制的发展建设必须法制先行,尤其要对紧急状态下应急征用涉及的财产权利调整、征用权力授权以及两者之间的平衡进行规范和明确,以充分解决好行政征用权与公民财产权之间的矛盾和冲突。

(2)组织领导体系建设及应急征用实施主体明确。对应急征用组织体系和实施主体进行具体明确,一方面是对应急征用权力进行法律授权和相关规范的现实需求。另一方面对征用实施主体进行明确有利于划分明确相关责任、促进征用工作的落实,避免职责不清、权限不明产生推诿等。组织领导体系的建立明确主要是利于征用工作开展中的矛盾协调及指挥配合等,但是为避免多头指挥以及不必要的组织重叠等问题,应急征用组织领导可与应急管理领导组织合并,在应急管理领导组织建设时对应急征用工作的组织指挥进行综合考虑和明确即可。

(3)应急征用的条件以及可征用资源的内容及使用范围等。应急征用虽然赋予公权力在紧急状态下对公民或相关组织的财产具有征用权力,但这种权力并不是没有边界和限制的。为防止征用实施主体对征用权力的不规范使用以及无序滥用等问题,同时出于对被征用方基本权力和利益保护的需要,必须对应急征用的条件和目的、征用资源的种类以及使用范围等做出明确规定。在具体工作实践中,由于不同的突发事件归属不同部门管理,且突发事件有其特殊性,很难对具体的可征用资源做出科学判定和规定,但可通过明确不可征用或免于征用的资源种类和情形、对征用实施主体的不正当征用和使用行为追究法律责任等形式进行规范和限定。

(4)应急征用相关工作制度和行动方案。主要包括应急征用的流程、对征用资源的调度和使用管理制度、必要的保障措施以及针对可能遇到问题或困难的解决方法的制度化规范等。由于不同资源涉及的利益矛盾及工作情形差异较大,需要结合工作实际和具体情形进行科学研判、充分预想、有效应对,才能制定出切实管用的工作制度和征用方案。从国内外经验来看,重视灾前规划和公私合作,并通过协议约束、补偿明确等方法进行有效保障,是确保应急征用高效开展、促进征用质效的有效手段。

2. 应急征用补偿机制的主要内容

应急征用要求个人利益在公共利益面前做出适度的让步,但不能要求个人利益的这种让步是无私的、无偿的,尤其某些情况下应急征用对被征用方产生的影响或造成的损失可能并不比突发事件造成的影响或损失小,有必要对被征用方进行适当的补偿。否则这种征用必然是不可持续的,还会有损政府权威、影响社会和谐。征用补偿机制的目的就是在"公共利益"和"个人利益"之间构建一种平衡,有效协调各方利益,在保障应急征用高效顺畅开展的同时科学有效兼顾被征用方的权益。贝勒斯在《法律的原则——一个规范的分析》一书中就曾说过:"补偿之主旨就在于避免为社会之善而牺牲某个人。"为有效保障被征用方合法权益,促进应急征用工作科学、健康、可持续开展,对应急征用补偿应引起足够的关注和重视,加强研究总结,主动作为,努力推动征用补偿工作体系不断完善和完备。应急征用补偿机制的内容主要包括以下几个方面。

(1)征用补偿法制规范。主要包括应急征用补偿的原则、实施补偿的责任主体、法律责任等。为应急征用补偿工作的开展提供科学指导和明确依据,同时通过法制约束明确相关主体、强化补偿责任,有效确保征用补偿工作贯彻落实。

(2)征用补偿的范围、标准和方式等。应急征用资源的品类繁杂、属性各异,在征用过程中还涉及损耗、损坏等复杂情况。为增强征用补偿工作的科学性、规范性、可操作性,应事先对征用资源的补偿范围(如车辆征用过程中需要区分事故损坏、使用损失、保险是否理赔等情况明确是否进行征用补偿)、不同属性的征用资源和财产的补偿标准及计算方法、征用补偿的形式(实物补偿、经济补偿、政策补偿等)等给予明确规定,以增强征用补偿工作的科学性、规范性,避免不必要的矛盾和争议。

(3)征用补偿的程序及相关工作要求。主要包括征用结束后进行补偿的程序、步骤、时限,以及为便于征用补偿工作的开展在征用资源使用过程中应完善和保存的台账、凭证和必要的记录资料等。

(4)征用补偿的相关保障及争议解决方法等。主要包括补偿的资金保障、组织保障以及对补偿标准、内容等存有争议时的解决方法等。从相关经验来看,经济补偿是征用补偿中最常用也是最管用的方式,因此在征用保障内容体系中补偿资金是关键。同时，由于涉及征用各方切身利益，征用资源或财产损失情形等又较为复杂多样，在补偿过程中难免存在争议或矛盾，因此，应建立相应的申诉、仲裁和救济机制，以正确对待争议、科学解决纠纷、妥善处理矛盾、有效满足合理诉求。

12.2.2 发展建设情况

鉴于道路运输应急保障在各种突发事件处置应对中的重要作用以及道路运输应急保障资源的特殊性，一直以来应急管理机构对道路运输应急征用工作都非常重视，尤其是对应急运力这一道路运输应急保障核心资源的征用及补偿工作进行了深入研究和有效完善。经过多年的发展建设，道路运输应急征用及补偿机制不断完善。尤其是在2008年汶川大地震之后，针对存在的问题和不足，有关各方深入调研、科学筹划、总结经验、改进完善，从组织体系、法规制度、运行机制、保障体系等方面全面促进了道路运输应急征用及补偿机制的科学发展和深入完善。

在法规制度体系建设方面，《中华人民共和国突发事件应对法》对应急征用的权责、实施主体、补偿要求、被征用方的配合义务、征用实施主体相关法律责任等都做出了规定和要求，为应急征用的实施提供了坚强保障和科学指导。《国家突发公共事件总体应急预案》在进一步对征用补偿、补偿救济等予以明确规定的基础上，还对突发事件应对中的交通运输保障进行了特别规定和说明，明确提出要"依法建立紧急情况社会交通运输工具的征用程序"，同时还对紧急情况下的交通管制和应急运力优先等进行了明确，进一步丰富和完善了道路运输应急征用和补偿的内涵体系。在此基础上《公路交通突发事件应急预案》《交通运输突发事件应急管理规定》等进一步结合工作职责和应急保障工作实际对道路运输应急保障资源征用和补偿的相关内容进行了明确和细化。总的来说，相关法规制度体系的不断发展和建设完善对应急征用权限、实施主体、补偿原则要求、各方责任义务等应急征用和补偿的内容体系进行了明确，为相关工作体系的发展建设提供了有力保障和科学指导，有力推动了道路运输应急保障资源征用和补偿工作体系的规范化、科学化、法制化发展和建设。

在组织领导和工作机构方面，《公路交通突发事件应急预案》对应急管理组织层级以及应急管理机构的具体构成和相应职责进行了明确，结合道路运输应急保障征用实际，明确规定道路运输应急保障资源征用方案由公路抢通小组和运输保障小组制定和提出，对应的交通运输主管部门具体负责所需应急保障资源的征用组织和实施工作。总体上组织领导体系结构清晰、功能完善，同时，相关法规制度还对应急征用实施主体的权责、法律责任等做出了规定和要求，有效确保了应急征用公权力合法、合理的行使。

在工作制度和运行体系建设方面，《公路交通突发事件应急预案》对应急征用流程、补偿程序以及征用补偿形式等进行了明确。《关于加强道路运输应急保障工作的若干意见》结合应急征用和补偿实践中的重难点问题对应急征用及补偿的原则、应急征用资源的指挥调度权限以及相关管理制度进行了细化和明确。在积极构建完善道路运输应急保障资源总体征用和补偿工作体系、理顺相关工作机制的基础上,注重实效、突出重点。针对应急运力这一核心资源和应急征用重难点内容,研究制定了《关于道路运输应急保障车队建设的指导意见》,对应急运力保障的组织体系、组建形式、工作原则、征用及管理制度规范以及相关保障体系进行了明确,为应急运力资源的科学建设、有效管理和高效使用制定了标准、明确了方向,有力提升了道路运输应急保障能力和服务质效。同时,针对应急征用补偿工作中存在的资金保障不到位、补偿标准不清、程序不明、资金拨付不及时等问题,有关各方积极协商、共同努力,不断打通瓶颈、扫除障碍。目前,很多省市及部门结合工作实际制定颁布了"突发事件应急征用与补偿办法",对应急征用工作的健康、可持续发展具有重要的积极作用和意义。

总体上,道路运输应急资源征用及补偿工作体系发展迅速、成效显著,相关工作机制和保障体系不断发展完善,为道路运输应急保障工作的顺利、高效开展提供了坚强后盾和力量支持。但由于应急征用及补偿工作涉及面广、影响因素多、内容体系复杂,还需要从上至下的深入推动和从下至上的积极作为良性互动、有效衔接,以及相关各方的共同努力、积极协同才能更加科学、更加完善、更加规范。

12.2.3 存在的问题和不足

虽然经过多年的发展和建设,道路运输应急征用及补偿机制的内容要素已较为齐全、工作体系较为完善、相关工作思路和内容已比较清晰明确、重难点问题研究解决进展突出,成效明显,但与应急保障实际需要及应急能力发展需求之间还存在一定的差距,具体体现在以下几个方面。

(1)征用资源的可控性还需加强。以应急运力征用为例,虽然交通运输部制定的《关于道路运输应急保障车队建设的指导意见》中明确了"政府负责,部门组织,企业实施"(应急保障车队建设纳入各级政府应急保障体系,由各级交通运输主管部门主抓,同级运管机构进行管理,运输企业具体承担组建任务)的应急保障车队建设思路和原则,对各层级应急保障车队的规模结构和相应的服务保障体系都进行了详细的规定,还提出了"契约化管理"的建设管理模式,但在实践中,应急运力的建设管理在可控性、可用性等方面仍然存在不足,难以满足应急保障需要。首先,相关保障措施不够细致深入,配套措施不完善不匹配难以落实到位,导致应急征用从源头上就存在一定缺陷。尤其是补助资金、优惠政策等关键要素仅靠道路运输应急管理机构难以落实到位,需要其他部门或政府机构的协调配合,但由于缺乏上位法规的支撑或明确，在实际工作中往往很难落实到位，导致相关机构首先对“契约”的执行和履约不足，对应急运力的约束和追责也就无从谈起。加之现有法规制度体系对应急强制征用的规定较为笼统或过于原则，应急教育又有所欠缺，公众应急参与的主动性、积极性不强，强制征用易造成不良影响，道路运输应急管理机构在实施应急征用时难度较大、效率和质量也较低。其次，对应急储备运力缺乏有效监管，对可调用应急运力情况掌握不清，应急时难以及时保障到位。虽然《关于道路运输应急保障车队建设的指导意见》明确要求应急管理机构建立应急车辆信息库和管理台账等对应急车辆实行动态管理，但在实际工作中，由于车辆监控系统建设不完备、标准不统一等原因，往往很难实现统一监管和动态管控，在应急调度方面更是缺乏有效手段和措施，导致应急运力资源的稳定性、透明性较差，有应急需要时难以有效调度和高效征集。此外，在应急储备运力规模确定、运力结构组成等方面都缺乏科学研究和有效依据，导致储备运力与实际需求不平衡等问题。同时，在应急运输组织过程中，还存在保障不到位、指挥不科学等问题，对应急运力的使用效能产生一定制约和影响。

(2)征用与补偿的规范性有待强化。在应急征用方面，如前所述，由于应急运力征用“契约”或“协议”缺乏有效保障，应急运力不能满足应急保障需求时，往往需要临时动员征集，主要依靠行政职能推动和群众自觉，工作比较被动且征用效率和质量难以得到有效保证。同时，由于道路货物运输市场集中度较低，征用运力主体较多且比较分散，要将流动的车辆迅速组织起来异常困难，在使用管理中也难以统一标准、统一行动。此外，相关法规制度对应急运力的调动和指挥权限缺乏明确的授权和详细的规定，在应急运力的调度、管理和指挥中容易出现混乱和扯皮等情况。在征用补偿方面，首先，补偿标准不统一、不明确等问题还比较突出，各级对补偿的定价标准和依据不一致、不统一等情况层出不穷，补偿标准不透明导致被征用方对补偿缺乏科学预期和足够信心，不利于应急运力的有效投入和稳定工作。其次，对征用补偿范围的界定不够科学和细致易引发争议，如应急运力使用过程中发生事故、人员伤亡、车辆受损等是否纳入征用补偿范围以及相应的责任区分等都缺乏可行方案，易造成补偿不足影响应急运力积极性以及产生争议和矛盾等。最后，征用补偿往往在事后进行，程序烦琐、周期长，加之由于事先缺乏有效沟通，易引发争议，还会导致实际补偿标准不一致、与损失不匹配等问题。此外，当前对应急状态下的特殊运输状态缺乏法律规定和保护，应急运输组织存在法律风险和责任风险，尤其当突发事件影响范围过大时往往出现各地政策规定不一致等问题，导致运输组织难以协同和按计划开展等。

(3)征用工作的可持续性不容乐观。一方面，缺乏科学完善保障体系支撑的政治动员式应急征用主要依靠被征用方的政治自觉和激情热情来保证，随着应急任务加重、持续时间增长,以及应急状态下恶劣环境和条件的影响,应急运力的参与热情难免受到影响而降低,应急运输保障的质量和水平就会受到影响,甚至产生中途退出等情况,会对应急运输保障工作的连贯性、可持续性产生不利影响;另一方面,市场经济条件下,出于对利益的追逐,加之征用补偿难以及时到位、补偿标准与预期不符等的不良影响,会导致应急征用难度不断加大,不利于应急管理工作的健康可持续发展。此外,由于应急演练难以有效落实、应急教育培训开展不力、应急参与运力难以长效维持等原因,导致应急参与运力运输保障质量水平难以有效提升,低水平重复的现象比较突出,对应急保障能力水平的提升造成一定影响和制约。

(4)征用补偿的完备性还需进一步完善。道路运输应急保障工作涉及应急运力保障、运输线路抢修保通、运输场站保障以及运输组织管理和后勤服务保障等要素和环节,每一要素和环节都可能对应急运输服务保障质量和效果产生影响。当前,在应急征用及补偿机制建设中,对道路保通资源、应急运力资源的征用和补偿工作比较重视,但对其他资源的征用和补偿工作关注和建设力度还有所欠缺。例如,在应急征用机制方面,应急状态下可用道路资源往往会受到不良影响,同时应急运输需求剧增,供需矛盾进一步升级扩大,为确保应急处置所需资源得到高效保障,有必要对应急运力实行优先通行政策,相应的对其他车辆进行一定的通行限制,甚至直接开辟专用的应急通道进行保障。对这一问题,《关于道路运输应急保障车队建设的指导意见》等制度规定中虽有所提及,但对组织实施主体及相关机构、人员、法规保障等都缺乏具体安排和明确授权,导致应急状态下可用的道路资源超负荷运行,通行效率十分低下,应急运输组织管理者对其他占用道路资源的车辆又缺乏强硬和有效的控制措施,不利于应急运输工作的高效开展。对此,应对应急征用的内涵、范围、实施权限等进一步丰富和完善。在征用补偿机制方面,除上述提到的补偿标准、资金保障等问题外,还存在对争议的解决缺乏充分考虑和有效安排等问题。事实上,从国内外经验来看,对征用补偿存有争议普遍存在,是十分常见和正常的现象。对此,要正确看待,制定相应的措施,防止争议的解决违反原则、主观随意等造成不良影响或引发遗留问题。为此,可借鉴国外经验,建立必要的申诉机制和渠道,为争议的解决留有通道。同时,构建完善相关救济体系,在确实对被征用方造成损失或伤害,但又超出补偿范围或有其他未尽事宜的情形下,通过救济渠道对征用补偿机制进行有效补充和完善。

12.3 完善道路运输应急保障与征用机制的建议

针对道路运输应急征用及补偿机制中存在的问题和不足,结合应急管理工作实际和现实情况等,可从以下方面加以改进和完善。

12.3.1 进一步强化细化应急征用保障体系

应急征用及补偿是实践性非常强的工作,没有细致全面的保障支撑,很多工作就难以落实或不能很好地达到预期效果。以征用补偿为例,对于补偿的标准和原则,《公路交通突发事件应急预案》表述为"按有关规定予以补偿",但对于"有关规定"是什么、"有关规定"是否明确了具体实用的补偿标准等问题,难以把握和找到可靠依据,导致后续的"通过协商签订突发事件运力调用协议""明确征用补偿的标准和程序"等内容无从落实。《关于道路运输应急保障车队建设的指导意见》明确了"给予合理经济补偿,并按照'谁使用谁补偿'和'谁组织谁落实'的原则协调落实好补偿资金"的补偿思路和方向,同时明确了"运费补偿根据所完成的客货运量和周转量,按照当地政府定价或市场平均价计算进行补偿;其他费用按照实际支出进行补偿。运输途中发生事故的,按照国家有关规定进行处理"的补偿标准。但是,"合理补偿"的规定留有的自由裁量空间过大,应急征用实施主体对最终的补偿程度具有主导决定地位,相应的被征用方则比较被动,不利于争议和矛盾的平等解决。在补偿标准方面,由于运力使用和补偿落实主体可能不一致以及各地政府定价及市场平均价存在差异等,依然难以统一和明确。因此,对应急征用及补偿保障体系还应加强研究、积极完善,增强相关工作的针对性、实效性。

(1)进一步强化法规制度体系建设,完善配套制度和措施,增强法规制度的体系性、完整性和统一性。要根据不同法规制度的功能定位,逐级深化、细化法规制度的内容体系,切实增强法规制度对工作开展的指导性、约束性、规范性,防止上下一般粗、内容规定过于原则化、规定要求缺乏强制性约束性等问题。同时,要注意和加强不同层次、不同层面法规制度之间的补偿衔接和相互对接,避免出现对同一内容的规定要求不一致、互为依据产生责任推诿缺乏有效落实等问题。此外,要加强集体领导和统筹协调,尤其是对需要不同部门和各个层级互相配合、鼎力支持、有效衔接才能完成好的工作,一定要建立完善相关组织领导或协同机制,对具体工作进行准确分工、责任定位、科学衔接,避免各自为政、各行其是等导致工作难以推动、无法落实。

(2)强化技术支撑,增强工作开展的科学性、精准性。一方面,引进先进管理理念和科学管理手段,提高应急征用及补偿工作的标准化、制度化、规范化建设水平。例如,利用基于流程优化理念和相关方法对应急征用和补偿的内容、环节等进行科学明确和清晰展示,提高工作透明度、提升工作质量和效率,增强有关各方对工作的认可度和满意度等。另一方面,注重和加强应急征用和补偿工作的科技化、信息化建设水平,为科学决策、资源准确调度、信息有效掌握等提供有力支撑。以应急运力征用为例,首先,可采用历史推演分析法、大数据技术手段等科学方法对应急运力的需求量等进行准确分析和科学预测,合理确定运力储备规模、运力结构和具体内容等,强化运力征用资源的针对性、有效性。其次,在运力管理和控制方面,采用 GPS、北斗定位等手段加强对应急运力的实时、动态管控(北斗定位系统的文字通信功能还能在一定程度上维系其他通信手段失效时的通信联络,对应急运输的组织管理和有效调度等具有积极作用),同时,利用信息整合、可视化显示等技术建立应急运力数据库,对可用运力情况、预计征集时间等进行科学掌握,提高应急资源获取能力和应急决策科学性。此外,在应急运输组织管理中,通过统一台账、智能信息录入等手段提高运输管理效率和准确性,为征用补偿提供科学、完整的基础数据。在征用补偿方面,也可利用大数据抓取和分析能力,对补偿标准等进行科学测算,还可对存在争议的内容或个案制定精细化、个性化的补偿方案,提高征用补偿的科学性、规范性。

(3)针对性开展相关应急教育和培训,为应急征用和征用资源的管理使用奠定良好基础。一方面,要进一步广泛深入开展应急宣传教育,在普及应急知识、增强应急能力的同时着力强化社会各界在突发事件应对中的责任意识和主人翁意识,切实提升主动参与、积极参与的意识,降低应急征用的阻力和难度。同时应急征用实施主体也要积极作为,深刻总结征用经验教训,不断改进不足、完善体系,预先制定实在管用的应急资源征用方案、使用管理制度以及必要的服务保障措施等,并积极构建、完善、畅通和公开社会各界主动参与的渠道和方式。另一方面,对应急运力征用而言,对纳入应急运力储备体系或主动登记作为储备运力的,要适时组织培训、演练和进行必要的考核等,使其明确具体要求和管理使用办法、清楚征用补偿流程和标准规定、掌握相关技能、主动配合做好相关工作(如征用凭证索取、运输情况登记及凭证留存、有关资料整理等),以提高应急运力的服务保障能力和使用效能。对因参与培训、演练造成的损失应进行补偿。相关部门可创新方式方法,积极通过手机 APP、移动客户端等方式和渠道,综合采用视频动画、图表图片、漫画文字等形式开展教育和培训,增强教育培训的覆盖面、影响力和实效性。

12.3.2 进一步增强征用补偿的预期化简捷化透明化建设

应急征用补偿机制的构建和完善对应急征用工作的健康可持续发展具有直接影响和重要作用。当前,相关法规制度对应急征用补偿的程序、落实主体等都进行了明确规定,总体上看,基本涵盖了征用补偿机制的内容和要素,但仍然存在表述过于原则、内容体系设计不够精细、补偿标准不够具体明确、补偿程序不够简捷清晰、补偿时限不够及时、环节过多要求烦琐等问题,不利于征用补偿工作的顺畅开展和应急征用工作的健康发展。为良好发挥好征用补偿的功能作用,还应在补偿结果的可预期化、补偿程序的简捷化以及补偿过程的透明化等方面加强建设和完善。

提升补偿结果的可预期化,对增强被征用方信心、激发和保持应急参与的激情动力、减少或避免事后补偿的争议和矛盾等具有重要作用。为此,应进一步加强研究和深化,建设内容体系完善、补偿范围科学、标准明确充分、补偿形式多样、实时动态公开的征用补偿标准体系,使被征用方在应急征用之前就对可获得的征用补偿充分知悉,以打消心理疑虑、消除不良顾忌,增强信心、鼓舞士气。以应急运力补偿标准为例,《关于道路运输应急保障车队建设的指导意见》规定:“运费补偿根据所完成的客货运量和周转量,按照当地政府定价或市场平均价计算进行补偿;其他费用按照实际支出进行补偿。运输途中发生事故的,按照国家有关规定进行处理。”由于应急运输与平时的运输状态具有一定差异性,“按政府定价或市场平均价”进行补偿的科学性、可行性以及被征用方的接受度还有待商榷。相反,《民用运力国防动员条例》确定的“军事训练、演习征用民用运力的补偿费用,按照租用方式计价结算”还具有一定合理性和借鉴意义。对此,应在深入研究、广泛调研、充分听取应急储备运力意见建议的基础上,科学确定补偿计价依据,并建立相关的征用补偿数据库,对最终确定的补偿价进行实时动态公布。同时对进行补偿或不予补偿的内容、范围、情形以及相关补偿标准还需要进一步细化并做出具体明确的规范。对运输途中发生事故等特殊情况,应明确具体的解决办法和处理依据,并建立完善相应的援助和救济机制。同时,为增强征用补偿的精细化、科学化程度,还应区分不同运输状态,结合对征用运力造成的不同影响和具体损失等情形分类明确补偿标准。

提高补偿程序的简捷化,对促进被征用方合法权利的实现和补偿利益的落实具有重要意义。同时,简捷高效、具体明确的补偿程序对征用补偿责任主体而言也是一种有效的承诺和约束,对提高工作效率、规范工作运行、提升落实效果等大有裨益。为此,一方面,应加强对征用补偿程序的科学化设计和流程化管理,缩减不必要的环节和内容、避免不必要的麻烦和重复,提高补偿赔付的效率和速度。在此基础上,对于事实清楚、标准统一、内容明确、争议不大的征用补偿,还可构建征用补偿简易程序,进一步降低被征用方的求偿成本(包括时间、精力、财物等)。另一方面,应着力加强应急征用资源征集使用中的过程管理,相关机构和部门要进一步研究制定应急征用资源的管理使用制度,尤其对资源的使用登记、台账制度、相关凭证发放保管等进行规范和明确,同时增强相关工作的信息化管理水平,避免后期审定核实困难、被征用方举证烦琐、相关记录资料不统一等问题。

增强补偿过程的透明度,主要目的在于确保征用补偿工作规范、公开、公平的开展。为此,在对相关补偿标准、程序、工作制度及规定要求等进行公开公示的基础上,对征用资源的使用情况、补偿内容和标准以及最终的补偿金额等要进行公示和备案,并积极畅通检举反馈渠道、构建相应的监督和追责机制。同时,对征用补偿的工作进度、所需时限以及争议内容解决方式和核定情况等信息要及时反馈给应急资源被征用方。

12.3.3 积极构建和完善绩效考核及责任追究机制

从应急管理工作实践来看,应急征用及补偿工作中,重征用轻补偿、对资源被征用方要求限制多权益保障落实少、事前制度不落实准备不足事后工作混乱进展缓慢等问题还在一定程度上存在,对应急处置应对工作和应急管理体系的健康发展造成了不良影响。结合道路运输应急管理工作实际,可从以下方面加以改进和完善。

(1)加强检查督导,确保工作落实。当前,道路运输应急征用及补偿内容体系和工作机制总体上已建立和形成,其中的很多规章制度、工作内容和规定要求对应急征用及补偿工作能否顺利开展以及最终的质量效果具有重要影响,而且需要立足平时、提前筹措、准备充分才能发挥作用。为此,应急管理机构要加强对相关工作的检查指导力度,督促制度规定、工作要求充分有效的落实,确保平时基础扎实、准备充分,急时保障有力、有条不紊。更重要的是,通过检查指导,查找制度体系建设中存在的不足、调研影响机制有效运行的重难点问题、明确改进的方向和措施,及时解决问题、改进不足、完善机制。

(2)推行绩效考核,激发内在动力。要建设一个科学完备的机制体系,既需要从上至下的不断推动和努力完善,也需要从下至上的主动作为和有效对接。从道路运输应急征用及补偿工作情况来看,在总的法规制度和政策体系层面,思路清晰、方向明确、制度完善,但在实际工作中,由于牵扯面广、影响因素多以及需要其他机构和部门的协同配合等原因,一些好的政策、重要的保障措施等落实难度大、面临困难多,应急管理机构在相关工作推动落实中往往“吃力不讨好”。例如,征用补偿资金的储备和落实、应急运力“优惠优先”政策的贯彻落实、应急运输保险制度落实等,需要很多机构和部门的协同配合,涉及很多配套政策措施不完善、未建立等问题,还牵扯到有关各方的实际利益,工作开展的困难多、阻力大,导致很多类似政策和规定“看得见、摸不着”,对应急征用和补偿工作的高效开展和整体实施效果造成不利影响。为此,要积极构建和推行相关绩效考核机制,以目标牵引、激励引导、压力推动激发落实工作、解决困难的热情和动力,激励和引导应急管理机构发挥主观能动性,积极作为,有效推动工作政策有效落实,促进机制体系不断发展和完善。

(3)健全责任体系,强化责任追究。要进一步加强相关工作的精细化管理能力水平,对应急征用及补偿工作的内容体系等进行科学分类、准确定位,明确各项工作的责任主体、工作内容、完成时限、标准要求等,通过分任务、压担子、强责任,增强各级落实工作的责任意识、主动意识。同时要积极构建和完善追责问责机制,结合应急管理工作形势及应急处置需要等适时"问责问效",对违反规定、工作落实不力的实行无后果责任追究,对产生不良后果和影响的单位及个人依法依规严肃处理。

13 调查评估机制

在突发事件应急管理中，及时总结经验教训、实施奖惩追责、深入研究总结突发事件规律及形势、全面查找应急管理制度体制及运行机制等方面存在的问题和不足，对推动应急管理体系不断发展完善、促进应急管理制度机制不断健全顺畅、促使应急管理基础不断夯实和应急管理能力不断提升具有重要作用和意义。而调查评估正是完成以上工作的必要手段和有效途径。完整的调查评估应贯穿预防准备、预警响应、救援处置以及恢复重建等应急管理每一阶段、各个环节的工作和内容，涉及风险调查评估、应急能力评估、事件影响评估、责任追究评估、应急绩效评估等诸多方面。由于不同调查评估内容的方法体系等各有不同，加之风险调查评估等工作在前述章节已作论述，而机制的构建旨在为相关工作的开展提供一套可资借鉴的运作模式，因此，针对每一调查评估的内容及指标体系不作详细展开，主要是对调查评估工作的原则、方法、流程以及重点内容等进行阐述。

13.1 调查评估的内涵

突发事件调查评估是在对突发事件及其处置过程进行考察、了解获取相关信息的基础上，开展相关评价与判断的活动。

根据对象、目的等的不同，调查评估有不同的分类。根据不同的组织形式，可分为非正式调查评估和正式调查评估。非正式调查评估即对调查评估的主体、程序、标准、结论等都没有严格的要求和限制，不同的主体从自身角度出发做出自己的判断和评价，如新闻媒体等对突发事件的调查评估。正式调查评估是指由特定评估者开展的，事先制定完善可行的调查评估方案，并严格按照规定的程序、内容、要求等进行的调查评估活动，如政府机构组织或依托第三方独立机构开展的调查评估工作。根据调查评估主体的不同，可分为内部调查评估和外部调查评估。内部调查评估指由与突发事件直接相关的主体所进行的调查评估。外部调查评估指由与突发事件非直接相关的主体所进行的调查评估。根据调查评估的目的，又可分为突发事件原因调查评估、突发事件影响评估、责任追究评估等。此外，根据突发事件演进阶段的不同，还可分为事前评估、事中评估和事后评估等。虽然不同类型的调查评估在形式内容、目标方向等方面有所不同，但其根本目的都在于通过查找不足、解决问题不断提高应急管理工作的质量和效能。具体而言,调查评估的作用和意义主要体现在以下几个方面。

(1)深化对突发事件的了解掌握,增强应对的科学性、有效性。一方面,通过调查评估,可对突发事件的原因、经过、造成的影响和损失等进行科学判断和准确测度,为事件定性、责任认定、损失补偿等工作提供可靠依据;另一方面,通过调查评估推动人们对突发事件进行"复盘审视",有利于研究掌握相关突发事件的产生、发展及变化规律,有助于查找明确影响和制约相关突发事件的主导因素,提高突发事件预防准备、处置应对等工作的针对性、具体性、实效性。

(2)检验应急体系的完备性及有效性,推动应急管理体系不断发展完善。通过事前、事中、事后对应急管理各个环节工作和内容的全方位调查评估,有助于准确检验和评估预案编制、组织体制、程序流程、预测预警、处置方法、保障措施等各项工作的有效性、实效性,及时发现应急管理体系中可能存在的组织结构不完整、功能不完善、运转不顺畅、联动不及时、指挥不到位等问题,为应急管理体制、法制、机制和预案等的建设发展,提供实践基础和现实依据。

(3)促进应急管理各项工作有效落实,推动应急管理能力不断提升。事前的调查评估,主要是对应急风险管理质量水平以及应急准备各项工作的检查评估,有助于督促应急预防及准备各项工作有效落实,为科学防范、有效应对打下良好基础。事中的调查评估,如应急处置及决策调查评估、突发事件根源及影响的调查评估等,有利于应急管理者进一步全面认识突发事件、认清管理应对形势,及时总结经验、找准关键,提高处置应对的科学性、实效性。事后的调查评估,对于常规性突发事件而言主要在于评估损失、追究责任、反思问题,是应急管理机制体系良性循环、自我完善的重要内容;对于非常规性突发事件则主要在于全面研究和掌握其特点规律、总结经验教训,是应急管理体系丰富发展的必要补充。在此过程中,结合对突发事件特点规律的了解掌握和应急管理体系的自我认知,还可不断激发组织学习功能,提升应急管理意识和能力水平,推动应急管理能力水平不断发展进步。

我国对应急管理调查评估机制建设高度重视,早在2006年《国务院关于全面加强应急管理工作的意见》中就提出"建立健全突发公共事件的评估制度,研究制定客观、科学的评估方法。各级人民政府及有关部门在对各类突发公共事件调查处理的同时,要对事件的处置及相关防范工作做出评估,并对年度应急管理工作情况进行全面评估"。《中华人民共和国突发事件应对法》对风险评估、事件损失评估等也提出了明确要求。《国家突发公共事件总体应急预案》明确要求"要对特别重大突发公共事件的起因、性质、影响、责任、经验教训和恢复重建等问题进行调查评估"。《公路交通突发事件应急预案》《交通运输应急管理规定》还对道路运输应急管理中的应急能力建设评估、应急管理总结评估等内容作了相关要求。此外,在各层级应急管理机构制定实施的关于突发公共事件的法律、行政法规和规章制度中,大多设置了“责任与奖惩”或“责任追究”等内容,而责任追究必须以准确的调查结果为依据,奖励或处罚必须建立在充分调查和科学评估的基础之上,因此,这些规章制度也在一定程度上对调查评估进行了界定、提出了要求。但在工作实践中,“有调查、无评估”不能很好地总结和提升应急管理经验教训、“重事后、轻事前”调查评估作用导向有偏差、“出事才搞、没事不搞”应急管理体系自我学习和改进完善缺乏动力等问题还在一定程度上存在,调查评估工作距离形成科学化、制度化、经常化的科学机制还有一定距离。

总体上,调查评估的重要作用和意义还未得到应有的关注和重视,相关工作的开展随意性较强,缺乏科学、规范的运作。对此,要准确定位、正确认识,汲取教训、总结借鉴,结合道路运输保障工作实际和规律特点,构建科学合理、规范实用、长效完善的调查评估机制。

13.2 调查评估的原则、方法与指标体系

13.2.1 调查评估的原则

调查评估的根本目的在于通过查找问题、分析根源、总结经验、改进不足等不断提高应急管理地综合效能,同时,评估结果还作为责任追究、实施奖惩、绩效考核等的依据。因此,调查评估机制建立和相关工作开展中必须坚持以下原则。

1. 客观性原则

调查评估必须客观、公正、准确才能取信于人,才能切实发现问题、找准不足。调查评估的客观性即要求通过调查获取的数据和通过评估得出的结论必须与基本事实相符合,不能有任何篡改和歪曲。一方面,只有客观、准确,切实通过调查评估真实、全面的再现突发事件场景及应急处置过程,才能找准突发事件的起因、影响因素,才能科学评判应急决策、处置应对是否科学得当。另一方面,调查评估要具有说服力和公信力,必须坚持客观、公正,尤其是调查评估结果作为责任追究等的依据时,必须排除个人情感、利益关联等因素的不良影响,为确保调查评估的客观性,对影响重大的突发事件最好采取独立、彻底的外部评估的形式进行。

2. 独立性原则

调查评估的任务是全面彻底的调查突发事件的情况和影响、客观评估应急管理机构在突发事件应对中的表现和实绩,而不能为其他外部因素所干扰。要做到这一点,就必须确保调查评估主体的独立性,即调查评估的主体在工作开展、利益关联等方面要与调查评估的客体保持一定的独立性,以免受制于人或遭受一些不良因素的影响和干扰。调查评估的独立性原则是客观性的重要保证,没有独立性,

调查评估就难以实现客观性的要求。为确保调查评估的独立性,应从权力保障、人员选配、纪律约束等方面对调查评估做出相关规范和要求。

3. 规范性原则

规范性是指调查评估的开展要遵循一定的规则和标准,尤其是在工作程序、指标选取、内容涵盖、结果公示及反馈等方面应形成相对稳定的模式,而不能随意更改,更不能因事而异、因时不同。确保调查评估工作的规范性可有效降低调查评估工作开展的门槛、避免重复的研讨论证等工作,从而降低应急管理成本。同时,规范性原则可有效保证调查评估的质量,确保调查评估工作覆盖全面、深入到位,避免出现避重就轻等问题。更为重要的是,规范性确保了调查评估工作的一致性,极大地增强了横向和纵向可比性,有利于不同区域、不同层级应急管理部门对突发事件及其应对情况进行研究分析和对照借鉴,有助于应急管理经验教训的快速积累,推动应急管理能力高效学习提升。

4. 公众参与性原则

公众参与性原则要求在调查评估过程中,要通过有效途径、积极举措尽可能地吸纳或引导社会公众参与到调查评估工作之中,以充分听取公众的意见建议。公众参与在调查评估中的重要作用和意义主要体现在以下几个方面:一是突发事件及应急管理与公众利益紧密相关,社会公众对应急管理具有知情权、监督权,吸纳社会各界公众参与到调查评估之中,既是维护公众知情权、发挥公众监督权的有效途径,也有助于公众了解事实真相、增进相互理解,对于树立良好的政府形象、激发公众主人翁精神具有重要作用和意义;二是充分调查了解公众的意见建议、引导社会各界公众积极参与,可为调查评估提供翔实、全面的资料和数据,确保调查评估的准确性、全面性和客观性;三是社会公众的满意度本身就是调查评估的重要内容之一,同时也是一种公众对应急管理的非正式评估。

5. 目标导向性原则

调查评估重在总结经验、反思问题、分析根源、改进不足,以达到提高应急管理效能的最终目的。其中的责任调查与追究、管理绩效高低评价等作为调查评估的一个内容和方面,只是促进和提高应急管理效能的方式和手段,而不是最终目的。对此,调查评估主体以及相应的应急管理机构都要准确认识、科学看待,切实将调查评估作为一个深化学习、改进不足、提高完善的良好契机和平台,推动应急管理各项工作不断走向深入。

13.2.2 调查评估常用方法及指标体系构建

调查评估方法及指标体系综合回答了调查评估工作"怎么评""评什么"两大核心问题,是应急管理重心和应急管理决策者主要关切的集中反映和体现。在应急管理体系建设的不同时期、根据应急管理形势的不同等,调查评估方法的选取及指标体系的研究构建会有所不同,但总体上,调查评估的方法主要有定性法和定量法两大类。在实践运用中,为确保调查评估结果的客观性、准确性、全面性,往往将定性法与定量法有机结合、共同使用。

1. 定性法

定性法,就是在调查明确基本情况、有效掌握相关信息的基础上,调查评估主体根据直觉、经验、知识素养等对突发事件的性质、特点、发展变化规律以及处置应对效果等做出判断的一种方法。常见的定性方法主要有:"5W1H"法、民意测验法、关键事件法等。

1)"5W1H"法

"5W1H"法主要用于信息获取不全、缺乏类似事件经验等情形下对突发事件的调查评估,如发生罕见突发事件时的事中调查评估等。在调查评估过程中,调查评估主体主要围绕解决以下六个有关突发事件的基本问题进行:

(1)"Why"——突发事件为什么会产生?(找出原因及影响因素)

(2)"What"——突发事件已经及可能产生的影响是什么?(后果分析及脆弱性评价)

(3)"Who"——突发事件主要影响到哪些人群?

(4)"Where"——突发事件影响到的区域有哪些?

(5)"When"——突发事件的影响会持续多长时间?

(6)"How"——突发事件影响的程度有多大?(明确应急管理总体形势如何)

2)民意测验法

民意测验法即通过抽取一定的样本调查了解公众对应急管理的认识、态度、观点、满意度等。可用于公众舆论趋势调查分析、社会公众应急知识水平及能力评估、公众对政府及应急管理机构能力水平和满意度评价分析等方面。

民意测验法简单易行,内容集中反馈速度快,是快速获取民意信息、及时掌握舆论信息的有效手段。但在运用民意测验法进行相关调查评估时,一方面要尽可能地为公众创造表达诉求、发表观点的平台;另一方面应注意抽样调查样本的代表性及客观性,形式上可采用访谈、座谈、问卷等综合进行,在采样率及样本分布上应科学研究分析,以确保信息反馈的真实性和全面性。

3)关键事件法

在人力资源管理绩效评估中,关键事件法主要是选取最成功和最失败的事件,来分析、评价某人的具体表现和能力素质,以评估其工作绩效。在应急管理效能调查及绩效评估中,也可以梳理出应急管理中的关键环节和主要内容,通过考察应急管理主体在这些核心工作中的具体表现和完成情况,来综合评价其工作效能和绩效等级。

总体上,运力保障、道路保通、信息监测及沟通、后勤保障以及处置决策等对应急运输保障效能具有重要影响,是道路运输应急保障工作的关键环节和主要内容。在工作实践中,可结合具体事件,选取其中的关键事件进行分析评估。

2. 定量法

定量法,是对突发事件及应急处置过程中的一系列情况进行收集、整理并实行量化核算的基础上,根据统计数据建立相关数学模型,对各项指标进行计算并对其数值进行研究分析,以明确各因素对应急管理工作的影响和决定程度,从而对应急管理中的成功经验和失败教训进行科学确定的方法。在具体实践中,比较常见的是4E 评估法和层次分析法。

1)"四 E"评估法

"四 E"指经济(economy)、效率(efficiency)、效果(effectiveness)和公平(equity)。具体而言,经济指维持既定的应急服务水平所需的最低应急成本;效率指应急投入与应急产出的比例关系;效果指应急管理既定目标达成的多少及其程度;公平指应急管理部门针对不同对象应该提供相同质量应急服务的衡量指标。"四 E"评估法主要就是从这四个维度来对应急管理效能进行评估的一种方法。

在具体运用和实践操作中,经济、效率、效果和公平四个指标仍然过于抽象,需要进一步制定更为详细的指标体系。此外,"四 E"评估法要求必须对应急管理进行"成本—收益"分析,以最大限度降低应急成本、提高应急收益,该项工作需要研究考虑的因素较多而且难以形成共识和统一标准,具有一定的难度。

2)层次分析法(AHP——Analytical hierarchy process)

层次分析法是将与决策有关的元素分解成目标、准则、方案等层次,在此基础上进行定性和定量分析的一种研究方法。具体而言,在应急管理评估中,通过定性研究方法将评估对象分为若干元素和不同层次,并确定各元素相对指标的影响权重,在此基础上,建立模型采用定量研究方法进行研究分析。

实践中,层次分析法既能很好地兼顾经验教训在应急管理中的作用和意义,又能在一定程度上提高调查评估的规范性、科学性,具有很好的可操作性、适用性和灵活性,在应急调查评估中得到广泛运用。

从调查评估方法的对比分析中可以看出,指标体系的构建与评估方法的选取紧密相关。甚至从某种意义上来说,构建指标体系的过程就包括了调查评估方法的确定。因此,指标体系是调查评估的关键,指标体系设计的合理性、全面性及其价值取向直接关系到调查评估的科学性、准确性和可操作性。同一突发事件,采用不同的指标体系进行调查评估,结论可能相去甚远。因此,调查评估指标体系的研究构建在突出管理核心、明确工作重心的同时,还要体现科学性、有效性、可操作性等原则,尤其要避免故弄玄虚、为将就某种研究方法而增减评价指标等问题。同时,为提高调查评估工作的规范性、客观性以及连续性,特别是便于横向比较和积累,应加强调查评估工作的总体设计和研究规划,建立调查评估指标体系总体框架,以科学客观、高效合理地指导各级应急管理部门开展调查评估工作,推动应急管理能力水平不断发展提升。

13.2.3 调查评估的流程

根据工作性质、内容等的不同,总体上,调查评估主要分为准备、实施及总结三个阶段。

1.准备阶段

应急调查评估是一项涉及面较广、内容较为繁杂的工作,在开展调查评估之前,应结合工作实际及调查评估方向和目的等进行周密的组织和基础工作准备,以避免工作开展中的主观随意性和盲目性。同时要制定详细可行的方案和计划,确保调查评估工作有计划、有步骤地开展。

在准备阶段,具体的工作主要有成立调查评估小组和制定调查评估方案两项内容。

调查评估是一个理论与实际相结合的、综合性研究分析过程,对参与人员的专业素质和综合素养要求很高,而且调查评估人员的专业素质和综合能力直接影响和决定着调查评估的质量水平。因此,必须选择恰当的调查评估人员,构建高水准的调查评估队伍,才能保证调查评估的质量水平。

调查评估小组的成立主要有两个步骤:一是选择组长。调查评估小组组长的职责是全面领导、组织整个调查评估的方案设计、方法选择、方案执行、调查实施、报告撰写以及相关的沟通协调等工作。因此,调查评估组长一方面应具备良好的专业素养和综合能力,可为突发事件相关领域的专家、研究者、资深工作人员等;另一方面,为便于调查评估工作的顺利高效开展,调查评估组长通常在行政级别等方面应高于调查评估相关者或通过特殊授权具备一定的工作权限。二是挑选组员。组员是调查评估工作的具体执行者,其能力素质的高低直接影响最终的调查评估质量。因此,组员务必要有良好的专业素质和合作精神,可为相关领域专家、研究者或评估专家,也可为同级应急管理人员、社会公益组织人员等。为便于调查评估过程中的沟通协调和高效磨合,组员的产生通常由组长和调查评估责任主体共同挑选产生。在选择调查评估小组成员时,要坚持独立、公正的原则,从源头上保证调查评估的公信力和客观性。此外,调查评估组组长和组员总数应为奇数,以便于出现分歧时通过投票表决等方式快速决策。

调查评估小组成立后,要立即着手制定调查评估方案。调查评估方案是调查评估活动的行动蓝图,方案设计是否科学合理、问题设想是否周到细致、目标要求是否具体到位,不但对调查评估质量有重要影响还关系到调查评估工作能否顺利进行。具体而言,调查评估方案应以书面的形式系统、详细说明以下内容。

(1)调查评估的对象。突发事件及处置应对过程环节众多、内容繁杂,需要评估完善的方面很多,单一的调查评估往往很难面面俱到,为确保调查评估的针对性、实效性,要结合应急管理实际需要和具体情况等科学确定调查评估对象。

(2)调查评估的目的、意义和要求。在调查评估方案中对目的、意义及要求进行明确,主要有两个方面的作用和意义:一是科学确立调查评估的基准和方向,为调查评估提供根本指引和有力指导,防止实际工作中跑偏走向;二是以此进一步对调查评估人员统一思想、凝聚共识,为工作开展奠定良好的思想基础。

(3)调查评估的标准。调查评估指标体系是调查评估标准的集中体现,也在一定程度上决定着调查评估的类型和方法。因此,在调查评估方案中结合工作任务、目的以及现实条件等科学研究制定调查评估指标体系。同时要对相关的事实分析、价值分析及其有机的结合路径进行预先谋划和科学统筹。

(4)调查评估基本设想。确定调查评估的基本设想,主要包括两个方面的内容:一是根据确定的调查评估对象、目标以及指标体系等,科学界定调查评估的内容、范围、涉及部门及人员、需要获取的资料信息等,并对实施方法、路径等进行具体明确;二是对调查评估中的重难点问题、可能遇到的困难以及需要上级协调解决的问题等要预先研究分析,探讨制定解决方案,以免影响工作进程。

此外,调查评估方案中还要具体明确调查评估的场所、时间和工作进度,以及工作经费的筹措与使用、后勤保障等内容。

2. 实施阶段

调查评估实施阶段主要包括三个方面的工作和内容:收集信息、分析信息以及得出结论。从本质上看,调查评估本身就是一个获取相关信息并以此为依据进行评价并做出定论的过程,因此,实施是调查评估活动最为重要和核心的阶段。

第一,收集信息。信息是调查评估的基础,深入、细致进行调查,科学、全面的获取相关信息,是调查评估的首要工作和基础环节,对调查评估质量和结果的准确性具有重要影响。因此,应综合采用各种科学方法尽可能全面地收集有关突发事件及其处置应对的相关信息,如观察法、查阅资料法、调查法、个案法、实验法等。同时,为了保证信息的全面性、系统性和准确性,应注意从不同角度、不同渠道进行信息收集。

第二,分析信息。在信息收集的基础上,调查评估者要及时对调查获取的原始数据和信息资料进行系统整理、归类、汇总,并进行初步的统计和分析。

第三,得出结论。在信息分析的基础上,调查评估者采用合适的评估方法,对相关信息进行科学研究和总体分析,得出评估结论。在调查评估过程中,调查评估者应保持评估材料的连续性、完整性,排除外界干扰和主观臆断,切实以基础信息和客观现实为根本依据，客观、公正、全面地反映调查评估的真实情况和实际效果。

3. 总结阶段

总结阶段的主要工作是：进一步处理调查评估结果，撰写调查评估报告。调查评估必须力求客观、公正，但价值判断也必不可少。调查评估者的价值判断会受到客观条件和非理性因素等的影响，可能出现偏差。

为最大限度地减少偏差，在总结阶段还需对调查评估结果进行进一步检验和审视：首先是自我检验，在调查评估组内部通过交互检查、反复核实等对调查评估的信息、流程、环节等进行回顾和复查，确保没有错误和疏漏。同时，对得出结果的可信度和有效度进行自我评价、自我评估。其次，在自我检验通过的基础上，要向相关人员征询对调查评估结论的意见和反映，如突发事件的亲历者、知情者、受害者以及应急管理的决策者、执行者、参与者等，发挥他们对调查评估的诊断、监督、反馈、完善等作用，以提高调查评估的科学性、完备性。

在经过以上处理后，调查评估组要及时撰写书面调查评估报告，对调查评估工作进行总结。报告须涵盖调查评估方案的所有预设内容，在还原突发事件基本事实和处置应对客观情况的基础上，做出相关的价值判断，提出改进和完善的意见建议，并对调查评估工作进行总结分析。在此基础上，向有关领导和部门提交书面形式的评估报告，并根据实际情况进行公布或一定范围的公开，使应急管理相关者了解调查评估结果、明确存在不足或问题，以及时改进和完善，并为今后相关工作开展提供参考或借鉴。

总体上，调查评估的具体流程和主要内容如图13-1所示。

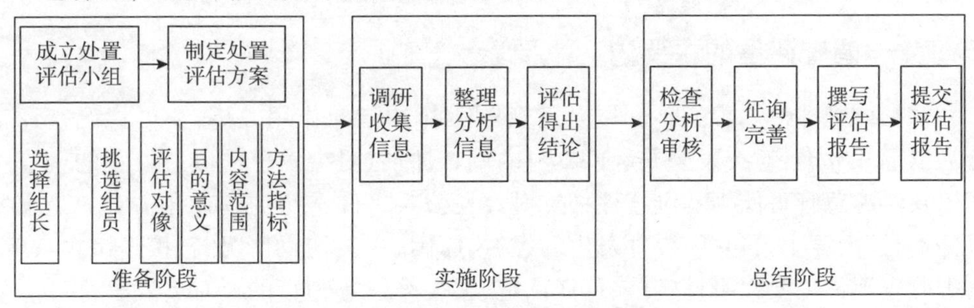

图13-1 调查评估的具体流程及主要内容

13.3 道路运输应急保障调查评估

13.3.1 调查评估主体权责及实施要点区分

根据《中华人民共和国突发事件应对法》《国家突发公共事件总体应急预案》《公路交通突发事件应急预案》《交通运输应急管理规定》等法律、规定，各级政府应急管理部门、道路运输应急管理机构作为应急管理主体,负责对本级及下级部门的应急建设、突发事件处置应对情况等进行调查评估,但对调查评估中的主体责任和相应的权限边界则没有说明。

由于调查评估是对应急管理体系全过程、全方位的系统性检测和评价,调查评估客体既包括突发事件本身和各项应急管理活动,也包括应急预案建设、沟通协调机制、组织功能发挥、法规体系保障等要素,涉及"一案三制"的方方面面。总的来说,"一案三制"既是应急管理调查评估的客体,又是针对调查评估发现的问题进行改进和完善的载体。在应急管理中,不同层级管理机构对应不同的职责分工和职能权限,因此,在调查评估中也应对相应的责任和权限进行区分和明确。

结合道路运输应急保障工作实际及权责关系,上级应急管理机构在对下级应急管理能力水平及体系建设情况进行调查评估的同时,还要结合自身职能对应急管理体系进行改进和完善。具体而言,国家级政府应急管理部门和道路运输应急管理机构应侧重于通过调查评估发现和解决应急管理体制、法规体系、沟通协调等基础机制中存在的问题和不足。省、市两级应急管理机构应侧重于应急机制和组织体系的评估,重点对辖区内的突发事件风险管理、应急资源配置、力量体系建设、预警响应、信息传输以及组织指挥机构等进行评估和改进。县级应急管理机构及有关企业应侧重于对应急预案和应急工作落实情况进行评估,及时根据发现的问题对预案或工作落实情况进行整改。各级在立足自身改进和完善调查评估中发现的问题的同时,对需要上级协助解决或超出本级职能权限的问题要及时上报,共同推动应急管理体系不断自我改进、不断趋于完善。

13.3.2 调查评估的主要内容及要素

根据调查评估内容的不同以及对实际工作的指导作用,总体上可将调查评估分为以下三大类:对突发公共事件本身的调查评估、对突发事件应急处置的调查评估以及对应急管理能力的调查评估。对突发公共事件本身的调查评估对象是突发事件本身,内容主要包括:事件发生的经过、原因、人员伤亡情况、直接经济损失等,这类调查评估主要以事件定性、责任认定、损失补偿等为目的。对突发事件应急处置的调查评估对象是突发事件处置应对情况,即事前、事发、事中、事后全过程的应对和处置工作,调查评估的主要目的在于改进和优化应急处置运行体系,包括预案设计、组织体制、程序流程、预测预警、保障措施、应急准备以及协同响应等工作。对应急管理能力的调查评估对象是应急管理能力,主要是各级应急管理机构应对应急管理各项工作的开展落实情况以及防灾减灾能力水平,能力评估的目的主要是监督、检查、考核和推动应急管理机构积极落实各项规定要求、做好应急准备。

就道路运输应急保障工作而言,调查评估内容主要包括风险调查评估、应急管理能力评估、应急处置调查评估、事件影响调查评估、责任追究调查评估、应急管理准备工作调查评估等方面。风险调查评估及应急管理准备工作调查评估在风险管理机制中已作论述在此不再赘述，事件影响调查评估和责任追究调查评估在实践运用中已较为成熟。结合应急管理形势及实际需要，这里主要就应急处置调查评估和应急管理能力评估的具体内容展开论述。

1. 应急处置调查评估

应急处置调查评估主要是对应急决策、组织指挥以及整个应急体系运转情况的调查研究和分析评估，查找和改进其中存在的问题，对提高突发事件快速反应能力和整体应对能力具有积极作用。应急处置调查评估的内容主要包括突发事件的信息报告、应急决策、组织指挥、信息发布、应急联动、资源整合等，其工作关注要点及要解决的问题主要包括：

(1)突发事件信息是否及时获取？信息渠道及可靠性如何？信息报送及通报是否及时、准确？存在的问题有哪些？可以用什么方法来避免和改进？

(2)应急管理机构在接到信息报告后是否及时决策并采取应对措施？决策是否科学？采取的措施是否正确有效？如何改进和完善？

(3)应急响应后，管理组织体系能否高效运转发挥作用？相关人员能否及时到位并进入工作状态？

(4)是否及时向公众和涉及部门通报相关情况？发布的信息效果如何？舆情监督和引导作用是否明显？如何改进？

(5)工作人员是否及时到达事发现场？事发现场秩序如何？有何方法可以改进？

(6)应急参与各方是否及时收到信息？响应效率和质量如何？

(7)应急通信联络是否保持畅通？力量组织及使用是否科学？指挥是否及时到位？

(8)应急参与各方能否有效协同、互相配合？应急联动和组织指挥体系是否明确？

(9)应急资源和力量能否及时到位？存在问题有哪些？如何改进？

(10)应急运力组织、道路保通、后勤保障各个环节能否及时到位？相互之间是否及时沟通、互相支持配合？

(11)处置应对整体效果如何？存在哪些不足？如何改进？

(12)有哪些好的经验和应该汲取的教训以及需要上级或更高层面解决的问题？

2. 应急管理能力评估

当前，以绩效评估为基础的应急能力建设成为应急管理体系发展建设的方向，为应急管理效能的提升提供了新思路。从本质上来看,绩效评估的核心就是应急管理能力评估。应急管理能力是应急管理主体在人力、组织、资源、科技等方面的抗灾减灾能力,涵盖了事前的预防、准备等工作,而不仅仅是紧急状态时的快速响应和应对,体现在应急管理活动的整个过程之中。开展应急管理能力评估有利于在突发事件到来之前,对应急管理工作进行系统的梳理和完善,全面加强应急准备和预防工作,提高危机抵抗力和应对力。同时,应急能力评估工作也有利于将应急管理工作重心前置,引导各级组织和公众做好防范,变被动应对为主动防御,全面提升应急管理工作效能。

一般而言,应急管理能力主要包括以下要素:①法律和权威的能力;②危险识别和风险评估能力;③危机减缓能力(降低或消除危机发生的概率及不良影响的能力);④资源管理能力;⑤应急管理计划能力(对应急形势的预判以及应对计划、发展规划等);⑥指挥、控制和协调能力;⑦通信和预警能力;⑧程序和执行能力(运行机制规范、顺畅);⑨后勤和设施能力;⑩培训能力;⑪演练、评估和矫正能力;⑫危机沟通和公众教育能力(应急信息管理是否及时、透明,是否关注公众反应、有效满足相关需求;危机教育是否具有实效性、前瞻性);⑬应急财政能力。在实践运用中,根据应急管理形势、现实条件等的不同,可选取上述指标进一步研究细化,以对应急管理能力进行科学评估和指导完善。当前,相关研究人员对此已进行了有效深入的研究,一些发达国家还建立了相应的评估系统,对此,可根据需要、结合实际情况借鉴采纳,在此不再展开论述。

13.3.3 亟待加强和改进的问题

总体上,当前道路运输应急调查评估工作还比较滞后,主要停留在事后追责及事件定性等低水平层次,基于自我改进和自我完善的主动调查评估工作基本为零。调查评估对应急管理工作的推动和促进作用有待进一步挖掘和发挥。对此,可从以下几个方面加以改进和强化。

(1)国家应急领导机构应尽快出台应急管理调查评估指导框架,对调查评估工作的原则、流程、要求等进行明确,一方面为调查评估工作的规范开展提供指导;另一方面,从制度层面推动调查评估工作迅速展开、发挥作用。

(2)道路运输应急管理层面,在当前应急管理体系广泛建立,改进和完善工作不断深化细化的形势下,无论是实际需求层面还是体系建设层面都有待调查评估工作的有力支撑。为此,道路运输应急管理机构应结合自身工作实际和未来保障需求,立足自身,加强研究和深化,积极构建完善道路运输应急调查评估体系和相关工作机制。为相关工作的规范化、科学化开展提供指导和依据。同时,更为道路运输应急保障能力和应急管理体系综合效能的提升打开突破口。

（3）以调查评估机制建设为突破口，着力强化应急管理组织学习功能，推动道路运输应急管理体系自我改进、自我完善。从我国应急管理体系发展建设动力来看，惨痛教训的推动是主要因素，但却没有成为应急管理体系持续改进的动力，成功的经验也没有被总结、提炼为制度化的措施，致使应急管理体系重复建设、低水平徘徊的情况十分突出。为此，要以调查评估机制的构建尤其是常态化、经常化的调查评估机制建设为契机，强化组织学习功能，激发长久动力，推动道路运输应急管理体系持续改进、不断完善。

（4）以绩效评估为抓手，推动应急管理体系建设持续经常。相对而言，突发事件是小概率事件，而且客观上很难防范到位，导致应急管理平时不作为、急时不计代价的极端情形层出不穷，长此以往，应急管理效能根本无从提升。为此，要借鉴相关经验，在应急管理中积极推进绩效评估，将应急管理活动量化、显化，推动应急管理由被动应对向主动防范转化、由事后处置向事前预防转化、由临时发挥向能力储备发展。当然，相关工作的开展也要立足现实、契合实际，评估方法必须系统、科学、合理、有效。

14　公路旅客运输应急保障实务

在道路运输应急保障实践中,由于涉及"人"的因素,一方面,公路旅客运输的社会牵扯面广、公众关注度高,更容易受到各种突发事件的影响,如易成为恐怖袭击目标、受传染性突发公共卫生事件影响较大等,是应急管理的重要内容;另一方面,公路旅客运输应急保障工作在运输组织管理、运输线路保障等方面较货物应急运输更为复杂,涉及的内容环节更为全面,标准要求也更高。而且,除道路运输系统外部突发事件处置应对需求外,系统内部的交通事故、节假日客流剧增、业内矛盾导致"停运"、道路交通状态影响(如高速公路长时间拥堵、受天气状况影响封闭)等都可能引发旅客应急运输需求,公路旅客运输应急保障工作更具有全面性、典型性和实用性。因此,本章节主要以系统内部的公路旅客运输(以班车客运为主)应急保障为例,对道路运输应急保障的内容环节、工作流程、运行机制等进行具体论述。

14.1　公路旅客运输应急处置流程及工作内容

14.1.1　公路旅客运输应急处置的基本流程

虽然不同类型的突发事件对公路旅客运输造成的影响有所不同,应急处置和保障的内容、要素也各有差异,但总体上,各种突发事件处置应对的工作流程、保障环节等具有一定的相似性和通用性。公路旅客运输应急保障的关键环节和基本程序主要包括以下几个方面。

(1)先期处置。公路旅客运输突发事件发生后,车辆驾驶员、突发事件涉及的运输企业及客运站等,应立足自身条件积极作为,充分采取有效措施迅速抢救伤员、维持现场秩序、控制事态发展。

(2)信息报送。突发事件现场有关人员在积极应对的同时要及时将突发事件基本情况、人员伤亡情况、现场事态等信息向事发地和车辆所属地道路运输应急管理机构报告,相关应急管理机构及时进行反馈并进行必要的指导协助,同时按照事件情况和信息报送规定等决定是否向上一级管理机构报送。

(3)分级启动预案。相关企业及管理部门接到突发事件信息后,根据处置预案及有关规定要求,迅速进入紧急状态,根据事态影响和严重程度及时启动相应应急预案，按照预定方案有条不紊地进行处置应对。

(4)现场组织指挥。应急响应部门及时派出工作人员或工作组赶赴现场进一步了解掌握情况并统一组织指挥现场应急处置应对工作，最大限度地降低事件造成的损失和影响、努力控制事态恢复秩序。在此过程中，及时向应急领导小组汇报有关情况，积极协同有关部门开展应急行动。

(5)高效有序组织应急行动。在突发事件处置应对中，应急领导小组要及时汇总各方信息、准确研判、科学决策，高效统一、坚强有力地组织和指挥有关各方发挥优势作用积极开展应急行动。同时，根据处置应对需要高效调集、征用各种资源进行应对。确保应急行动协同互助、紧张有序、高质高效。

(6)根据实际情况和处置需要扩大应急。若突发事件未得到有效控制，事态进一步发展恶化，超出当前应急响应部门的处置能力范围时，应按照有关规定和要求立即报请上一级应急管理部门进行协助和支援并及时启动上一级应急预案。若突发事件蔓延、影响到其他区域或有相关趋势时，应及时通报相关情况，互相协作、配合支持、共同应对。

(7)应急结束。应急处置是一项耗用大量人力、物力、财力等资源的工作，应急状态下正常工作的开展还会受到一定的限制和影响。为避免资源浪费等过度应急情况的发生，当突发事件的危害已经停止或得到有效控制，受影响人员得到妥善救治和基本安置，无次生、衍生、耦合灾害等发生时，经现场工作组检查确认、应急领导小组综合研究决定后，应急响应部门应根据规定要求和相关程序结束应急行动。有关部门和人员进一步做好事态恢复、重构重建、调查评估、责任追究、补偿赔付等善后工作。

(8)特别情况的处理。

①突发事件跨国(境)的，尤其是涉及国(境)外人员伤亡的，要及时上报有关机构，按照涉外事件处置管理规定等，积极协同外事部门进行处置。

②突发事件跨行政区域的，由相应层级应急管理机构负责，积极建立沟通协作渠道，及时沟通和有效共享信息和各种资源，尤其在处置方式、管理政策等方面加强沟通协同，尽量做到联合应对、共同处置，防止政策不一、要求各异等影响处置效率甚至引发新的情况和问题。

③公路旅客运输突发事件由于与“人”紧密关联，容易产生各种难以预料的矛盾和问题，同时传播扩散较快，极易引发次生、衍生、耦合等事件，对应急处置效率和质量提出了较高要求。在处置应对中，应密切关注、做好防范。如旅客积压时应密切关注和收集舆情信息、做好疏导安抚及后勤保障工作，同时密切关注降温、降雨等气象信息做好应对准备。爆发传染性突发卫生事件时，应加强沟通协调，果断、迅速、有力采取有效措施进行控制、检查、救治等，并及时发布有关信息，避免产

生恐慌、过激反应等。

公路旅客运输应急处置基本流程如图14-1所示。

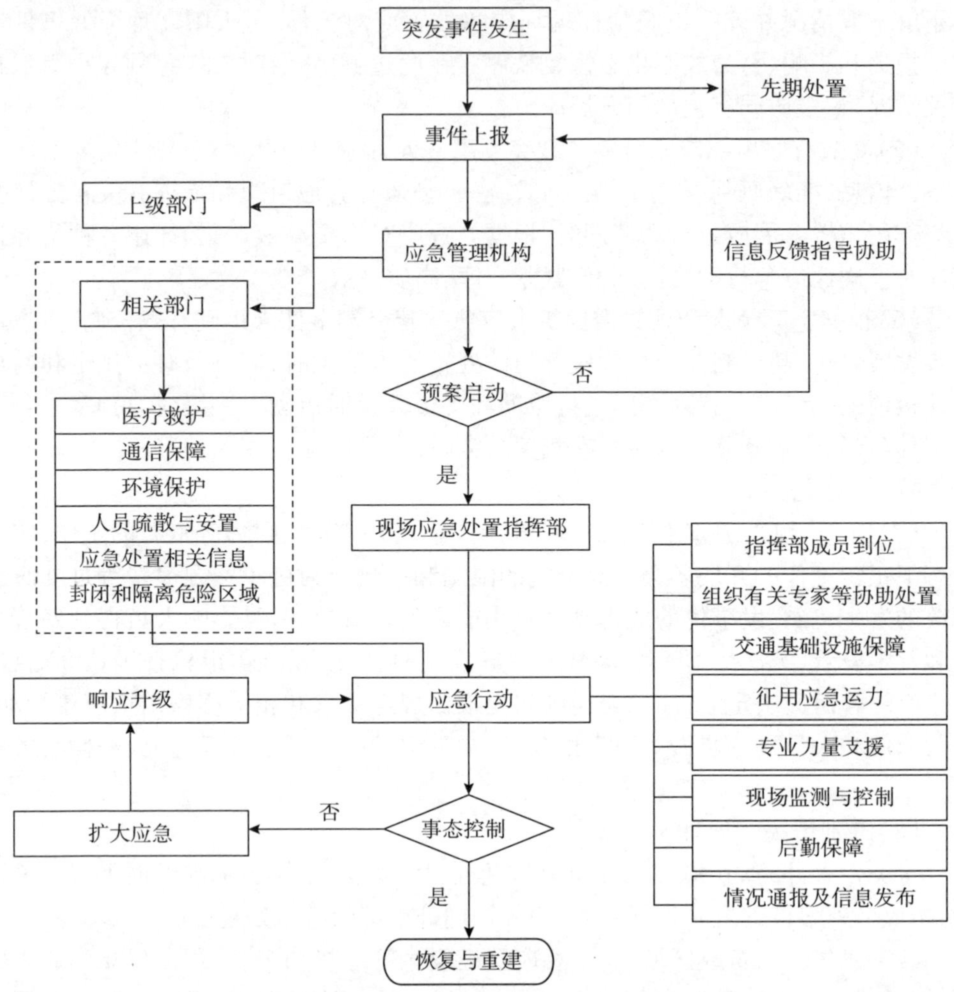

图14-1　公路旅客运输应急处置基本流程

14.1.2　公路旅客运输应急处置中需要注意和把握的问题

结合一般突发事件应急处置要点,针对公路旅客运输应急处置的特殊性,在公路旅客运输应急处置应对中,应着重关注和做好以下工作。

(1)应急处置应对中要始终围绕和突出"以人为本"。突发事件发生后,"人"的生命健康、财产安全、正常生活等首当其冲受到影响。尤其道路旅客运输是直接面对"人"的工作,这一矛盾和问题尤为突出。在道路旅客运输应急处置中,除时刻把挽救人的生命、满足人的需求、解决人的问题放在第一位之外，还要关注和解决好各种人群的利益平衡和需求均衡等问题。特别是道路旅客运输工作与社会的很多方面息息相关，在应急处置中一定要有整体观、大局观、全面观。

(2)在各项工作中要注重减灾与恢复同步进行。应急处置工作中，在尽最大限度的挽救损失、降低不良影响的同时，还要尽可能兼顾和考虑其他方面工作的正常开展需求、做好各项秩序的维持和恢复工作，速效速决解决问题、恢复正常。

(3)加强沟通协作和信息资源共享，协调一致应对突发事件。突发事件的处置应对往往涉及多个领域，需要多个部门共同参与、共同处置。各部门、各机构在各司其职积极处置的同时，还要互相支持、密切协作才能形成合力。为此，一方面参与各方要积极配合和服从应急指挥部及现场指挥员的统一指挥和调度，另一方面在应急处置中要加强沟通和协调，及时通报有关情况、共享应急资源，形成高效协作、联合处置的良好局面。

(4)及时向社会发布权威准确的信息，公开透明地处置突发事件。突发事件应对中，公众反应和社会舆论对应急处置具有重要影响。大量实践和事实充分证明，公开透明的处置应对突发事件才是良策。只有第一时间主动、及时发布权威准确的信息，才能最大限度地压缩谣言和不实信息传播的时间和空间，防止信息在非主流传播渠道中失实、变形，导致工作被动或造成不必要的负面影响。同时，公开透明地应对突发事件也有利于借助媒体等的监督和推动作用，督促有关部门做好事前防范、事中处置和善后查处等工作。为此，新闻宣传小组要坚持实事求是、及时准确、正面引导的原则，及时收集汇总事件信息和应对情况、了解掌握公众思想动态及关注要点，积极协同新闻媒体及时、统一发布权威信息。

(5)坚持和完善应急值班制度，确保应急处置持续推进。突发事件的发生不分时段，没有特殊时节。为此，要完善日常管理制度，畅通信息报送渠道，避免出现突发事件警情漏接贻误时机、耽误处置等情况。突发事件发生后，应急响应部门应指定专人专职实行24小时值班值守，制定具体的值班方案，明确值班人员职责、情况处置方法及交接手续等，时刻保持信息畅通，确保组织指挥不断线、应急处置不间断。

(6)深入开展调查评估工作，推动应急管理及保障机制不断深入和完善。应急结束后，应急管理机构应及时成立调查评估工作组，对突发事件的起因、性质、影响、责任、经验教训、处置应对情况、事前准备工作情况等进行全面深入的调查评估，依法追究和处置相关责任人员，更重要的是及时发现和深入反思应急管理中存在的问题和不足、全面总结经验教训，及时整顿问题、改进不足，促进应急管理机制和应急管理能力水平更好、更快发展。

14.2 应急运力保障

14.2.1 应急运力储备

1. 应急运力来源及相关要求

结合国家交通运输部《公路交通突发事件应急预案》《交通运输突发事件应急管理规定》《关于道路运输应急保障车队建设的指导意见》等法规、文件要求，应急保障运力储备征用工作主要按照"政府负责、部门组织、企业实施"原则科学开展。对社会个体车辆以及未纳入应急储备企业的车辆，应加强教育引导，根据自愿原则申报并组建志愿者车队，有需要时由道路运输应急管理机构科学组织、有效参与应急运输保障工作。

结合公路旅客运输实际情况，在班车客运、包车客运、旅游客运三种公路客运主要经营模式中，班车客运车辆实行定点、定线经营，运输情况较为稳定，车辆状态也易于掌握和管理；包车客运、旅游客运车辆运营路线、时间等较为机动，具有一定的波动性，但运力存有富余时，征集使用较班车客运可靠且不会对既有运输造成不利影响。为加强应急储备运力的稳定性、可控性，确保应急状态时有车可用，应急储备运力原则上应以包车客运运力、旅游客运运力及中短途班车客运运力为主。

在应急储备运力确立过程中，应采取公开的方式，优先选择规模大、信誉好的客运企业，以签订"运力征用协议"的形式，组建公路旅客运输应急保障运输队伍，规范应急运输行为，提高运力保障的可靠性、科学性和组织性。同时，运力征用协议的签订明确也有助于保障相关企业及运力合法权益。

根据相关规定要求和应急管理实践经验，在"运力征用协议"中必须明确双方的权利、义务和相互关系，同时对应急车辆的技术指标、参与应急运输人员的技能水平、响应到位时间、参与培训演练的要求、应急运输中组织指挥纪律等内容进行具体规定和明确。对应急车辆技术状况及应急运输人员的标准要求可参照交通运输部《公路交通突发事件应急预案》的规定执行。为确保运力征用协议的完备性、实用性，还应该详细说明有关车辆权益方面的问题和相关问题的解决办法，比如各类事故的处理办法、违规惩罚办法、征用补偿标准及范围、补偿程序及时限、争议问题的申诉渠道和方式等。

在日常使用管理中，储备运力所属单位要强化相关车辆的日常养护与维修保养，使其处于良好的技术状况，确保遇有应急运输保障需求时，储备运力能按规定的时间到位，承担相应的应急运输任务。当储备车辆或驾驶员无法执行应急任务时，应临时调整车辆或驾驶员及时补充，同时确保相关车辆技术状况和驾驶员符合规定的条件。遇有特殊情况,储备运力难以征集到位的,要及时上报有关情况,便于应急管理机构另行调度安排。

2. 应急运力储备规模和相关登记规范

各级道路运输应急管理机构应根据有关规定及各地实际情况,科学确定应急运力储备分布、相应规模和具体车辆结构等。为增强运力储备的针对性,还可对对口支援地等进行预先明确。运力储备的具体明确和落实以及相关的登记等工作主要由运输保障小组中对应业务科室负责,经应急领导小组审定后报上级应急管理机构备案。

为确保落实效果,应急储备运力必须落实到具体的客运企业并指定具体的负责人,登记负责人联系方式、车牌号码、车辆类型(座位数、技术等级)、驾驶员及联系方式等信息。以上任何信息有变动时应立即更新并逐级上报备案。在实际工作中,该项工作内容复杂且较为烦琐,应积极采用 GPS 监控、信息获取和识别等技术手段进行智能化处理。

结合公路旅客运输工作实际,客运应急运力储备主要以满足系统外部的突发事件应急保障需求和系统内部节假日等特殊时节的运输供需矛盾为主。以省级应急运力储备为例,省级道路运输应急管理机构应加强统计分析和科学预测,根据突发事件情况和日常客运供需波动情况合理确定常备应急运力分布和相关规模。同时,结合春运、节假日等特殊时节客运市场需求变化规律,确定相应时节的客运应急运力储备计划。综合确定完毕后,制定下发省级公路旅客运输应急运力储备安排计划表(如表 14-1 所示)。各州(市)、县(区)道路运输应急管理机构根据储备计划结合当地实际,逐级分解、合理安排,确保应急储备运力落实到位。州(市)、县(区)公路旅客运输应急运力储备安排计划表格式参照表 14-1 设置。

常备应急运力的储备落实:各州(市)道路运输应急管理机构将分解到本地的储备运力计划分解到所辖县(区)或直属客运企业,各县(区)再具体落实到所辖的客运企业。储备运力具体落实之后,各级将常备应急运力的落实情况按照《××州(市)公路旅客运输(常备/节假日/春运)应急运力储备表》的要求(如表 14-2 所示)连同县(区)、客运企业应急运力储备计划表报省级道路运输应急管理机构备案。应急车辆信息、人员、联系方式等有变动或调整的,应及时更新并逐级上报调整。相关工作落实时限由各级自行确定。

除储备计划之外,各级还应根据实际需要指定 1 到 2 家规模较大且经营管理规范的旅游、包车企业作为后备运力,以防常备应急储备运力不能满足需要时能及时补充。各级道路运输应急管理机构和客运企业要积极作为,实时、动态掌握本级客流变化及可支配应急运力具体情况以备不时之需。

××省公路旅客运输应急运力储备安排计划表　　表 14-1

序号	应急运力储备地	常备应急运力			节假日应急运力			春运期间应急运力			对口支援地	负责人及联系电话
		客车（辆）	客位（座）	司机（人）	客车（辆）	客位（座）	司机（人）	客车（辆）	客位（座）	司机（人）		
合计											—	—

注：①储备车辆原则上以包车、旅游及中短途班车客运运力为主，车型主要为大中型客运车辆，运力储备州（市）可根据应急道路状况、市场运营车辆组成结构等适当调整；

②每个运力储备州（市）根据运力实际情况对应 1 ~ 3 个对口支援州（市），并按里程最短顺序或实际可用情况排列。

节假日及春运应急运力的储备落实情况与常备应急运力储备落实的程序、内容等基本相同,可参照运作。需要注意的是,各种类型的储备运力确定一定要具有科学性、针对性和现实性。同时,常备应急运力与节假日及春运应急运力要严格区别开来,避免出现同一车辆既是常备应急运力又是节假日或春运应急运力等情况。有条件的情况下,各类储备应急运力要安排在不同的企业。

应急运力储备落实及上报备案流程如图14-2所示。

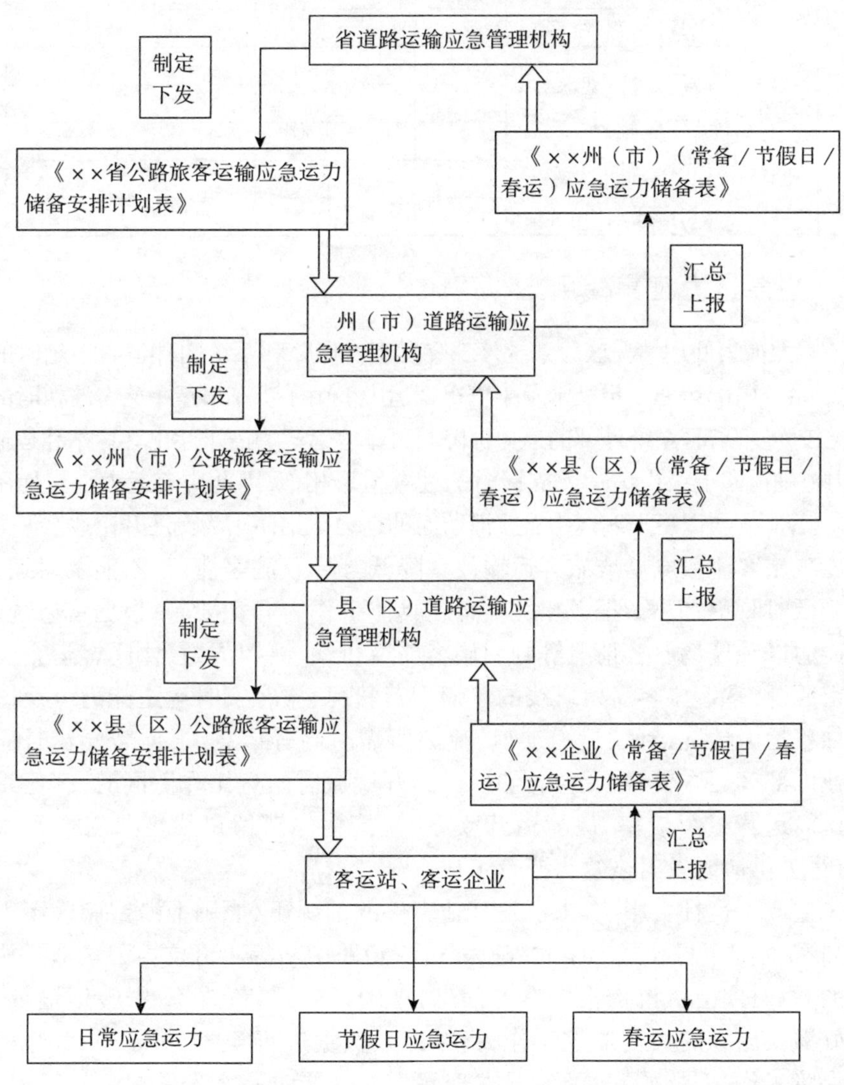

图14-2 公路旅客运输应急运力储备落实及上报备案流程

××州(市)公路旅客运输(常备/节假日/春运)应急运力储备表　　表 14-2

州(市)运管局(分局):签章　　　　负责人:　　　　联系电话:

应急运力企业名称	负责人及电话	车型、客位数合计	车牌号码	车辆类型及技术等级	核载客位(座)	驾驶员及联系方式	备注
	姓名： 电话：	×座：× 辆；共 ×客位					
		×座：× 辆；共 ×客位					
		×座：× 辆；共 ×客位					
		共计：×辆；×客位					
	姓名： 电话：	×座：× 辆；共 ×客位					
		×座：× 辆；共 ×客位					
		×座：× 辆；共 ×客位					
		共计：×辆；×客位					

14.2.2　应急运力征集使用

应急运力征集使用情况区分系统外部突发事件保障和系统内部运力不足时的保障两种情况,系统内部运力不足又常发于班车客运中。由于班车客运中旅客滞留时的运力保障情况较为复杂,且系统外部的运力保障与班车客运运力需求超出客运站和运输企业自身能力范围需向上级申请运力支援时的处置情形相似,因此应急运力征集使用的流程、工作内容等主要以班车客运中旅客滞留时的运力征集使用为例展开论述。

当出现旅客流量剧增或旅客运输效率降低等导致旅客滞留、不能及时运送时,客运站应及时收集、汇总、报送相关信息。具体工作内容主要有:根据售票统计、旅客发送能力以及现场旅客情况等判明旅客滞留班线、滞留人数,协同客运企业查明旅客滞留原因、掌握旅客滞留班线的车辆运营状况、旅客实时运送能力以及该班线可调派加班运力情况,判明运力缺口、疏散所需时间等信息,根据需要及时征调班线及企业内部客运车辆、协调应急储备运力开展旅客疏运工作。同时,客运站应增派人员提高运营组织效率、保障运营秩序,视情暂停滞留班线售票工作并做好解释,当有运力供应时及时恢复售票等工作。

在未造成不良社会影响、未引发其他事件的前提下,原则上滞留旅客不得超过300人、滞留时间不得超过3小时,确因气候、道路中断等不可抗拒因素造成旅客无法运输的,及时向上级机构报告有关信息,立即开展退票、改签、中转运输等工作。同时做好滞留旅客的舆情监控工作,指派专人负责进行解释、劝导,并做好相关后勤服务保障工作,安抚旅客情绪、寻求理解配合。严防旅客滞留客运站过夜、应对不当引发旅客过激行为等造成不良社会影响的情形发生。

班车客运应急运力保障流程如图14-3所示。

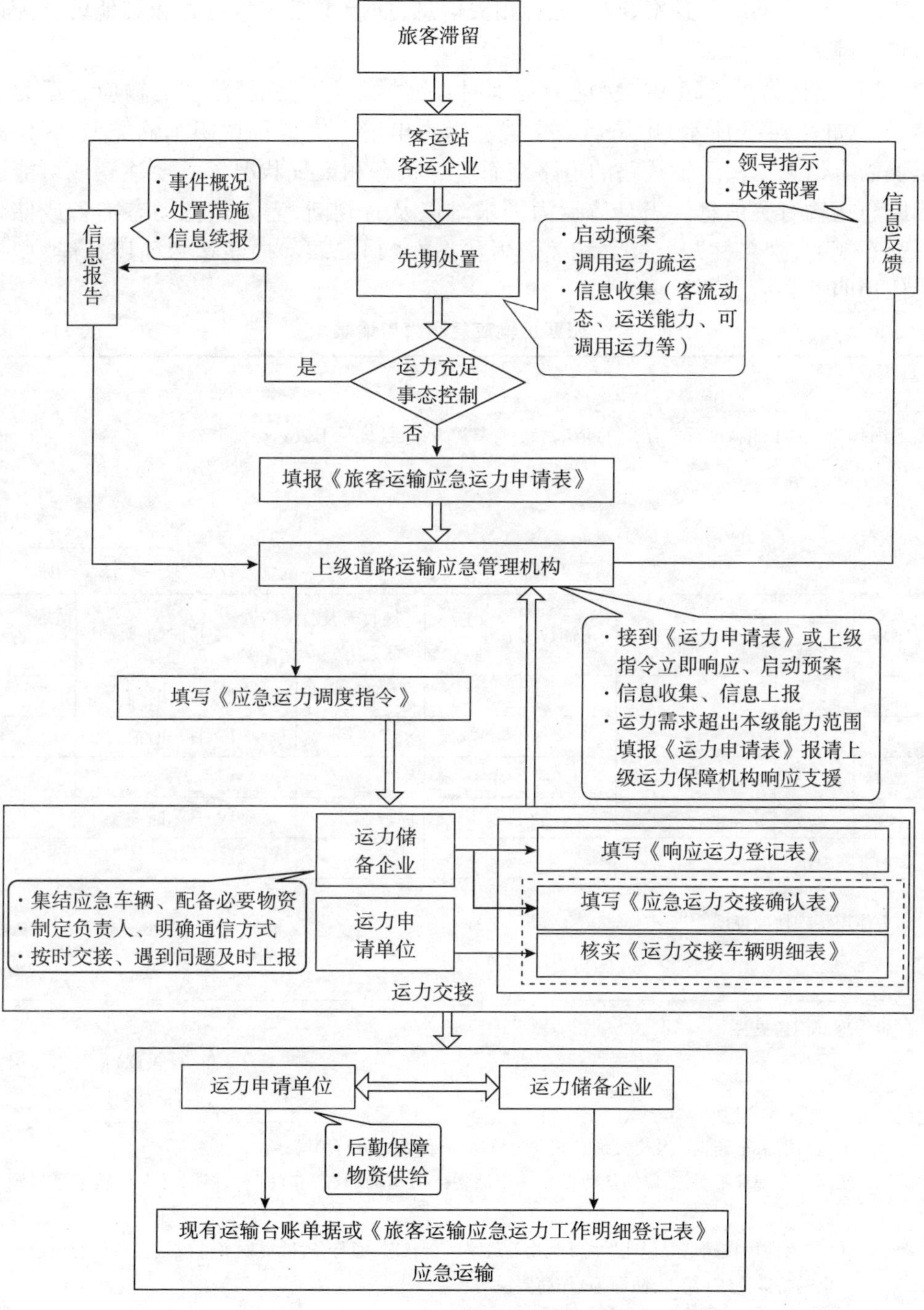

图14-3 班车客运应急运力保障流程

（1）当因各种原因出现旅客滞留不能及时运输时，客运企业、客运站及各级保障机构及时启动应急预案、收集汇总相关信息，抽调本级应急运力和其他可支配运力进行疏运。

（2）当运力需求超出本级能力范围时，及时填写并上报《旅客运输应急运力申请表》（如表 14-3 所示）申请运力支援。运力申请中应详细说明车辆类型、客位等车辆需求信息以及运输线路的道路交通运行状态和天气状况等需要注意或可能影响应急运输有关信息。当具体运力需求难以及时判断，需要储备动态准备或储备待命车辆的在“备注”栏注明，相关运力状态在“14.2.3 应急运力征用补偿”中作具体说明。

旅客运输应急运力申请表 表 14-3

________________：

因我处运力不能满足运输需求，特请求给予应急运力支援（详见下表），望批准。

单位（盖章）：____________

年 月 日 时

序号	车辆类型	客位（座）	车辆数	交接地点	接收人及联系方式	交接时间	备注
						月 日 时前	
						月 日 时前	
						月 日 时前	
合计	—			—	—	—	—

运力使用特殊情况说明：

上级管理部门意见：

单位（盖章）：

年 月 日

注：①运力需求车辆类型及交接地点相同时填写一行，否则分行填写；

②当运力需求不明，需要储备动态准备或储备待命车辆的在“备注”栏注明，并在交接信息栏画斜线；

③“运力使用特殊情况说明”主要对相关道路运行状态、通行条件、突发事件或气候条件对应急车辆的特殊要求（防滑、防雨等）作简要说明。

(3)上级道路运输应急管理机构根据申请向运力对口储备部门、可调派运力企业逐级下达应急运力调度指令。当保障系统外部突发事件时,根据政府、交通主管部门指令或应急处置需要,道路运输应急管理机构可直接下达调度指令征调应急运力。

应急运力调度指令格式如表14-4所示。

应急运力调度指令　　表14-4

________________:

根据________________________请求,为做好工作,决定调动你处应急运力进行紧急支援,请按要求(详见下表)完成。

此令。

××道路运输管理局(处)

年　月　日　时

序号	车辆类型	客位(个)	车辆数	交接地点	接收人及联系方式	交接时间	备注
						月　日　时　前	
						月　日　时　前	
						月　日　时　前	
合计	—			—	—	—	

对运力的特殊要求:

注:①运力需求车辆类型及交接地点相同时填写一行,否则分行填写;

②当运力需求不明,需要储备动态准备或储备待命车辆的在"备注"栏注明,并在交接信息栏画斜线;

③"对运力的特殊要求"主要对相关道路运行状态、通行条件、突发事件或气候条件对应急车辆的特殊要求(防滑、防雨等)作简要说明。

(4)接到应急运力调度指令的运力保障机构和客运企业应立即召集符合条件的储备运力,对相关车辆进行认真检查,保证车况良好,指定负责人带队并按规定配备相应的驾乘人员、通信工具和防护装备等,确保应急储备运力按规定时间到达指定地点。同时按照《旅客运输应急响应运力登记表》(见表14-5)的要求填写应急响应车辆信息上报相应道路运输应急管理机构备案。

车辆集结出发时或交接途中发生任何问题(发生事故、道路受阻、不能按时到达等)由带队负责人及时向下发应急运力调度指令的应急管理机构和接收方报告。

(5)到达指定交接地点后,运力交接方和接收方仔细核实、做好应急运力确认和交接工作。双方填写《旅客运输应急运力交接确认表》(如表14-6所示),核实并填写《旅客运输应急运力交接车辆明细表》(如表14-7所示)各自备案并逐级上报。

(6)在应急运输过程中,运力使用单位和运力支援单位分别做好登、统计工作,作为事后补偿的依据。原始统计应尽量详细、具体,以便事后查证。在班线客运中,很多客运站都制定有完善的管理台账和运输凭据,如运力支援方无异议可直接使用。否则填报格式可参照《旅客运输应急运力工作明细登记表》(如表14-8所示)执行(在保障系统外部突发事件时也可参照此格式登记),具体内容在实际运用中可根据需要灵活调整。

需要说明的是,对响应运力以及交接车辆明细等的登记和确认,主要是作为紧急状态下管理使用过程中记录缺失等情况下的补充凭证,以及运力征集使用过程中痕迹化、可溯化、规范化管理的需要。但相关工作较为烦琐耗时,在运力征用规模较大、事态较为紧张或运力来源较为复杂多样时,为提高效率,可采用信息化管理、运力派出时提前打印交接时核实等方式进行处理。在管理使用记录较为完善或车辆信息较为清晰的情况下,也可作相应的简化以灵活处置。

旅客运输应急响应运力登记表 表14-5

运力所属企业				联系人及电话		
填表单位				填表人及电话		
序号	车牌号码	车辆类型及技术等级	客位(座)	驾驶员及联系方式	运力状态	备注
合计	动态准备____辆____客位			储备待命____辆____客位	集结出发____辆____客位	

注:"运力状态"栏按指令信息填写:动态准备、储备待命或集结出发。

旅客运输应急运力交接确认表（附车辆明细表） 表 14-6

<table>
<tr><td colspan="2">运力派出单位</td><td colspan="5"></td></tr>
<tr><td colspan="2">交接人（签字）</td><td colspan="2"></td><td>联系电话</td><td colspan="2"></td></tr>
<tr><td colspan="2">运力接收单位</td><td colspan="5"></td></tr>
<tr><td colspan="2">接收人（签字）</td><td colspan="2"></td><td>联系电话</td><td colspan="2"></td></tr>
<tr><td>序号</td><td>车辆类型</td><td>客位（座）</td><td>车辆数</td><td>交接地点</td><td>交接时间</td><td>备注</td></tr>
<tr><td></td><td></td><td></td><td></td><td rowspan="7"></td><td rowspan="7">年 月 日 时</td><td></td></tr>
<tr><td></td><td></td><td></td><td></td><td></td></tr>
<tr><td></td><td></td><td></td><td></td><td></td></tr>
<tr><td></td><td></td><td></td><td></td><td></td></tr>
<tr><td></td><td></td><td></td><td></td><td></td></tr>
<tr><td></td><td></td><td></td><td></td><td></td></tr>
<tr><td></td><td></td><td></td><td></td><td></td></tr>
<tr><td>合计</td><td>—</td><td></td><td></td><td>—</td><td>—</td><td></td></tr>
<tr><td colspan="7">补充说明：</td></tr>
</table>

注：①如有实际交接车辆与调度指令要求不符或需要特别说明的情况等在“补充说明”栏注明；

②车辆类型及客位数相同时填写一行，否则分行填写。

旅客运输应急运力交接车辆明细表 表 14-7

序号	车牌号码	车辆类型	客位（座）	驾驶员及联系方式	备注

续上表

序号	车牌号码	车辆类型	客位(座)	驾驶员及联系方式	备注

旅客运输应急运力工作明细登记表　　表 14-8

填表单位(盖章)：　　填表时间：　年　　月　　日　　填表人：　　联系电话：

序号	车牌号码	车属单位	座位(个)	车辆类型	应急运输日期	应急运输起讫点	预付款(元)	备注

续上表

序号	车牌号码	车属单位	座位（个）	车辆类型	应急运输日期	应急运输起讫点	预付款（元）	备注

注：①本表由运力使用单位和运力支援单位填写，作为运力使用原始记录，相关单位可根据需要灵活调整表格结构但应保证信息全面、具体；

②每辆车同一起讫点间往返一次记为一次应急运输任务，填写一行记录；

③车辆放空、多点运输、处于应急储备待命状态等情况在“备注”栏说明，应急车辆收取票款收入或运力使用方预付应急费用等应急车辆获得的收入均计入“预付款”。

14.2.3 应急运力征用补偿

根据相关规定及应急实践，应急运力补偿按照“谁使用、谁补偿”的原则，由运力使用单位进行支付和补偿，由运力征用单位负责落实。对在应急运输中造成车辆装备损失、人员伤亡等特殊情况且事先补偿标准未作明确或存有争议的，执行旅客疏运等经济活动时，在运力征用机构牵头组织下由运力使用方和支援方按照市场经济规律协商处理；执行指令性应急保障任务时，本着“以直接损失为基础，以完全补偿为目标”的原则按照相关法规和实际情况妥善解决。相关补偿标准、工作流程等可参考以下内容执行。

1. 补偿标准和依据

在应急运力征集使用过程中，由于突发事件和处置应对的特殊性，应急运力的运输和使用状态会有所不同，对征用运力造成的影响和损失等情况也有所差异。为提高应急征用补偿的科学化、精细化程度，可区分以下三种应急运力的不同运输和使用状态进行分类补偿。

(1)动态应急准备状态。指运力预使用单位或突发事件响应部门预计存在运力缺口，向道路运输应急管理机构提交运力申请，道路运输应急管理机构根据申请向运力储备企业下达指令准备应急运力，相关运力正常开展运输工作，但须保证一旦有需要时能够按照要求的时间、配备相应的装备等到达要求的地点展开应急运输的状态。

动态应急准备状态的补偿以天为单位计算，自指令下达之日算起至状态解除或进入其他状态之日结束。该状态补偿标准原则上不考虑车辆类型等因素，由省级道路运输应急管理机构统一确定。该状态对预征用运力的正常运营影响不大，主要是一种激励或奖励性质的补偿。

(2)应急储备待命状态。指运力储备企业根据道路运输应急管理机构的指令,相关运力停止正常运营运输工作,负责人组织并集结运力随时待命准备出发,以及车辆交付运力使用方后无运输任务随时待命的状态。

应急储备待命状态以天为单位计算,包括指令下达之日起至出发之日的天数以及交付运力使用方后无运输任务的天数之和。该状态补偿标准原则上按照车辆客位数分类,以实际损失、一般包车或租用等市场价为参照,由省级道路运输应急保障机构统一确定不同类型车辆的补偿标准。

(3)应急运输状态。包括被征用运力集结过程、往返途中以及交付运力使用方后开展应急运输任务的运力使用状态。

应急运输状态同样以天为单位计算,为应急车辆集结出发之日起至到达运力交付地之日的天数、运力交付后有应急运输任务的天数以及应急运输完成返回之日至到达运力所在地之日的天数之和。由于运力使用强度及应急运输环境等往往差异较大,该状态补偿标准原则上按照车辆客位数分类并结合不同客位车辆的单位里程消耗、运输里程、运输环境对车辆的影响等因素,由负责征用的道路运输应急管理机构牵头协同运力使用方、运力支援方协商明确。

2. 补偿流程和相关规范

(1)应急运输任务结束 10 日内,由应急运输保障响应机构牵头组织运力使用方和运力支援方进一步核实并确认相关信息,根据有关规定或事先达成的共识进一步细化明确各项补偿的具体标准。执行指令性应急保障任务的,补偿标准以上级规定为准。

(2)在明确补偿标准 10 日内,运力使用方和运力支援方根据《"××"事件应急运力使用情况汇总表》(见表 14-9)的内容要求汇总、上报相关信息。在汇总、统计过程中,双方要加强沟通和协调,准确核实有关信息,尤其对有争议的事项要充分核实达成一致。

(3)接到《"××"事件应急运力使用情况汇总表》后 10 日内,应急运输保障响应机构进一步核对双方的《"××"事件应急运力使用情况汇总表》,确认一致后按照《"××"事件应急运力补偿汇总表》(见表 14-10)的内容统计并初步核定补偿金额,之后下发运力使用方和运力支援方进一步核对确认。

(4)运力使用方和运力支援方接到《"××"事件应急运力补偿汇总表》后进一步核对,发现问题及时沟通。确认无异议后,在 10 日内由运力使用方按照《"××"事件应急运力补偿汇总表》确定的金额向运力组织机构和运力支援企业及时发放补偿金并保留财务证据备案。执行指令性应急保障任务的,应急补偿金由下达运力调度指令的应急管理机构按照上级规定及时发放。

公路旅客运输应急运力补偿流程如图 14-4 所示。

“××”事件应急运力使用情况统计表 表 14-9

车属单位			联系人及电话							
运力使用单位			联系人及电话							
填表单位			填表人及电话							
序号	车牌号码	客位数（座）	动态应急准备		应急储备待命		应急运输		预付款（元）	补偿金（元）
			天数	补偿标准（元／天）	天数	补偿标准（元／天）	天数	补偿标准（元／天）		
合计		—		—		—		—		

注：①本表由运力使用单位和运力支援单位在应急结束后分别填写，互相交换核准，达成一致后交应急运输保障响应机构汇总；

②补偿金为三种应急状态补偿金额之和减去预付款；

③补偿标准经双方商议认可后由应急运输保障响应机构填写。

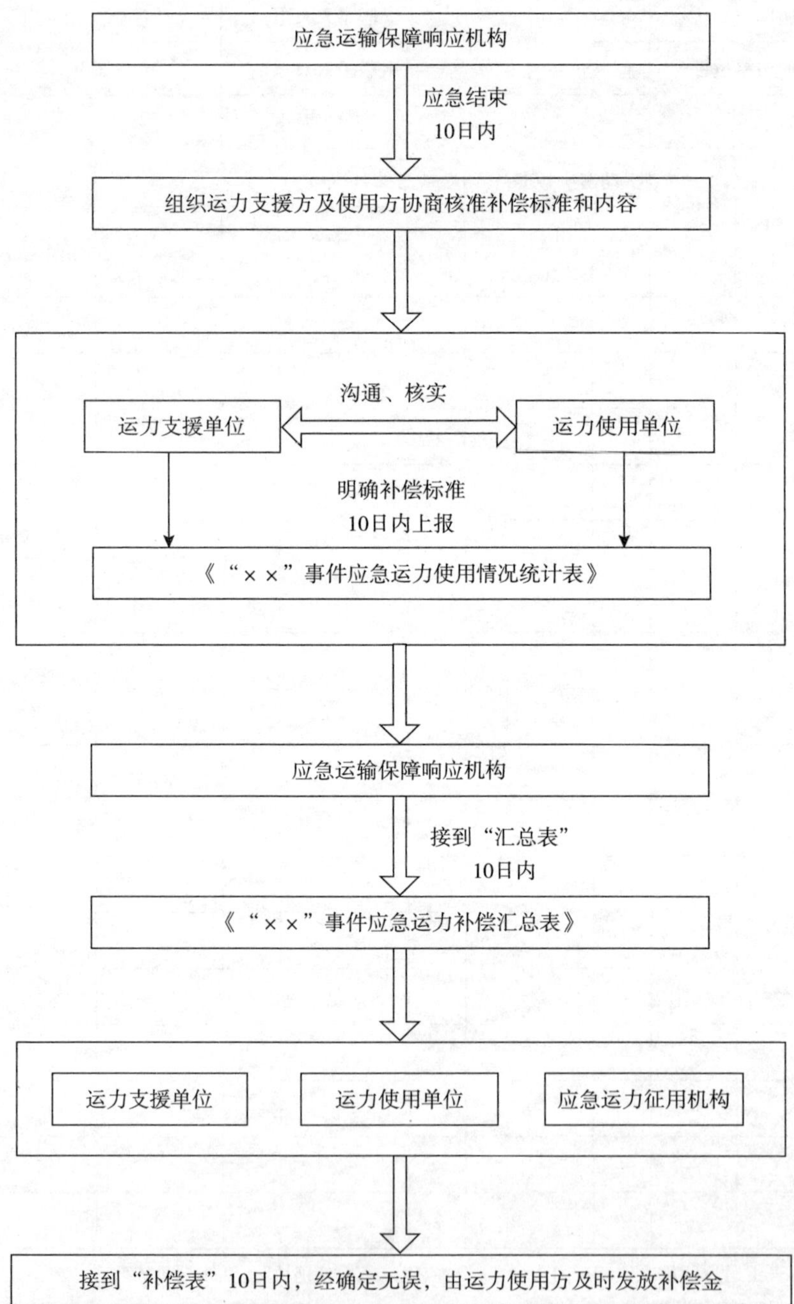

图 14-4　公路旅客运输应急运力补偿流程

“××”事件应急运力补偿汇总表 表14-10

填表单位					填表人及电话					
运力组织机构	车辆数（辆）	奖金（元）	序号	客运企业	车辆数（辆）	预付款（元）	补偿金（元）	企业奖金（元）	应发（元）	备注
			小计							
			小计							
			小计							
合计			—							

注：①“预付款”包括预付给企业的金额及除此之外单独预付给该企业各车辆的预付款项之和；

②“补偿金”为按照明确的补偿标准计算后扣除所有预付款的金额；

③“应发”为“补偿金”与“企业奖金”之和。

14.3 运输线路中断时的应急保障

14.3.1 运输线路应急保障的主要内容及注意事项

根据《道路旅客运输及客运站管理规定》，班车客运实行定点、定线运营。但由于山体滑坡、交通事故、交通堵塞等原因，会影响既定运营线路的正常通行，扰乱正常的客运经营活动、造成旅客积压等问题。因此，应急管理机构和业务部门应组织客运企业，协同交管、运政等部门研究确定备用运输线路，以备不时之需。

备用运输线路的确定过程中应综合考虑以下因素。

(1)备用线路的通行条件是否满足道路旅客运输规定要求。

(2)备用线路与运营客运车辆技术指标是否匹配。

(3)备用线路运营成本、运营时间与既定运营线路的差异等。

(4)线路调整后的客源冲突、安全保障及解决办法等。

备用运输线路勘察确定后,运输企业应做好登记统计及时报应急管理机构和业务部门批准、备案。同时制定备用线路运营方案,明确备用线路启用条件、启用流程、运价调整和运营时间变动等信息公布及解释等相关事项。班车客运备用运输线路汇总备案表如表14-11所示。

班车客运备用运输线路汇总备案表 表14-11

序号	班线起始地	运营线路	线路等级	运行时间(h)	里程(km)	备注
		既定线路				
		备用线路1				
		备用线路2				

注:①"班线起始地"一栏填写主管部门标准的班车运营起始地,"运营线路"一栏填写起讫客运站及途经道路编号,"线路等级"一栏填写途经道路技术指标对应的等级;

②线路特殊情况(如可通行车型要求等)在"备注"栏说明。

当发生山体滑坡、洪涝灾害、冻雨或交通事故、交通堵塞等突发事件造成班车客运运输线路中断或通行能力降低时,受影响车辆驾驶员应及时向客运站、客运企业通报相关情况。客运站、客运企业根据受影响班线客流情况等进一步汇总、分析相关信息,及时报送道路运输应急管理机构和相关业务部门。应急管理机构和业务部门接到信息报告后及时与事件有关的公路管理部门、交警、气象等部门取得联系,明确现行运输线路受影响的程度、影响持续时间、备用线路的实时状态和交通状况等信息。当受影响程度达到应急响应指标时,各级应急响应责任主体立即启动应急预案,视情调整运营线路或调派应急运力开展应急保障工作,并及时通报交警、运政、与备用线路有客源冲突的客运企业及客运站等。

客运线路的运营调整涉及客源冲突、运行管理、行驶安全等敏感问题,处置不当将会引发新的问题和麻烦。在实际工作中应及时通报、做好沟通协调及加强驾驶员的教育管理等工作。应急运输线路保障中应注意做好以下几个方面的工作。

(1)备用运输线路的勘察确定工作一定要准确、全面,确保符合旅客运输相关规定及安全行驶要求,同时还要综合考虑客源冲突、营运成本等问题。备用线路确定后应按照优劣排序做好统计备案工作,并结合安全教育等时机,做好驾驶员的教育、培训工作,确保线路调整时能及时适应。

(2)确需调整运输线路时,应急管理机构及业务部门必须与公路管理部门、交警、运政等部门及时沟通,再次确认备用线路的运行条件,并通报备用线路途经地客运管理部门、有客源冲突的客运企业及客运站等。

(3)线路调整方案经管理部门核实批准后,客运企业、客运站应及时向驾驶员、旅客通报有关信息,有序组织线路调整后的运营管理工作。

(4)对运输线路中断受困的运输车辆和旅客,客运站、运输企业应制定紧急应对方案,做好受困旅客的后勤保障工作、视情进行转运、安置工作,协同有关部门做好安全防卫工作。尤其对于受困时间较长、气候条件恶劣、受困地点偏僻等情形下的保障工作要考虑周全、应对得当。

14.3.2 运输线路保障流程及相关工作规范

班车客运应急运输线路调整保障的工作流程和内容主要包括以下几个方面。

(1)当正常运营线路受阻或中断时,客运站、运输企业进一步监测、收集该运输路线信息(原因、影响程度、可能持续的时间等),统计、研判受影响运输路线的客流信息及客流变化趋势,根据相关规定和要求及时报送应急管理机构和主管部门。同时积极组织运力疏散滞留旅客、通过接力运输等方式转运受阻旅客,受阻旅客不能及时转运或难以实施转运工作的,协调有关部门做好安全保卫及后勤保障工作。

(2)应急管理机构和客运主管部门接到信息报告后,及时与公路管理部门、交警、运政、气象等部门取得联系,对受影响运输路线的影响程度、影响还将持续的时间、备用路线的通行情况(线路的选择确定优先从备用线路中)和交通状况等进一步进行研判和确定,根据有关规定和实际情况科学决策。

(3)如应急管理机构和客运主管部门决定调整运输路线,则及时通知客运站和运输企业新的运输路线,同时将相关信息通报运政、交警、有客源冲突的运输企业及客运站、新线路途经地的运管部门等,请求支持与配合。客运站和运输企业立即按照预先方案通报新线路的运营时间、价格变动等相关情况,有序组织线路调整后的运输组织和管理工作。否则,继续监控事态变化,做好应急准备工作。

(4)当原运营线路恢复正常通行时,及时调整恢复运营状态。

班车客运运输线路调整保障工作流程如图 14-5 所示。

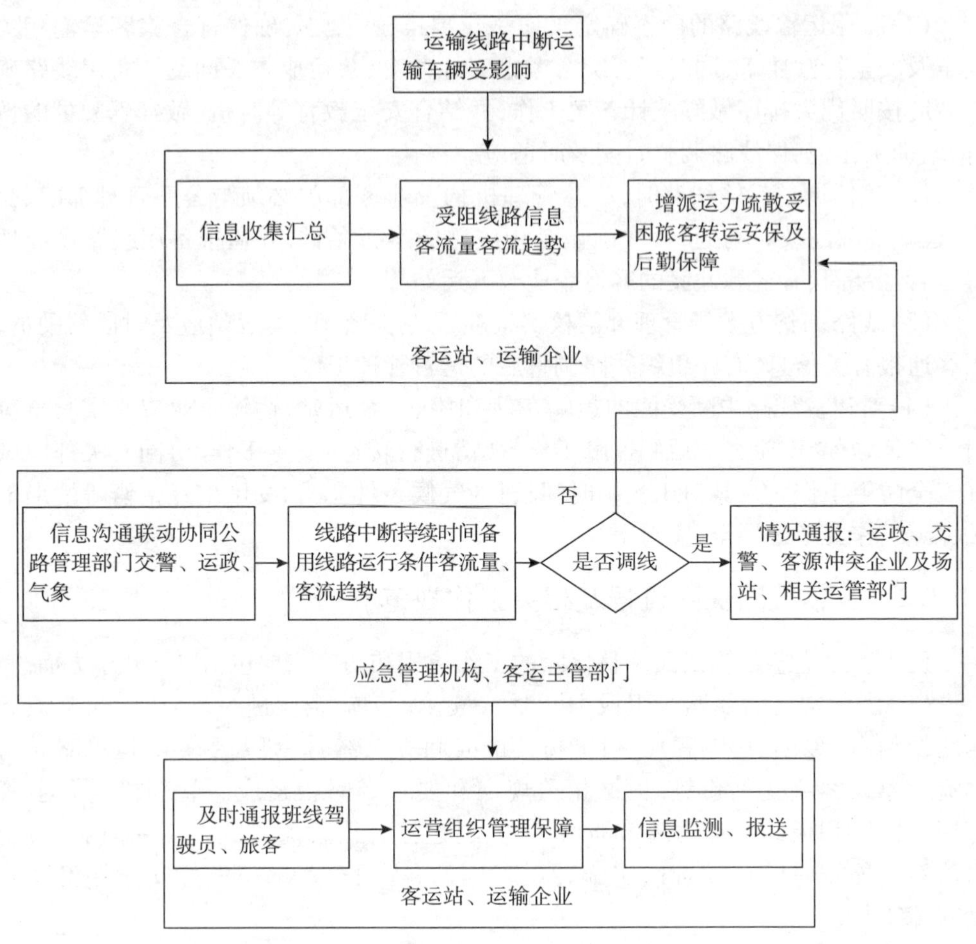

图 14-5　班车客运运输线路调整保障工作流程

14.3.3　应急运输通道建设与管理

应急运输通道是指在各种突发事件处置应对中，为确保应急运输车辆快速、顺畅的完成应急运输任务，通过法规制度保障、交通管制等确保应急运输车辆优先通行或专用的运输通道。应急运输通道是否畅通、高效直接关系到公众的生命和财产在发生突发事件时能否得到及时救援。因此，应急运输通道往往又被称为“生命通道”，加强应急运输通道建设和管理十分必要。《国家突发公共事件总体应急预案》在“交通运输保障”中就明确提出“要保证紧急情况下应急交通工具的优先安排、优先调度、优先放行，确保运输安全畅通”“根据应急处置需要，对现场及相关通道实行交通管制，开设应急救援‘绿色通道’，保证应急救援工作的顺利开展”。交通运输部《关于加强道路运输应急保障工作的若干意见》中也明确要求“应对突发事件期间，各地交通运输主管部门应根据事件性质和特点，加强与相关部门的沟通协调，制定联动方案，开辟应急车辆免费通行专用通道，必要时由公安部门协助维护交通、治安秩序”。

目前，在高速公路以及很多城市的快速路和城市环线两侧都施画有应急车道，《中华人民共和国道路交通安全法实施条例》还对“非紧急情况时在应急车道行驶或者停车”的行为做出了处罚规定，为应急车道的科学使用提供了法制保障。同时很多地方性法规还明确规定，国省干线公路最内侧车道，市区主要干道最内侧车道以及公交车道兼作应急车道，工程救险、消防救援、医疗救护以及警务车辆具有优先通行权，为应急运输通道的建设与管理提供了良好基础和借鉴范例。

结合应急运输通道建设力度不足、应急车道被随意占用、应急运输优先权难以落实等问题，应从以下几个方面加以解决。

(1)进一步强化法制保障，加大应急运输通道建设力度。一方面，进一步修订完善相关法规制度体系，明确应急车道与应急运输通道的关系定位，对应急运输车辆使用应急车道的权限进行明确，并完善相关配套和保障措施，加强统筹建设和管理规划。另一方面，进一步细化和完善相关法规制度，从总体层面加强统一领导和整体协同，避免相关政策落实不力。尤其是对应急运输通道管理使用以及应急车辆“优惠优先”等牵扯面广、落实难度大的政策，要明确责任主体、统一制定具体实施办法，避免好的政策规定难以执行落实不了。

(2)加强应急通道管理力度以及对占用应急通道行为的处罚执行力度。一是要加强对应急通道路基、路面、标志标线以及相关附属设施的检查维护，确保应急车道通畅可用。二是要加强对应急通道的巡逻保通力度，对违规占用或妨碍应急运输车辆有效使用应急通道的行为严格按照有关法规及时惩处，造成不良后果的依法追究相关责任。

(3)加强应急通道监管及“保通促先”设施设备建设力度。一是进一步完善应急通道监控、抓拍、电子宣传警示等设备的建设安装，提高应急通道建设管理水平和效率。二是进一步加强交通管控能力水平建设，不断提升交通信号控制、交通运行状态监测分析以及实时运输线路规划的智能化、科学化程度，为应急运输的通行优先、快捷运输等提供强有力的科技支撑。

(4)加强针对性宣传教育，寻求公众的理解和支持。积极通过多种方式和渠道，对应急运输通道建设的重要作用和意义、占用应急通道可能引发的严重后果、保障应急运输优先的作用效果以及需要公众配合的工作等进行广泛、深入的宣传动员和教育引导，使公众自觉理解认同、积极支持配合。同时，将道路资源及使用权、应急运输通道控制保通等内容纳入应急征用和志愿者动员等工作之中，在有效深化细化应急运输通道建设力度的同时扩大和强化维护应急运输通道畅通有序的责任意识。

14.4 客运场站功能丧失时的应急保障

14.4.1 客运场站应急保障的主要内容及注意事项

客运场站是旅客和运营车辆的集散枢纽,是连接旅客与客运车辆的桥梁和纽带。地震等突发事件往往会对现有客运场站造成损毁或冲击,对运营组织造成不利影响,降低旅客运送能力甚至导致运营组织中断,为人员保障及疏散等带来问题和麻烦。为防患于未然,客运场站经营管理者应制定相应的应急预案或保障方案,在应急管理机构和主管部门的组织领导下预先明确标准要求、准备备用场站,确保现有客运场站功能丧失时能够及时恢复、有效组织旅客运输工作。备用客运场站可结合应急运力征集调用集结场地规划建设等确定。

备用客运场站的确定应综合考虑以下因素。

(1)场地能否满足车辆、旅客运营组织需求。

(2)能否确保车辆安检等运营管理活动的有序开展。

(3)是否具备必要的基础设施,场站调整后对应的运营线路是否满足规定要求。

(4)是否便于客流集散及公交接驳等的组织。

备用客运场站的启用主要是临时性的应急措施,运营组织必须以安全、有序、高效为目标。在运营管理、组织的方式和形式上可根据实际状况灵活调整。但客运场站经营管理者应制定明确、可行的运营组织方案以及相应的信息通报方案,确保各项工作有效衔接、顺畅开展。班车客运备用客运场站汇总备案表如表 14-12 所示。

班车客运备用客运场站汇总备案表 表 14-12

序号	客运站	等级	营运班线(条)	车辆容纳能力(辆)	旅客发送能力(人次/日)	运营线路	备注
	当前场站					既定线路	
	备用场站 1					调整后线路	
	备用场站 2					调整后线路	

客运场站功能丧失时的应急保障研究的主要是地震等自然灾害导致客运场站损毁、功能丧失,但有客运需求且其他运营条件有保障时的公路旅客运输运营管理、组织等问题。其中临时客运场站的选定、场站调整后的运营组织、信息发布、旅客接驳转运等是应急运输场站保障工作的重点和难点。

(1)临时客运场站的选定。临时客运场站的选定过程中应注意做好以下工作:

①收集、汇总运输线路、运输车辆、客运需求量等信息,初步确定所需场地规模。

②备用场地规模能否满足车辆、旅客集结及运营组织需求,可用状态等是否发生显著变化、能否符合相关要求。

③与场站相适应的道路条件是否符合规定要求。

④是否具备必要的基础设施或利于及时改造投入使用。

⑤能否满足各种交通方式的有效接驳,是否便于客流集散。

(2)制定运营组织方案。临时客运场站选定后,应结合场地实际状况以及运营组织需要,制定明确的运营组织方案。确定运营组织形式、标示运营组织功能分区、明确并标定车辆场内运行流线,指定专人负责协调管理工作、查找存在的问题及隐患、及时修订运营方案。

(3)情况通报及信息发布。将运输组织方案、场站地点、乘车到达方式等信息报送客运主管部门审核批准,相关部门协同宣传通信组按照新闻发布的程序和要求通过广播、电视、报纸、网络等渠道及时向公众通报。同时通报公交、出租管理部门和企业,组织接驳运输服务,并积极通过车载广告等方式广泛发布相关信息。

(4)旅客接驳集散方案设计。在选择临时客运场站时,旅客接驳集散要作为重要的影响因素加以考虑。临时客运场站选定后,客运主管部门、运输企业等积极沟通协调,寻求公交等的支持,与公交公司、出租车企业商定旅客到站、离站运输方案,并为公交、出租车以及私人交通运行提供必要的条件和保障。

14.4.2 临时场站选定相关工作流程及规范

班车客运临时客运场站选定相关工作的流程和内容主要包括以下几个方面。

(1)原先运营场站不可继续使用时,客运场站经营管理者收集、汇总运输线路、运输车辆及旅客需求等信息,研究确定临时客运场站规模,结合实际条件进一步制定备用场站方案(为提高效率、降低成本,在基础条件、运输形势等未发生较大变化的前提下,优先考虑备用场站),报送应急管理机构和客运主管部门。

(2)应急管理机构和客运主管部门,积极协同城市管理、运政、公交公司、交警等部门根据运营组织要求及实际情况,进一步研究并最终确定临时客运场站。

(3)客运场站经营管理者根据选定的临时客运场站进一步研究制定运营组织详细方案、协同公交公司等制定公交接驳保障措施,报送应急管理机构和客运主管部门审核批准。

(4)应急管理机构和客运主管部门审核批准后,及时发布相关信息,场站经营管理者和运输企业积极协同有序开展运营工作。

班车客运临时客运场站选定及运营组织工作如图14-6所示。

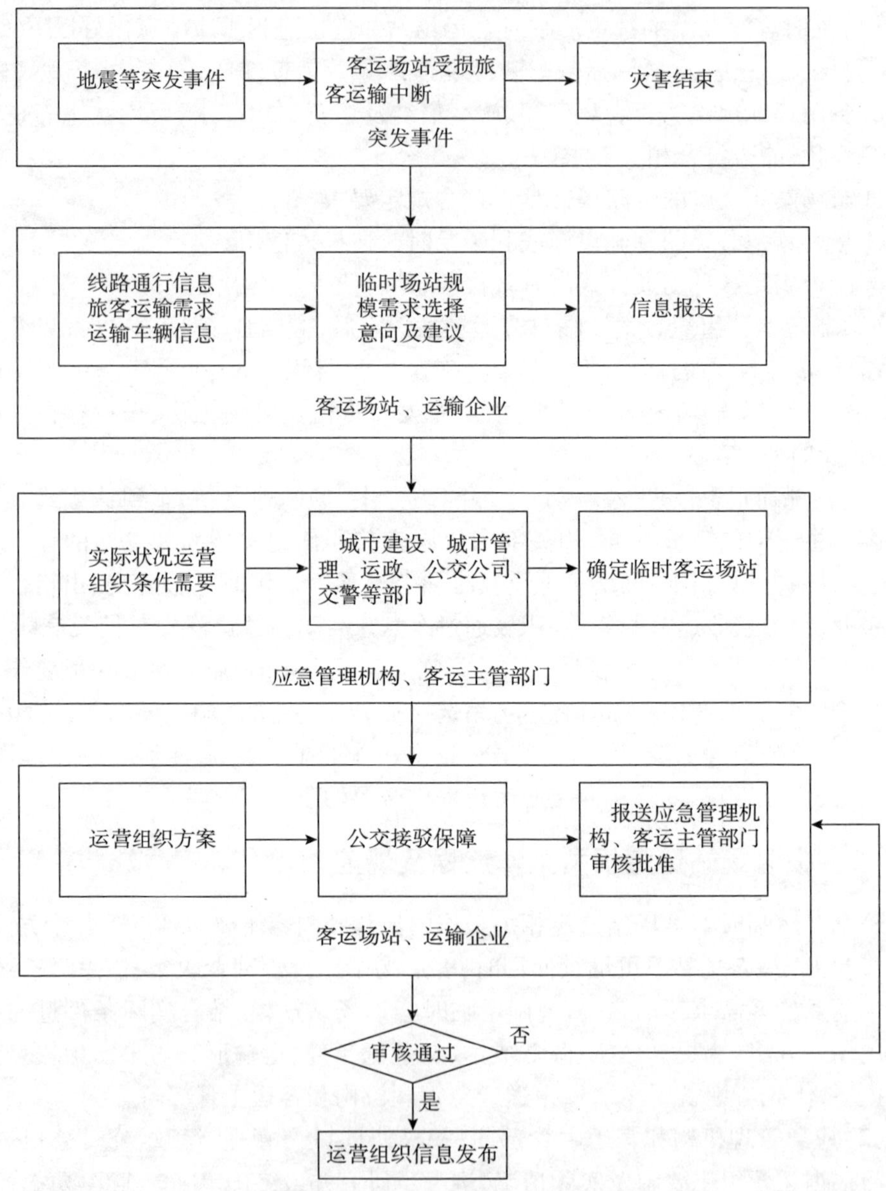

图14-6 班车客运临时客运场站选定及运营组织工作流程

14.5 对运营组织有特殊要求时的应急保障

14.5.1 相关情形及主要工作内容

当发生公共卫生事件、社会安全事件（“停运”、油料供应紧张）等突发事件时，会对公路客运的运营组织产生较大影响。社会安全事件的处置主要是协调安监、安保、油料供应等相关部门给以保障。当发生公共卫生事件时，对班车客运的影响较大、要求较高，运营组织相对较为复杂。因此，对运营组织有特殊要求时的应急保障主要以发生公共卫生事件时的班车客运组织为例进行论述。

发生公共卫生事件时，公路客运经营、组织者有着极大的感染风险，而且一旦管理不善极易造成疫情大范围扩散。因此，在运营组织管理中，一方面要做好公路客运经营、组织者的卫生防疫工作。另一方面，要在运营活动中积极协同卫生防疫部门做好检查、防疫工作，并协同有关人员对受感染者或疑似感染者进行有效控制，避免疫情扩散。发生公共卫生事件时应着重做好以下几个方面的工作。

(1)客运场站及时协同有关部门根据疫情实际情况制定详细应对方案，划定隔离检查区域、完善相关设施、配备检查设备、调整优化运营组织程序等，为卫生防疫部门开展工作提供便利和必要保障。

(2)及时发布疫情防控信息。通过售票窗口等广泛发放相关资料，同时在客运场站、客运车辆显著位置统一张贴疫情鉴别技能信息、相关情况处置方法等，并结合广播等形式进行反复教育，引导旅客自查、积极配合检查和相关处理工作。

(3)协同卫生防疫人员，组织公路客运经营管理者、驾驶员等学习疫情防控知识、掌握疫情判别方法手段、明确相关情况的处置要求和具体内容，严格落实疫情防控措施和要求，避免不必要的恐慌，提高社会责任意识。

(4)制定明确客运场站、运输途中疑似病人的转运、隔离方案等并确保相关人员清楚知晓，如明确隔离送治医院、送治方式、旅客不配合时的处置方案等。

14.5.2 发生公共卫生事件时的客运组织管理

当发生重大传染病疫情及群体性不明原因疾病时对道路运输组织干扰较大，应按照交通运输部、卫生部联合下发的《突发公共卫生事件交通应急规定》等开展应急处置应对。根据相关规定及工作实际，发生公共卫生事件时在旅客运输运营组织活动中需增加检疫、消毒、隔离、疫情防范与调查教育等环节。

发生公共卫生事件时的客运组织管理工作流程和内容主要包括以下几个方面。

(1)在客运场站划分明确的疫情检验区、临时隔离区、车辆和人员洗消区等，并在相应区域张贴明显标志,配备相应的隔离装置、预留转运通道及转运车位等。客运场站在建设规划时应预设相关场地,平时禁止在相关区域、通道等地方设置固定设施及其他难以及时清除的障碍物,确保应急状态时能够及时投入使用。

(2)对恶性传染疫情等,严格按照《国内交通卫生检疫条例实施方案》《突发公共卫生事件交通应急规定》等的规定和要求进行车辆及人员的检验和免疫等工作。根据疫情具体情况等制定明确车辆《交通卫生检疫合格证》和《旅客健康申报卡》检查、申领流程,并在运输车辆、场站入口等显著位置进行公示。提醒旅客不得携带或者托运染疫行李和货物、不乘坐未取得《交通卫生检疫合格证》的车辆、严禁未取得《旅客健康申报卡》的人员乘车。

(3)做好运输途中的管理防范工作,根据疫情等需要严格控制或禁止中途下车等现象。尤其是爆发重大传染性疫情时,运输车辆只能在具有检验、免疫条件的场所停留或上下旅客。

(4)指定具体部门和专门人员负责联络协调、宣传教育及后勤保障等工作,做好旅客的思想教育和配合工作。

发生公共卫生事件时班车客运应急保障及运营组织管理工作流程如图14-7所示。

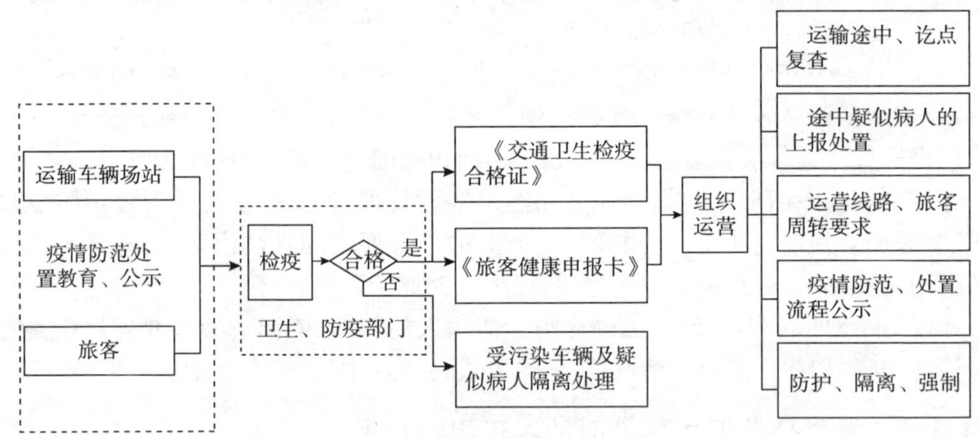

图14-7　发生公共卫生事件时班车客运应急保障及运营组织管理工作流程

参考文献

[1] 交通运输部道路运输司. 起步之举发展之路——新时期道路运输业发展大调研成果汇编[M]. 北京:人民交通出版社,2011.

[2] 中华人民共和国民政部门户网站. 2015 年社会服务发展统计公报[EB/OL]. http://www.mca.gov.cn/article/sj/tjgb/,2016.

[3] 中华人民共和国交通运输部门户网站. 2015 年交通运输行业发展统计公报[EB/OL]. http://zizhan.mot.gov.cn/zfxxgk/bnssj/zhghs/201605/t20160506_2024006.html,2016.

[4] [美]乔治·D. 哈岛,琼·A. 布洛克,达蒙·P. 科波拉. 应急管理概论[M]. 3 版. 龚晶等,译. 北京:知识产权出版社,2011.

[5] 姚国章. 日本灾害管理体系:研究与借鉴[M]. 北京:北京大学出版社,2009.

[6] 闪淳昌. 中国特色的运行模式与实践[M]. 北京:北京师范大学出版社,2011.

[7] 王宏伟. 突发事件应急管理:预防、处置与恢复重建[M]. 北京:中央广播电视大学出版社,2009.

[8] 钟开斌. 风险治理与政府应急管理流程优化[M]. 北京:北京大学出版社,2011.

[9] 陈安,陈宁,倪慧荟. 现代应急管理理论与方法[M]. 北京:科学出版社,2011.

[10] 贾群林,刘鹏飞. 突发公共事件的应急指挥与协调[M]. 北京:当代世界出版社,2010.

[11] 王超. 重大突发事件的政府预警管理模式构建研究[M]. 武汉:湖北科学技术出版社,2010.

[12] 王延章,叶鑫,王宁. 应急管理信息系统:基本原理、关键技术、案例[M]. 北京:科学出版社,2010.

[13] 兰燕红,申金升. 交通应急指挥系统体系框架研究[J]. 交通管理,2006(12):56-58.

[14] 谢素华. 论我国公路交通应急及运输保障体系的建设[J]. 公路交通科技,2008,25(9):154-158.

[15] 梁洁. 道路旅客运输突发事件应急保障机制研究[D]. 西安:长安大学,2009.

[16] 闫彭,杨璐萍,尹晋. 交通应急保障能力内涵及评价指标体系研究[J]. 物流技术,2011(11):53-56.

[17] 黎符忠. 区域交通应急保障体系构建研究[D]. 成都:西南交通大学,2012.

[18] 邵玉平,陈少元,董坤,李耀琨. 突发事件车辆装备应急保障运行机制研究[J]. 中国管理信息化,2012,15(23):58-59.

[19] 国务院办公厅. 突发事件应急预案管理办法[Z]. 北京:国务院办公厅,2013.

[20] 游志斌,薛澜. 美国应急管理体系重构新趋向全国准备与核心能力[J]. 国家行政学院学报,2015(3):118-122.

[21] 张明. 美国应急预案体系建设经验借鉴研究[J]. 中国安全生产科学技术,2015(11):154-158.

[22] 赵哲锋,王勇猛. 国内外突发事件应急管理机制的比较与启示[J]. 法治与社会,2012(6):178-179.

[23] 宋英华,王容天. 基于危机周期的突发事件全面应急管理机制研究[J]. 华中农业大学学报(社会科学版),2010(4):104-107.

[24] 陈安,迟菲. 突发事件的起源、机理、特征与应急管理原则[J]. 管理世界,2010(7):36-38.

[25] 刘亚娜,罗希. 日本应急管理机制及对中国的启示——以"3·11"地震为例[J]. 北京航空航天大学学报(社会科学版),2011(5):16-20.

[26] 汪伟全. 突发事件区域应急联动机制研究[J]. 探索与争鸣,2012(3):47-49.

[27] 计雷. 突发事件应急管理[M]. 北京:高等教育出版社,2007.

[28] 薛澜,张强,钟开斌. 危机管理:转型期中国面临的挑战[M]. 北京:清华大学出版社,2008.

[29] 李程伟. 公共危机管理:理论与实践探索[M]. 北京:中国政法大学出版社,2008.

[30] 张小明. 公共部门危机管理[M]. 北京:中国人民大学出版社,2009.

[31] 钟开斌. 中国应急管理体系建设:回顾与前瞻[J]. 政治学研究. 2009(1):78-88.

[32] 孙多勇. 突发事件下的行为决策[M]. 北京:社会科学文献出版社,2006.

[33] 钟开斌,张佳. 论应急预案的编制与管理[J]. 甘肃社会科学,2006(3):240-243.

[34] 詹承豫,顾林生. 转危为安:应急预案的作用逻辑[J]. 中国行政管理. 2007(5):89-92.

[35] 张维平. 社会学视野中的公共安全与应急机制[J]. 中国公共安全,2007,6(9):5-12.

[36] 张卫. 社会风险发展趋势与我国突发事件应急机制建设[J]. 中央民族大学学报,2008,28(6):111-115.

[37] 钟开斌. "一案三制":中国应急管理体系建设的基本框架[J]. 南京社会科学,

2009(11):77-83.

[38] 陈雪莲. 社会应急管理体制改革研究刍议[J]. 中国应急管理,2010(1):14-18.

[39] 高小平,刘一弘. 我国应急管理研究述评[J]. 中国应急管理,2009(9):72-79.

[40] 韩颖. 新公共管理视域下我国基层政府应急管理机制研究[D]. 秦皇岛:燕山大学,2011.

[41] 刘爱华,刘海燕. 中美日突发公共事件应急管理机制的比较研究[J]. 工业安全与环保,2010(9):4-6.

[42] 李小娟. 突发事件下道路运输应急管理系统研究[D]. 西安:长安大学,2010.

[43] 兰燕红. 城市应急指挥系统的能力评价及预案研究—以北京市为例[D]. 北京:北京交通大学,2007.

[44] 闪淳昌,周玲,钟开斌. 对我国应急管理机制建设的总体思考[J]. 国家行政学院学报. 2011(1):8-13.

[45] 高小平."一案三制"对政府应急管理决策和组织理论的重大创新[J]. 湖南社会科学,2010(5):64-68.

[46] 钟开斌. 应急管理"机制"辨析[J]. 中国减灾,2008(4):30-31.

[47] 冯俏彬. 应急财政:基于自然灾害的资金保障体系研究[M]. 北京:经济科学出版社,2012.

[48] 曹越. 基于应急资金体系下巨灾保险模式研究[D]. 成都:西南财经大学,2009.

[49] 陈建华,刘博文. 应急物资的储备模式研究[J]. 中国管理信息化,2014(3):106-107.

[50] 高小平,刘杰,刘一弘. 建设我国应急管理科普宣教体系[J]. 中国应急管理,2011(5):37-40.

[51] 姚迪. 当前突发事件应急管理宣传教育的思考[J]. 灾害学,2009(2):134-137.

[52] 林涛,林毓铭. 美国应急教育的借鉴与启示[J]. 中国应急管理,2012(2):51-55.

[53] 刘铁民. 突发事件应急预案体系概念设计研究[J]. 中国安全生产科学技术,2011(8):5-13.

[54] 闪淳昌. 我国应急预案体系建设的实践与思考[J]. 中国应急管理,2012(4):14-17.

[55] 张海波,童星. 中国应急预案体系的优化——基于公共政策的视角[J]. 上海行政学院学报,2012(6):23-37.

[56] 董泽宇,宋劲松. 我国应急预案体系建设与完善的思考[J]. 中国应急管理,2014(11):17-21.

[57] 王宏伟. 重大突发事件应急机制研究[M]. 北京:中国人民大学出版社,2010.
[58] 徐晖. 公共危机治理的协调联动机制研究——基于协同学视角[D]. 上海:上海交通大学,2012.
[59] 凌学武. 公共危机管理中的协调联动机制建设研究[J]. 前沿,2007(9):135-138.
[60] 蒋珩. 区域突发公共事件应急联动体系研究[D]. 武汉:武汉理工大学,2006.
[61] 冯俏彬,江博. 我国应急财产征用与补偿的制度框架设计[J]. 中国应急管理,2014(3):11-14.
[62] 张成福,唐钧. 政府危机管理能力评估——知识框架与指标体系研究[M]. 北京:中国人民大学出版社,2009.
[63] 贝勒斯. 法律的原则——一个规范的分析[M]. 张文显,译. 北京:中国大百科全书出版社,1996:141.
[64] 薛澜,钟开斌. 国家应急管理体制建设:挑战与重构[J]. 改革,2005(3):5-16.
[65] 薛澜,张强,钟开斌. 危机管理:转型期中国面临的挑战[M]. 北京:清华大学出版社,2003.
[66] 游志斌,薛澜. 美国应急管理体系重构新趋向:全国准备与核心能力[J]. 国家行政学院学报,2015. 3:118-122.
[67] 张光辉,陈立华. 公路交通应急管理教程[M]. 北京:人民交通出版社,2013.
[68] 吴淑娴. 应急管理理论与实务[M]. 武汉:华中师范大学出版社,2010.
[69] 殷涛. 四川省道路运输应急管理体系构建[M]. 成都:电子科技大学出版社,2012.
[70] 陈云鹤. 公路应急交通保障[M]. 北京:国防工业出版社,2013.
[71] 李琳琳. 道路应急运输保障能力建设对策[J]. 中国道路运输,2014(3):20-21.
[72] 韩自强,辛瑞萍,巴战龙. 美国应急征用和补偿机制及对我国的启示[J]. 中国应急管理,2013(6):. 45-49.
[73] 廖洁明. 突发事件应急管理绩效评估研究[D]. 广州:暨南大学,2009.
[74] 郑朝阳. 我国应急物资储备中的相关财政问题研究[D]. 成都:西南财经大学,2013.
[75] 张欢,陈学婧. 应急管理调查评估的要素分析与分类[J]. 中国应急管理,2008(12):36-43.
[76] 陈建华,刘博文. 应急物资的储备模式研究[J]. 中国管理信息化,2014,17(3):104-107.
[77] 袁莉,姚乐野. 政府应急管理信息化困境及解决之道[J]. 西南民族大学学报(人文社会科学版),2016(1):147-151.
[78] 林鸿潮. 我国政府应急管理日常机构的设置模式与制度架构[J]. 中国安全生

产科学技术,2015,11(1):59-64.

[79] 姚国章.典型国家突发公共事件应急管理体系及其借鉴[J].南京审计学院学报,2006,3(2):5-10.

[80] 赵成根.国外大城市危机管理模式研究[M].北京:北京大学出版社,2007.

[81] 吕鸿波.河南省公路交通突发事件应急管理研究[D].郑州:郑州大学,2010.

[82] 熊金凤.黑龙江省公路运输应急保障体系研究[D].哈尔滨:东北林业大学,2008.

[83] 周文卫,杨厚新,王林.湖北省公路交通信息资源整合与服务应用研究[J].交通信息与安全,2009(4):1-5.

[84] 张永领,杨晓慧.巨灾情景下应急资源动员终止条件研究[J].灾害学,2015,30(4):143-148.

[85] 肖文涛,程宇.西方国家公共安全管理的特征及启示——"知识问题"的分析视角[J].中国应急管理,2009(1):76-80.

[86] 中国行政管理学会课题组.政府应急管理机制研究[J].中国行政管理,2005(1):18-21.

[87] 李雪峰.美国应急管理规程体系建设的启示[J].行政管理改革,2013(2):51-55.

[88] 李宏,刘纯锋.道路运输行业应急能力建设存在的问题和建议[J].交通企业管理,2012(1):70-72.

[89] 姜安鹏,沙勇忠.应急管理实务:理念与策略指导[M].兰州:兰州大学出版社,2010.

[90] 孙斌.公共安全应急管理实务[M].杭州:浙江工商大学出版社,2013.

[91] 陈述,余迪,郑霞忠,等.重大突发事件的动态协同应急决策[J].中国安全科学学报,2015,15(3):171-176.

[92] 严蓉.组织间目标差异对组织间应急合作关系的影响研究——基于沟通的中介作用[D].武汉:武汉纺织大学,2014.

[93] 徐婷婷.应对突发公共事件中政府协调能力研究[D].苏州:苏州大学,2013.

[94] 闪淳昌,周玲,方曼.美国应急管理机制建设的发展过程及对我国的启示[J].中国行政管理,2010(8):99-105.

[95] 梁洁.道路旅客运输突发事件应急保障机制研究[D].西安:长安大学,2009.

[96] 付锐,陈永树.广东省交通行业突发公共事件应急管理[M].2版.广州:广东高等教育出版社,2007.

[97] STEVEN DEBAN. Innovative Traffic Management Following the 1994 Northbridge Earthquake [A]. Prepared for organization of Chinese American,1995.

[98] GORDON P, H RICHARDSON. The Business Interruption Effects of the Northridge

Earthquake[A]. Lusk Center Research Institute, Technical Report LCRI[Z]. University of Southern California, Los Angeles, CA, April.

[99] CHANG S E, N NOJIMA. Measuring Post – Disaster Transportation System Performance: The 1995 Kobe Earthquake in Comparative Perspective[J]. Transportation Research A, in press, 2003.

[100] STEVEN FINK. Crisis Management: Planning for the Inevitable[M]. Backinprint.com, 2000.

[101] YONGZHONG SHA, LIJUN HUANG, CHUNHUA NIU. Infornmation Flow and its Optimization in Mergency Management: An Empirical Study on Province Level in China. IDRC Chengdu 2009: Wenchuan earthquack, the path forward. July 13-15, 2009, Chengdu China (ISTP).

[102] GUY MICHAEL CORRIVEAU. A Cross – jurisdictional and Multi – agency Information Model for Emergency Management[D]. Manitoba: University of Manitoba, 2000.

[103] TAVIDA KAMOLVEJ. The Integration of Intergovernmental Coordination and Information Management in Response to Immediate Crises: Thailand Emergency Management[D]. Pittsburgh: University of Pittsburgh, 2006.

[104] JENKINS L. Selecting Scenarios for Environmental Disaster Planning[J]. European Journal of Operational Research, 2000, 121(2): 275-286.

[105] TAMURA, HIROYUKI, KOUJI YAMAMAOTO, SHINJI TOMIYAMA, etal. Modeling and Analysis of Decision Making Problem for Mitigating Natural Disaster Risks[J]. European Journal of Operational Research, 2000, 122(2): 461-468.

[106] BARBAROSOGLU G, Y ARDA. A Two – stage Stochastic Programming Framework for Transportation Planning in Disaster Response[J]. Journal of Operational Research Society, 2004, (55): 43-53.

[107] FEMA. A Whole Community Approach to Emergency Management: Principles, Themes, and Pathways for Action, FDOC 104 – 008 – 1 / December 2011, p3.

[108] Homeland Security Presidential Directive /HSPD – 8, National Preparedness [EB/OL]. (2003 – 12 – 17) [2013 – 01 – 08]. http: / /www. fas. org /irp / offdocs /nspd /hspd – 8. html.

[109] DHS/US. Comprehensive Preparedness Guide (CPG) 101 Version 2. 0 – Developing and Maintaining Emergency Operations Plans[R]. 2010.

[110] U. S. DEPARTMENT OF HOMELAND SECURITY. National response framework [EB/OL]. (2008 – 01) [2013 – 01 – 10]. www. fema. gov /pdf /emergency /nrf /

about_nrf. pdf.

[111] Committee on Transportation and Infrastructure Hearing on Disasters and the Department of Homeland Security: Where Do We Go From Here[EB/OL]. http://www. house. gov / transportation/ fullchearings /02 – 16 – 06/emo . html.

[112] THOMAS J COVA, JUSTIN P JOHNSON. A Network Flow Model for Lane – based Evacuation Routing [J]. Transportation Research Part A, 2007(3):579-604.

[113] H CHRISTOPHER. What Happens When Transparency Meets Blame – Avoidance [J]. Public Management Review, 2007(2) : 191-210.

[114] JENNIFER WILSON, ARTHUR OYOLA – YEMAIEL. The Evolution of Emergency Management and the Advancement Towards a Profession in the United States an Florida[J] . Safety Science, 2001(39): 117-131.

[115] MARGARET E, KRUK M D, MPH. Emergency Preparedness and Public Health Systems: Lessons for Developing Countries[J]. American Journal of Preven – tive Medicine, 2008, 34(6) : 529-534.

[116] ARUNRAJ N S, MANDAL SAPTARSHI, MAITI J. Modeling Uncertainty in Risk Assessment: An Integrated Approach with Fuzzy Set Theory and Monte Carlo Simulation[J]. Accident Analysis & Prevention, 2013, 55: 242-255.

[117] ROSMULLER NILS, BEROGGI GIAMPIERO E G. Group Decision Making in Infrastructure Safety Planning[J]. Safety Science, 2004, 42(4):325-349.

[118] MACHARIS CATHY, TURCKSIN LAURENCE, LEBEAU KENNETH. Multi Actor Multi Criteria Analysis as a Tool to Support Sustainable Decisions: State of Use [J]. Decision Support Systems, 2012, 54(1) : 610-620.